大有之路

一个新闻工作者的学思践悟

殷陆君 著

宁波出版社

图书在版编目(CIP)数据

大有之路：一个新闻工作者的学思践悟 / 殷陆君著. — 宁波：宁波出版社, 2020.6（2020.8重印）
ISBN 978-7-5526-3842-4

Ⅰ. ①大… Ⅱ. ①殷… Ⅲ. ①新闻工作—中国—文集 Ⅳ. ① G219.2-53

中国版本图书馆 CIP 数据核字（2020）第 051302 号

大有之路：一个新闻工作者的学思践悟
殷陆君　著

出版发行	宁波出版社
地址邮编	宁波市甬江大道 1 号宁波书城 8 号楼 6 楼　315040
网　　址	http://www.nbcbs.com
责任编辑	尤佳敏
责任校对	王　苏　余怡荻
封面设计	金字斋
印　　刷	宁波报业印刷发展有限公司
开　　本	710mm × 1000mm　1/16
印　　张	23.25
字　　数	350 千
版　　次	2020 年 6 月第 1 版
印　　次	2020 年 8 月第 3 次印刷
标准书号	ISBN 978-7-5526-3842-4
定　　价	68.00 元

如发现缺页或倒装，影响阅读，请与承印厂联系，电话：0574-87682217

序　言

罗开富

看到这本书稿,我很高兴。

在我印象里,陆君一直是一个勤奋刻苦又用心做事的人,做事有条有理,经常走在时间前面。他说,今年是他参加工作的第三十年。去年,他开始整理过去新闻采访、管理和服务的文章,于是就有了这一本关于新闻工作的学习、思考、体悟的集子。

18年前,记者站需要一位负责人,当时的考虑就是找一个有学问、爱新闻、懂宣传、人品好的人。陆君同志学新闻,管过多年地方新闻宣传工作,口碑也好,就来了。

我对陆君的印象,源于17年前他写的一篇关于"非典"的采访报道。当时他在厦门,写了一篇有名的报道——《为了六十六个兄弟姐妹》,是当时中央各大媒体中最早报道地方党委、政府成功抗击"非典"的长篇通讯。

当时我值夜班,一看到稿子就知道这出自一个肯动脑子的记者。他没有多写治疗,而是重点写隔离;没有太多专业术语,而是使用每个人都听得懂的"群众语言";没有大话、套话,而是讲真话、实话,侧重写人的真切感受;整个事件真实,结构紧凑,语言朴实,故事生动。

关键时刻,这篇文章给人信心。其中认真落实中央科学防控指示精神和"早发现、早隔离,切断传播途径"的经验举措对全国来说,是示范,也是力量。因此报社编委会下了力气推,新华社转发、中央电台转播,北京、广东等地媒体转载更给力,社会反响不错。后来,这篇文章被评选为全国优秀新闻作品。

我对他一直以来的刻苦有所耳闻。初到报社,他用7个月时间从机关干部成功转型为新闻记者,发稿数量超过大部分记者一年的量,排在报社前五名。第二年抗击"非典"时表现突出,通讯和论文都入选"经济日报社年度十大精品",树立了一个记者报道既有数量还有质量的形象。

时代发展快,媒体节奏快,新闻单位的领导都喜欢有活就能出活的快手。平时用功学养,不声不响把准备工作做在前面的人,才能倚马可待 。报社去福建的人一多,大家就有了一致的印象:这是一个踏踏实实的记者,一个不时有新点子的干将,一个让人放心的站长。

当时的社长武春河在点评他的时候,说了一句话:取得突出成绩,一是热爱,二是敬业。现在看来,老领导看人看事确实有准星。

这么多年,我们看到,陆君同志对党的新闻事业始终有一种热爱。不管是当领导干部还是当一线记者,他都没放下这支笔,笔始终是他的武器。不管是做事情还是写文章,他都没有忘记先在脑袋里画一个问号,问题始终是时代的声音。不管是引导舆论还是服务记者,他都不会忘记事情背后的人,充满情感、眼里有人始终是他的不变特色。

让我印象深刻的是,他是一个思想者,更是一个行动派。这本书内容丰富,涵盖了他当记者的体会,做管理的心得;记录了他在一线做新闻采访的观察,在中央机关服务新闻舆论工作的思考;梳理了多年参与记者讲中国故事的研究,分析了创作新闻精品的方法。最有分量的是他学习党的创新理论和中央宣传思想政策法规的文章，不但写得早，体现了他的敏锐，而且写得深，展示了他的见识。他与众不同的视角，独特深入的思考，时时有、常常写，从未间断，让人印象深刻。他当过记者，做过宣传干部，还在中国记协任职，经常换位思考，使他看问题既有整体性又有层次性，既有普遍性又有差异性。陆君平时热爱阅读，善于联系思考，因此他研究的内容既有深度又有宽度，既有意思又有意义。在三个省市工作过，使他的视野和心胸更加开阔，也使他的内心更加柔软。

在我们生活中，不乏想干事的人，但和会不会干、能不能干好之间有一段遥远的距离，要靠努力实践、学习领悟去缩短。陆君能成为一名会想、会说、会写、会做的优秀新闻管理者，并不容易。

我们可以从很多个性化的深刻表达看到，陆君同志多年的努力，他为什么能在不同岗位做出优异业绩。他曾说，做一名新时代的记者，要兼有社会责任、情怀担当、职业精神、高超本领；当代新闻工作者要克服彷徨，必须依靠定力、能力、实力、魅力；打一场舆论胜仗，要具备政治意识、大局意识、责任意识、基层意识、斗争意识。他强调，当代记者要充分认识讲故事的深刻意味，记者讲故事是本职，讲好故事是本事，讲好中国故事才是真本事。如何从历史高度看待融合发展战略？新闻界很多人读了他的文章，深受启发。如何把握县级融媒体中心建设的关键？不少基层同志读了他的调研报告，得到帮助。

我们身边不乏聪明的人，但是那些不满足于已知天地、不囿于已有格局，一直把修身、学习、工作紧密结合起来的人才真正充满智慧。陆君的学习文章紧贴时代，反映了他与时间赛跑的状态，也反衬了他修养身心的艰苦。不论是新闻报道还是理论文章，不论是在中央党校的"大有系列"散文还是即时评论，他的文字流露出执着忠诚，语言里涌动着人民情怀；在不经意间洋溢思想的气息，关键处散发历史的光亮；字里行间饱含基层百姓的烟火和心灵深处的味道。我们看到一个作者的可贵悟性、三十年新闻生涯的精彩记录，更读到了一名党的新闻舆论工作者的光荣职责和真正情怀。

　　常学习，大有益。学思践悟，才能看到和写下平常事后的大有文章；切磋琢磨，才能品出和体味语言背后的思想性情。简洁的文字往往给人力量，优美的语言常常感人肺腑，深刻的思想总是启迪人生。相信你读完这本书，会有和我一样的感受：务实的研究更能展示事实的公信力，恰当的表达更能彰显思想的力量，真诚的情感更能传递精神的正能量。

2020 年 3 月

目 录 CONTENTS

001 序 言

学与思

003 为政以德,譬如北辰 —— 坚持用明德引领风尚
006 追求卓越,努力超越 —— 坚持以精品奉献人民
009 民为邦本,本固邦宁 —— 民心是最大的政治
012 众人之口,疏合得宜 —— 讲求艺术引导舆论
015 举之弥高,望之愈远 —— 融合发展天地阔
018 讲好故事,事半功倍 —— 讲好新时代的中国故事
020 学术提能,贯道于器
　　 —— 讲好中国故事,塑造中国形象
026 敢于斗争,勇于胜利 —— 认识到位打好舆论仗
030 家是文化,更是方向 —— 建设我们的"记者之家"
034 人人发展,发展为人
　　 —— 把人的现代化放在更重要位置
041 言为心声,语为学养 —— 网络空间咋讲话
046 时代前沿,引领方向 —— "四全"媒体究竟是什么
050 新的方位,新的方向 —— 战略思维谋融合

058	同心同德，同向发力 —— 精准施策网络舆论引导
065	本领高强，能打胜仗 —— 新时代如何强队伍
071	心手相连，肝胆相照 —— 笔杆子称心党放心
081	信心是铁，信任是钢 —— 让人信赖要有真本事
089	文化铺路，价值守护 —— 办好中国特色的副刊
096	亮一盏灯，照一大片 —— 做典型宣传有道道
105	肩上千斤，笔下千钧 —— 坚守记者的光荣责任
107	情谊如酒，壮怀如友 —— 记者的情怀
112	铁脚板走，宽肩膀扛 —— 记者的担当
115	复兴可期，光明在望 —— 祝贺《光明日报》创刊70周年
118	继承传统，守正创新 —— 祝贺《大众日报》取得新进步

知与行

123	动人心者，莫先乎情 —— 记者讲故事为何激荡人心
125	亲历的事，更有味道 —— 好记者如何讲好故事
127	学会倾听，才能感动 —— "三声"响起听故事
131	唯有真实，打动你我 —— 好记者讲好故事为何吸引人
133	你有别人，他也有你 —— 为什么他们少有自己的照片
138	走过路过，走心才过 —— 为什么三十多年没忘记老罗
147	下手越快，鱼越活泛 —— 范总为我让版面
150	用真善美，拨动心弦 —— 用好故事感染每个心灵
152	扎根越深，力道越足 —— 增强"四力"讲故事
155	学习他人，庄严自己 —— 巡讲激励百千倍
160	是真把式，上来就有 —— 为什么是他们仨进十强
165	眼中有人，笔下含情 —— 讲好新时代的中国记者故事
168	明理精工，才能成功 —— 如何策划高水平的故事会

177	用心做过，情深味浓 —— 敢讲还得学会讲
180	温馨如家，梦想开花 —— 照亮新闻人的精神家园
182	若真求是，必常出新 —— 书写新时代的荣光
184	于无声处，歌动地诗 —— 记者应为民族精神铸魂
187	职务要求，职业追求 —— 忠诚履职当记者
192	胸怀全局，笔惊风雷 —— 努力做一名优秀的驻地记者
199	青春飞扬，梦想远航 —— 致敬未来新闻人

行与记

207	人勤春来早，北国气象新 —— 大有之春
211	书山勤有路，学海乐无涯 —— 大有之路
214	天高任鸟飞，物美襟怀阔 —— 大有之秋
217	此中有真意，问谁能领会 —— 大有之亭
220	血脉连气韵，文化壮筋骨 —— 大有文章
223	心有明镜台，常常拂尘埃 —— 大有气象
226	水深鱼读月，林静鸟谈天 —— 大有情意
229	山高人为峰，有格品自高 —— 英雄丰碑
234	果然真名士，自得极风流 —— 也谈潇洒
237	医者有仁心，情暖千万家 —— 为了六十六个兄弟姐妹
247	和谐能共生，自然方为道 —— 闽西拯虎记
250	老建筑的味，新音乐的美 —— 鼓浪屿旅游和文化的二重奏
261	册页散馨香，朗月共照人 —— 厦门"不在书店"
264	曾经心动过，今已刻入骨 —— 洒向高原都是爱
267	同舟共济世，同声共气扬 —— 时刻与人民在一起

研与读

- 273　谁寄锦书月满楼 —— 赞《两地书》
- 275　风尘百载待知音 —— 兼评"寻找方大曾"现象
- 281　历史深处沟壑明 —— 读《报章里的改革史》
- 294　百年沧桑重新记 —— 如何擦亮《国家相册》
- 297　简约新颖更精彩 —— 讲故事更需要好文风
- 299　有限无限意绵延 —— 品品《旧报新读》滋味
- 304　志闯新路天地宽 —— 湖南广电需要新闻精品
- 309　宝藏深山待有缘 —— 优秀新闻作品要推广
- 312　丹心妙谱新华章 —— 百年巨变需要好作品
- 315　精研细品求大道 —— 新时代如何竞争中国新闻奖
- 329　实事求是辟新路
　　 —— 湖北日报传媒集团融合发展实践探索
- 339　服务人民好引导 —— 湖州建设县级融媒体中心调研

- 360　后　记

学与思

学习是时代前进的动力。学习在党史上曾留下重重标记。每遇重要时刻,党都要部署一次大学习。新时代坚持和发展中国特色社会主义,全党号召要开展大学习。历史不是简单的重复,而是铭刻一个力重千钧却常说常新的真理:中国共产党依靠学习创造了历史,更要依靠学习走向未来。

面对新时代,适应新形势,完成新任务,需要常常学。天高地迥襟怀阔,中通西知视野宽。学习知识、吐故纳新,思考问题、转化能力,更全面客观总结,更冷静反复思考,静则生明养心有主,温而能断临事无疑。

学习做笔记,反刍写日记,思考写札记,天天有新记。喜读有字之书,把握现在;常读无字之书,思考未来。学习最重要的是结合现实,结合工作,结合自己,把马克思主义基本原理与今天面临的难点问题、当代马克思主义与当前的重要工作做一个对接。检视理论上的不足、知识上的短板、工作中的薄弱环节,从而谦虚学习新知,认真重温经典,在固本培元中提升理论修养,在总结经验中提升格局境界,在守正创新中开阔思路、发现办法。

为政以德，譬如北辰
—— 坚持用明德引领风尚

习近平总书记在3月4日全国政协十三届二次会议文化艺术界、社会科学界委员联组会上说，"希望大家坚持用明德引领风尚"。这是对政协委员的谆谆提醒，也是对文艺、社科工作者做人做事的殷殷期许。国无德不兴，人无德不立。文艺界、社科界知名人士，社会影响大，坚持明德，修炼大德，养正心、修正身，对文艺界、社科界昂扬清风正气，树立大气大德修大家、正人正心发正能的导向十分重要。文艺是时代前进的号角，引领时代风气之先，展示时代风貌之新。社科是社会观念的镜子，引导社会风气之新，体现社会风尚之特。文艺社科界的风尚气韵、文艺社科工作者的道德水准对于一个国家的文化气质、一个时代的精神风尚意义重大。

德高望重，大在影响。文艺、社科工作者是人类灵魂工程师，需攀登思想高峰，方能引领灵魂高度。文艺、社科工作属于意识形态上层建筑，文艺家、社科专家承担光荣使命、担当重大责任，人们有理由期许德高望重。古人说，德乃才之帅，才乃德之资；君贤臣能，政通人和；德才兼备者堪大用。曾有人说，有德有才是优品，有德无才是次品，有才无德、才胜于德是危险品。历史教训深刻告诉我们，德不配位，轻则害人害己，重则祸国殃民。一官无德，乌烟瘴气；一将无能，累死千军。文艺、社科工作者本人修身立德，不但影响家庭，而且影响社会。由于其作品传世、思想传播，不是一般的影响，而是有相当大的影响；不是一时的影响，而是长时间的影响，所以更需要有德、有大德。文艺、社科工作者，要敬畏职业带来的声望影响，树立高远志向、修炼良好品德、培养高尚情操，努力成为德高望重者，为社会做出表率。

德行天下，重在责任。文艺、社科工作者肩负着启迪思想、陶冶情操、温润心灵的职责，责任重大。只有跳出小己小我，有大我有大家有大爱，才是明大德、立大德。中国是有着悠久历史的国度，文艺、社科工作是有着光荣传统的职业。记录时代风云、传播政策主张、守望公平正义，取其大者故成其真；记录人情冷暖、传递关怀道义、守候人间纯情，选其正者得其善；取乎其上得其道，取乎其中得其术，取乎其下得其器。国家情怀、民族情结、家庭情谊这一清晰脉络始终指向中国人的家国情怀、道德传统、正心正气。履行好文艺、社科工作者的责任，树立高远的理想追求和深沉的家国情怀，才能站得高、想得深、演得妙，开启推陈出新的艺术境界；才能望得远、做得实、写得好，做出超越前人的锦绣文章。新时代的文艺、社科工作者有坚定的马克思主义信仰、有深沉的为国为民情怀、有扎实的奉献勇敢担当，才能切实把个人的艺术追求、学术理想同国家前途、民族命运紧紧结合在一起，同人民福祉紧紧结合在一起，努力做对国家、对民族、对人民有贡献的艺术家和学问家。

德润人心，要在自觉。作为社会思想观念、时代人文精神的代表人物，文艺、社科工作者在修身齐家同时，更承担着以文化人、以文育人、以文培元的使命。古人讲，明心见性是大事，修德养心是常事。修炼自我是人生第一要务。文艺、社科工作者，经常慎思明辨笃行，与国家同向、与时代同行、与人民同心，听党话、跟党走，做一名新时代的奋斗者，这需要他律监督，更需要自律教育，需要自我净化、自我完善、自我革新、自我提高。文化、社科工作者追求勤业精业的自觉，塑造高尚的职业道德，需要用真心用真情塑造自己的灵魂，需要在求学求艺道路上多下苦功，在求实求知人生中多练真功，努力成为人类灵魂的工程师。要做到自尊自重、自珍自爱，培养自觉的思想意识、行为习惯。要经得起诱惑，自觉抵制低俗、庸俗、媚俗，做到讲品位、讲格调、讲责任,成为社会主义核心价值观的率先倡导者、自觉践行者。

德昭日月,贵在坚守。明德弘道,贵在有恒。实践表明,明大德并不容易,立大德更需要长期坚持,需要长期与人性的惰性弱点斗争,也需要长期与外部环境变化斗争。作为文艺、社科工作者,作品、成果是安身立命之本,成名成家是社会认同向往,必须把创作精品力作视为工作的中心环节,把追求道德文章视为立言立德的有机结合,把服务人民视为价值追求的同频共振。对于优秀精品力作,需要"望尽天涯路""板凳宁坐十年冷,文章不写半句空"的坚定信念;对于良好职业道德,需要耐得住"昨夜西风凋碧树"清冷的坚持精神;对于真理真知真相,需要不惧"独上高楼"寂寞的坚韧追求。最后达到"蓦然回首,那人却在,灯火阑珊处"的领悟境界,求得思想开悟、创作开怀、人生开心仍然离不开坚守定力。中华民族屹立世界民族之林,中国文化久居优秀文化之册,中国之坚守是因为人民性格的坚毅、中国精神的坚韧、中国文化的坚强。这离不开中国文艺、社科工作者对民族性格、精神气质的坚守和引领。创造性传承中国文化,创新性发展中国文化,离不开正本清源,也离不开守正创新。创新必须在守正的前提下,正本必须在清源的基础上,在继承中创新,在创新中发展。政治多极化、社会信息化、经济全球化的今天,文化内容形式方法手段呼唤创新,传播体裁业态体制机制需要与时俱进,中国人的优秀精神品格、中国的传统文化内核在新时代更需要有机继承、融合发展。文艺、社科工作者尤其要坚定"四个自信",身体力行,不断创新创造展示中国精神、中国气派的精品佳作,彰显中国文化人的高格风骨。

(原载 2019 年 6 月 10 日《学习时报》第 A2 版,原标题为《坚持用明德引领风尚》)

追求卓越，努力超越
—— 坚持以精品奉献人民

习近平总书记在全国政协十三届二次会议文化艺术界、社会科学界委员联组会上指出，"希望大家坚持以精品奉献人民"。这是对文化艺术界、社会科学界政协委员的深情嘱托，也是对全国文艺界、社科界的殷切希望。在新时代，我们必须坚持马克思主义的指导地位、坚持以人民为中心的创作导向，把创作生产优秀作品作为中心环节，推动文艺界、社科界多出精品、多出人才。

切实掌握作品、人才共成长的规律。从人文社会宏观来说，衡量一个时代的文化成就最终要看文化艺术作品，衡量一个时代的社科水平最终也要看社会科研成果。文艺界历来把创作生产优秀作品作为中心环节，以推出更多思想性、艺术性、观赏性有机统一的精品力作为主要目标。社科界历来高度重视社科成果的问题导向和实践转化，以推出更多富有原创性、专业性、系统性的时代杰作为工作重任。从个人主体微观来说，大师大家都是因为有大作品才成其大名，名人名家都是因为杰作才成其美名。一个作家没有优秀作品支撑，一个哲学家没有著名论说作证，是不可能在当代立身，更不可能青史留名的。这既符合文艺、社科工作者成名成家的规律，也符合历史唯物主义。先得有好作品，才可能有好名声；有叫得响、传得开的精品力作，才有留得下、立得住的大师大家。

全面把握精品的主要标准和内涵。评价精品有标准,各个时代不一样,各个行业也不尽相同,但是共同的标准是有的,主要是思想精深、艺术精湛、制作精良、传播精准。思想精深是作品的魂,思想性是作品的筋骨,一部作品在历史上留下不可磨灭的印迹,或是因为在理论价值上刻下重要创新足迹,或是因为在人文精神上烙下重要时代痕迹。不管是直抒胸臆还是曲笔抑扬,其中蕴含的主题思想总是让人难以忘怀,展示出时代精神。艺术精湛是作品的神,艺术性是作品的血脉。制作精良、传播精准,则是因为超出同时代、同类型的艺术水平,满足了更广泛受众更新更好水平的更高要求,获得当代称赞、后代认同。从当代来看,一部好的作品,应该是经得起人民评价、专家评论、市场检验的作品,是社会效益和经济效益相统一、形式内容兼优的作品。从历史来看,思想的独特、艺术的创新、传播的有效无不展示着精品的永恒价值,多少年口口相传的群众口碑、多少代惺惺相惜的专业认同、多少地跨界欣赏的行业传承,无不彰显着精品精益求精的精神。

不断拓展创作精品的实践道路。创作精品的道路千万条,但都离不开实践这条大路。历史证明,佳作多出原创,妙手或有偶得,但锤炼苦吟却是寻常事,有着独到的精神高度、文化内涵、艺术价值的精品往往是名家长期自主性、独创性实践的结晶。习近平总书记指出,增强脚力、眼力、脑力、笔力,是创作精品力作的前提和基础。增强脚力,走得正、走得实、走得久,深入基层、深入一线、深入群众,才能抓到精品创作的"活鱼""鲜贝",找到精彩生活的细水流泉;增强眼力,看得清、看得透、看得远,贴近时代、贴近生活、贴近人民,才能真切感知丰富生活的细节脉动,细致描摹世间万象、人生百态;增强脑力,想得全、想得细、想得深,才能梳理厘清理论深处的逻辑脉络,顿悟勾勒历史深处的规律线索;增强笔力,写得好、说得巧、演得妙,体察人情、体会人心、体悟人性,才能以个别之眼洞悉普遍之心,得古今之意绘就历史之局,为时代立心为人民立像。只有不断追求高峰之境界,才能培养常上高原的才情;只有鼓励个性创造之氛围,才能催生激荡人心的佳作。创制精品力作,不能不下苦功夫,不得不下"笨"功夫,不少名篇佳作的诞生往往有一段初时不为人知、后来广泛流传的趣闻逸事。这些寓含名师大家精心、精工、精细、精准精神的别样故事，也成为大师风范的精彩注解。

始终坚持服务人民的价值导向。习近平总书记强调，人民需要文艺，文艺需要人民，文艺要热爱人民。说到底就是坚持为人民服务的价值取向，文艺家要为人民抒情抒写，描写讴歌人民。社科工作者同样需要坚持服务人民、服务社会主义的价值取向。文艺、社科工作者要坚持马克思主义指导，把以人民为中心作为文艺创作导向和社科研究原则。文艺工作者要把人民的爱憎冷暖放在心上，把人民的幸福追求放在心中，把人民的喜怒哀乐倾注笔端，更加自觉创制以人民为创作对象的文艺精品，以高尚的精神塑造人，以优秀的作品鼓舞人。社科工作者要把人民的关注关心放在心上，把人民的实践难题作为研究的重点问题，把人民要求和社会需求作为社科理论和实践研究结合的切入点，更加自觉研制以人民为服务对象的社科精品，以科学的理论武装人，以正确的舆论引导人。要高扬社会主义核心价值观的旗帜，大力弘扬中国精神。文艺、社科作为意识形态的重要部分，都是做人的思想工作。文艺、社科工作者用作品说话、用精品立身，发挥武装头脑、塑造心灵、熔铸灵魂、成风化人方面的独特作用，积极传递真善美，传播科学、理性、民主、文明，引领社会风尚、促进凝心聚力、增进民族团结、推动国家发展。要多创制更多有筋骨、有道德、有温度的文艺精品，讲好中国故事、传播中国声音、展示中国精神。要多推出有新见解、有重分量、有说服力的社科成果，宣介中国道路、中国理论、中国制度、中国文化。

（原载 2019 年 8 月 12 日《学习时报》第 A1 版，原标题为《坚持以精品奉献人民》）

民为邦本，本固邦宁
—— 民心是最大的政治

高度重视民心民意，是中国共产党的一贯特色。"民心是最大的政治"这一科学论断，是对我国传统政治文化的有机扬弃、对中国共产党奋斗历程的经验总结、对当代政治发展潮流的精准把握。

我国传统政治文化的有机扬弃。五千年中国文明史形成和积淀了中国特色的传统政治文化。在汉语中，"民"的意思是被统治者，"心"的意思是思维的器官，"民心"是指被统治的劳动人民所思所想、所需所盼等。"政"是指统治的制度、秩序、手段等，"治"是指管理社会的状态或活动，"政治"是指权力主体治理国家、管理社会、维护统治的行为及其形成的统治关系和社会现象。在长期的封建主义国家历史中，不少思想家和政治家对民心与政治的关系有了逐步认识："民为邦本，本固邦宁""以民为本""民为贵，社稷次之，君为轻""当今之时，万乘之国，行仁政，民之悦之，犹解倒悬也"。但这些认识还不够深刻，没有把民心放到更重要的位置上来，更没有真正把顺应民心作为政治统治的目的和源头来看待。"民心是最大的政治"这一重要论断是对我国传统政治文化的有机扬弃，科学地吸收了古代"民本"政治思想的内核和现代民主政治观精髓等有益成分，把民心作为执政党的最重要基础、政治评价的最高标准、政策选择的主要依据，充分体现了继承性和创新性。

中国共产党奋斗历程的经验总结。中国共产党是马克思主义指导的政党，始终坚持人民群众创造历史的历史主体地位观，坚定的人民立场是中国共产党区别于其他政党的显著标志。中国共产党从诞生开始就把"人民"二字镌刻在旗帜上，形成了"一切依靠群众，一切为了群众，从群众中来，到群众中去，把党的正确主张变为群众的自觉行动"的群众路线，把"全心全意为人民服务"作为党的根本宗旨。在新民主主义革命和社会主义建设时期，顺应民意，进行土地革命和工商业改造，确立社会主义公有制为主体，建设初步完善的经济体系，赢得了民心。在改革开放时期，根据人民的愿望，满足人民群众不断增长的物质文化需要，加强各方面建设，让人民群众获得了实实在在的实惠。党的十八大以来，顺应人民群众期盼更好的教育、更稳定的工作、更满意的收入、更可靠的社会保障、更高水平的医疗服务、更舒适的居住条件、更优美的环境等心愿，党中央推进全面建成小康社会、全面深化改革、全面依法治国、全面从严治党，我国在经济、政治、文化、社会、生态文明建设以及国防和军队建设、党的建设等进行深层次、根本性的变革，取得全方位、开创性的成就。"民心是最大的政治"这一科学论断，既坚持了中国共产党为中国人民谋幸福、为中华民族谋复兴的初心使命，又体现了全心全意为人民服务的宗旨，彰显了群众路线群众观点，是对中国共产党兴党执政的经验总结，是对新时代党中央治国理政的理念提升，充分体现了规律性和创造性。

当代政治发展潮流的精准把握。民主是时代发展的潮流，符合自身国情的民主政治是国家治理现代化的重要内容。近代以来，中国人民经过旧民主主义革命和新民主主义革命的艰难探索，最终选择了而且走出了一条中国特色的社会主义民主政治道路。这就是党的领导、人民当家作主、依法治国相统一的中国特色社会主义民主政治。国家一切权力属于人民，中国共产党支持和保证人民通过人民代表大会行使国家权力。依法治国是党领导人民治理国家的基本方略，法治是治国理政的基本方式。坚决维护宪法法律权威，使民主制度化、法律化，使这种制度和法律不因领导人的改变而改变，不因领导人的看法和注意力的改变而改变。党的十九大报告指出："党的领导是人民当家作主和依法治国的根本保证，人民当家作主是社会主义民主政治的本质特征，依法治国是党领导人民治理国家的基本方式，三者统一于我国社会主义民主政治伟大实践。"随着世界多极化、经济全球化、社会信息化、文化多样化的深入发展，随着人们生活水平的大幅提高、现代化技术的广泛应用，人民在政治生活中对知情权、参与权、监督权的要求需要进一步得到满足。"民心是最大的政治"这一科学论断，既坚持人民民主政治的方向，又顺应了现代社会治理的科学方向和人民民主参与的实际意愿，体现了科学执政、民主执政、依法执政的理念要求，展示了中国特色社会主义民主政治的道路自信和制度自信，充分体现了时代性和科学性。

新时代如何全面准确深入理解"民心是最大的政治"这一科学论断，新形势如何把握中国广大人民的心这一最大的政治，巩固中国共产党的执政地位，巩固中华人民共和国的政权建设，是重大课题，也是光荣使命。作为执政党，中国共产党要坚持以习近平新时代中国特色社会主义思想为指导，从情感上认同、信念上统一、思路上同向、行动上一致。坚持一切为了人民、一切依靠人民的真情实感，坚持为人民谋幸福、为民族谋复兴的初心追求，坚持以人为本、以民为本的价值取向，坚持以人民为中心的工作导向，坚持改革开放满足人民群众的新时代新要求的职业志向。党和政府各级领导机关和广大干部在治国理政的理论与实践中要把握辩证关系，做到学思用贯通，知信行统一。广大党员干部在为人民服务的实践中要真正做到情为民所系、利为民所谋、权为民所用。只要我们做到在各项工作中坚持问题导向，倾听人民呼声，广泛尊重和了解民意，满足所需所盼；充分汲取和采用民智，回应所思所想；努力利用和协调民力，做好所作所为，我们就能汇聚民心、赢得民心。人心在我，各族人民就能众志成城，所有人就能拧成一股绳，战胜前进路上的一切困难。

（原载2019年9月30日《学习时报》第A2版，原标题为《民心是最大的政治》）

众人之口，疏合得宜
——讲求艺术引导舆论

新闻舆论引导是一门实践性很强的艺术，也是一门需要理性思辨的艺术。我们要努力把握规律性、体现创造性、富于时代性，敢于创新、勇于突破、善于总结、乐于进步，在理念、内容、体裁、形式、方法、手段、业态、体制、机制等方面不断创新，努力提高新闻舆论引导艺术，提升新闻舆论引导的能力和水平。

做好新时期的新闻舆论引导工作，必须"导"之有方、"导"之有力、"导"之有效，牢牢掌握新闻舆论工作主动权。要把握新闻舆论引导的方向，就必须坚持从实际出发的思想，从我国的经济发展水平、社会的发展趋势、人们的接受习惯出发，必须从我国的媒体格局、舆论生态和管理体制实际出发。要把握新闻舆论引导的力度，就必须坚持做好点线面的结合，从党和国家的工作大局、政府工作的重点难点、人们关注的热点焦点出发，从网络技术发展的趋势、新闻传播的规律、媒体发展的规律出发。要把握新闻舆论引导的效果，就必须坚持目标和手段的统一，从统筹网上网下主旋律、共画为中华民族伟大复兴的中国梦奋斗的同心圆出发，从新媒体的新特征新要求出发。

引导，要有引有导。引是引领和带动，不在于求全而在于满足不同受众的共同要求，不在于求快而在于满足受众早知多知的基本欲望，不在于一时之胜负得失而在于最终效果。导是引导和帮助，不在于过程艰难曲折而在于达到胜利终点,不在于瞬间争夺眼球和一时曝光率而在于恰如其分、恰到好处。

引导,要有矩有方。心中有矩,目的明确,可以左右腾挪,顾左右而言他;思路清晰,可以迂回曲折,最终目标攻心。要把握主导权、主动权。引导要以我为主,正向为核心,大局为中心。目标是兼顾各方意愿,满足各方利益,寻求最大公约数,达到最广大人民利益的最佳结合和共同愿望的有效满足。心中有方,方向明晰,知道传播规律、尊重新闻专业;了解媒体发展规律、尊重技术专业,以客观规律为基础,以努力追求为定力,使引导最终达到可以达到的效果。

引导,要优选方式、方法,达到最恰当的效果。一种媒体一次表达足矣,就单打一;需要多种媒体形成声势,就多种媒体多种生成多种表达;需要"嘈嘈切切错杂弹,大珠小珠落玉盘",就多声部多门类交响合唱。话语体系、表达方式、体裁形式、内容风格等都要宜用则用,不宜则变,不能"千报一面",也不必"众口一词"。

引导,要得力、得当。从时度效出发,从时度效着力,体现时度效要求,达到时度效目的。引导讲求方法之术,讲究艺术之道。要因事而异,讲究先后之序,讲究差异之别,讲究快慢之用。要善于起承转合,抓住时机、把握节奏、精心把控、精准拿捏,以效应定首发、以效果定策略。时效决定成效,节奏决定感受,重大问题尤须注意做好早和快的文章,把握准和快的关系,首发引导,准确定调;过程引导,及时传导;目标引导,正确结论。细微之处,专业之道;分众之处,精准之道。

引导,要认识你我他的关系。国家在发展,社会在进步,人民在提升。受众需求越来越多,思想观念越来越多元,参与意识和平权意识越来越强。我们要尊重每一个受众,不能搞我说你听简单说教,也不能搞我传你从空洞说教。要根据人人传播的特点,让人愿意主动参与;要根据多向传播的特点,让人乐于自我教育;要根据海量传播的特点,让人实现自我提升。新闻舆论工作者要注意身段、身姿。要善于降低身段,以低为姿,正面引导有效就从正面直入，侧面引导有用就从侧面切入。要善于讲故事，以形象吸引人，以感情打动人，以道理说服人。

在互联网技术不断突破和媒体融合不断创新的背景下，全面提高新闻舆论引导能力，既是紧迫任务又是长期目标。我们要深刻领会习总书记系列重要讲话精神，结合不断变化的实际，努力扎实工作，积极改革创新，在提高舆论引导能力和水平方面不断取得新的长足的进步。

（原载《报林》2016年第5期，原标题为《讲求艺术，做好新时期的新闻舆论引导工作》）

举之弥高,望之愈远
——融合发展天地阔

1月25日,习近平总书记在主持中共中央政治局第十二次集体学习时发表重要讲话,为新时代媒体发展指明了方向,提供了遵循。我们要从党的十八大以来党中央治国理政的历史维度来观察,从信息科学技术面临革命性发展的现实深度来把握,从媒体服务国家治理体系和治理能力现代化的时代高度来认识,从而更加全面准确深刻地理解党中央的意图,结合实际走好媒体融合发展的道路。

从党的十八大以来党中央治国理政的历史维度来观察。党的十八大以来,以习近平同志为核心的党中央对新闻舆论工作的重视,对媒体融合工作的推动,对新闻工作者的关怀,都是前所未有的。新时代新闻舆论工作如何定位、新闻工作者如何作为、新闻界人民团体如何深化改革以及新闻单位如何继承传统创新发展等重要问题,党中央都高度重视,给予亲切指导,凝聚人心。传播技术革命、传播格局变化、媒体业态创新,事关新闻单位的现实生存和长远发展问题,涉及新闻人最需要也最难解决的身份待遇问题,中央《关于推动传统媒体和新兴媒体融合发展的指导意见》,制订深化中央主要新闻单位采编播管岗位人事管理制度改革的意见,从顶层设计到宏观指导,从发展趋势到路径选择,从管理体制到激励机制,从改革方向到价值要求,提供明确指引,温暖人心。

从信息科学技术面临革命性发展的现实深度来把握。党中央把政治局集体学习放到媒体发展一线,把媒体融合发展作为一个学习专题,这对新闻工作是亲切的关怀,对新闻人是巨大的鼓舞,对媒体融合工作是强力的推动。从科技发展的趋势来看,第三次工业革命以互联网为载体,以信息技术为推动,使生产更加发展、生活更加方便、生态更加文明。媒体不但要成为新观念的传播者,还要成为新技术的实践者;不但要成为时代观念的引领者,还要成为传播理念、内容、体裁、形式、方法、手段、业态、体制、机制的革新者。

从媒体服务国家治理体系和治理能力现代化的时代高度来认识。媒体在引领社会共识预期、推动社会依法治理、形成民主治理机制、促进人民自主管理方面的作用越来越大。媒体不仅提供新闻服务,而且是引导舆论的重要力量。要想成为定音鼓,主导社会舆论,成为主流媒体,必须在新兴媒体上占据技术的制高点,成为载体平台的建设者、内容需求的提供者、主要话题的策划者、趋势方向的引领者。

党的十八大以来,党的新闻舆论工作取得历史性成就、历史性变革。在习近平新时代中国特色社会主义思想指引下,党的新闻舆论工作作为治国理政、定国安邦的大事,网上网下舆论场取得了基础性、根本性变化。中共中央政治局开年首次集体学习聚焦媒体融合发展,对主流媒体发展意义重大,对媒体融合发展影响深远。

首先,可以把握一个重要的战略机遇。关键时刻、重要节点,重点工作、难点问题,全局方略、战略举措,习近平总书记亲自谋篇布局、着力推进、立破并举,指明方向、指引路径、指导发展,为新闻舆论工作走上健康科学发展之路创造了良好的外部环境。

其次,可以看出一条清晰的发展主线。从纸与报到铅与火、光与电、屏与网,技术的进步,不但推动媒体形态的变化,也推动媒体理念的变化,而且一次比一次大,震动也一次比一次强烈,使媒体受众更广泛、传播更便捷、影响更深远,这是巨大的应用挑战,更是难得的发展机遇。

再次,可以认识一条明确的改革路径。从历史中找到发展的理念源流,从科技革新中找到发展的动力基因,从中央决策中找到发展的路径方法。各级党委、政府要高度重视,利用互联网、移动传播、大数据等技术革命的机遇,抓好本级媒体融合发展,并利用媒体建设多功能的平台载体,推动国家治理体系和治理能力现代化。思路清晰,就会提高站位,对标中央精神,采取良好的财政税收、投资、项目等政策支持媒体融合发展。定位准确,就会采取恰当的规模、技术、载体等推动媒体创新发展。媒体要主动对位,充分领会推动媒体融合发展的战略意义,抓住各方重视的战略机遇,抓好自身转型升级,利用媒体融合发展的新技术新平台新载体,更好地服务党务政务、服务人民生活、服务基层治理,找到一条可持续、能赢利、聚人才、有竞争力的媒体融合发展之路。

最后,可以找到一条新闻工作者的成长成才之路。媒体深度融合,最终是人的融合。理念要融合,全媒型、专家型记者同等重要,政策传播、信息服务、正义守望、时代引导、趋势引领等功能兼而有之。观念要融合,不是"要我做",而是"我要做"。受众意识、用户意识、产品意识和创新意识如影随形。形式方法手段等要创新,企业事业行业逻辑需要重新塑造。业态体裁等要创新,个性化生产、可视化呈现、智能化推送、互动化传播,适应受众微传播、生动、鲜活等需求。媒体融合发展是融媒体,更是融人心,新闻工作者必须坚持正确的政治方向、舆论导向、新闻志向、工作取向,成为政治坚定、引领时代、业务精湛、作风优良、党和人民信赖的媒体人。唯有如此,才能心正身正神正品正,才会真正具有全媒型、专家型人才的高强本领,才会涵养求实创新、能打胜仗的精神追求,成为建设具有强大凝聚力和引领力的社会主义意识形态的主力军。

(原载 2019 年 2 月 27 日《学习时报》第 A1 版,原标题为《推进媒体融合发展的重要遵循》)

讲好故事，事半功倍
—— 讲好新时代的中国故事

党的十九大是在全面建成小康社会决胜阶段、中国特色社会主义进入新时代的关键时期召开的一次十分重要的大会，深入学习贯彻党的十九大精神是当前和今后一个时期全党全国的首要政治任务。新闻战线如何宣传好党的十九大精神？讲好故事，事半功倍。努力讲好新时代的中国故事，是新闻工作者的重要任务。广大新闻工作者要在讲述新时代中国故事中体现时代性、把握规律性、增强创造性，让习近平新时代中国特色社会主义思想深入人心、落地生根。

充分体现时代性。新时代有新特点，新时代有新任务。在新时代，人民日益增长的美好生活需要和不平衡不充分的发展之间的矛盾成为社会主要矛盾，人们对美好生活更加向往；我们正处于全面建成小康社会决胜期，并将向着全面建设社会主义现代化强国迈进。欣逢伟大时代，我们要把握新时代的新要求，讲好新时代中国特色社会主义发展的新故事，讲好中国共产党率领中国人民强起来的新故事，讲好13亿人民学习践行习近平新时代中国特色社会主义思想的新故事，讲好中国人民勇于追梦、努力实现中国梦的新故事，讲好中国和世界人民共建"人类命运共同体"、共享全球发展新机遇的新故事。

切实把握规律性。新时代有新要求，新时代有新办法。讲好新时代的中国故事需要研究规律、尊重科学，讲求方法、讲究艺术，做到生动地讲、具体地讲、切实地讲。生动地讲，就是将镜头聚焦基层一线，笔触对准人民群众，用真实的事例、贴切的语言、鲜活的镜头记录人民群众的生动故事，把人民坚决拥护党的喜悦心情讲好，把人民投身社会主义现代化国家建设的生动实践讲好，把人民对中国梦的追求讲好。具体地讲，就是用具体的事实说话，用说服力强的案例说理，用真诚的态度交流。切实地讲，就是结合人们的工作实际、思想实际，回应问题，解疑释惑，让人民群众认识更清晰、心里更亮堂、坚定跟党走。记者常跑基层，心中才会有人民，笔下才会有故事。要更加自觉践行"走转改"精神，真实记录时代，写出有思想有温度有品质的作品，讲好有意义有意思有味道的故事。

努力增强创造性。新时代有新情况，新时代要解决新问题。生动地讲好新时代的中国故事，需要认清新形势，把握新特征，满足新需求。一是努力面向人民群众思想多样的具体实际，更加贴近群众的思想变化，以深入学习贯彻习近平新时代中国特色社会主义思想为主题，更好地让一元引领多元、主流引领支流，使主旋律更响亮、大合唱更和谐、正能量更强劲。二是面向现代传播方式多样化的发展现实，运用互联网、大数据、移动传播等新技术手段，把握受众接受习惯的新变化，创新传播形式，用更加有效、管用、快捷的方式进行宣传，贴近实际、贴近生活、贴近群众。三是面向世界讲好新时代的中国故事。中国越来越走近世界舞台中央，人们更加关注新时代中国创造的新发展故事。同时，境内外信息交流速度更快捷、相互影响程度更深。要适应境内外传播格局的新变化，协调境内外不同区域的传播媒介，适应境外受众的接受习惯，做好分众传播、定向传播、对外传播，记录和传播好新时代的中国故事。

（原载 2018 年 2 月 22 日《人民日报》第 7 版，原标题为《讲好新时代的中国故事》）

学术提能,贯道于器
—— 讲好中国故事,塑造中国形象

新时代,如何让世人认识当代中国?如何让国人增强"四个自信"?如何让外国了解中国、理解中国?这需要他人全面客观地看,也需要自己生动准确地说。习近平总书记在党的十九大报告中指出,"讲好中国故事,展现真实、立体、全面的中国,提高国家文化软实力",为我们指明了努力方向。

为什么要讲好中国故事

讲故事是舆论传播的通行方法,也是社会沟通的有效办法。故事是"世界语",过去的历史引起今天的共鸣,一个好故事胜过千言万语。讲故事是好办法,故事中有哲理、有文化、有味道,一个故事胜过一打道理。今天,中国越来越走近世界舞台中央,世界需要了解中国,中国需要世界理解,这便需要我们共同讲好中国故事。

讲好中国故事,这是新闻传播的本职工作,也是时代赋予的重要责任。一是历史必然。当今世界,需要共享机遇、合作发展。政治需要互信、发展需要互鉴,文化需要了解、文明需要传承。人类需要尊重彼此、加深了解,需要通过传播媒介共享知识、沟通信息。二是现实使然。中国过去站起来、现在富起来,正在强起来,人们盼望了解,希望交流、促进理解,需要传播媒介当好桥梁和纽带。三是问题应然。从实力看,中国硬实力和软实力有"落差",软实力"形于中"要尽力,"发于外"更需努力。从传播看,中外存在信息流动进出的"逆差",国际传播常有有理说不出和传不开的"偏差"。从效果看,国际舆论场对方强我方弱,中国形象相当程度上是"他塑"而非"自塑",因此中国真实形象和西方主观形象存在比较强烈的"反差"。新时代,要解决这"四差",需要中外媒介、中外朋友全面、客观、立体地"共塑"中国形象。

习近平同志指出,"坚持正确舆论导向,高度重视传播手段建设和创新,提高新闻舆论传播力、引导力、影响力、公信力",凝心聚力,让全国人民共画同心圆,共同为中国梦而奋斗。"要下大力气加强国际传播能力建设,加快提升中国话语的国际影响力,让全世界都能听到并能听清中国声音。"而讲故事既是新闻传播的最佳手段,又是国际传播的最佳方式,因此讲好中国故事,推动中国形成强大的软实力,不但是宣传部门和文化工作者应该做的大事,也是所有中国领导干部努力做的要事。中央领导同志指出,讲好中国故事是当代新闻舆论工作者最重要的责任。真诚地向习近平同志学习,诚恳地向历史学习,扎实地向实践学习,认真地向书本学习,我们就一定能做好这件事关大局、事关未来的大好事。

向习近平同志学习讲好中国故事

善讲故事是中外著名政治家的共同特点,更是习近平同志的高超本领。习近平同志不但在国内讲,而且在国外讲;不但讲我国故事,而且讲他国典故;不但在会议上讲,而且在文章中讲;不但讲政治,而且讲经济;不但讲历史,而且讲现实;不但讲文化,而且讲生活;不但亲切自信,而且尊重对方。

他讲故事,展示了中国政治家的高深智慧、中国领导人的高超能力,昭示了中华民族复兴的光明前景、中国人民创造的磅礴伟力,显示了中国与国际的深厚友谊、中外友好交往的真心诚意。他的语言朴实清新,内容深入浅出,道理明白易懂,表现了时代智者的丰厚学养和深厚功力,体现了国家元首的宽阔胸襟和宽广眼界,展现了人民领袖的深沉情怀和扎实作风。

多年来,他不但高屋建瓴地指出"讲好故事,事半功倍",而且身体力行地担当"讲好中国故事第一人",在各种场合讲中外听得懂、听得清、有共鸣、有实效的好故事,诠释了中国道路的历史必然、中国制度的内在合力,彰显了中国理论的实践价值、中国文化的独特魅力。瀛台夜话,让美国领导人了解中国人民选择中国共产党的领导、选择社会主义是近代以来君主立宪制、总统制、半总统制等都失败后的正确历史选择,加深中美理解。巴黎演讲,和法国朋友重温拿破仑的名言"中国是一头沉睡的狮子",了解今日中国,展望未来,"中国这头狮子已经醒了,但这是一只和平、可亲、文明的狮子",促进东西方了解。蒙古讲话,与邻居交心,"欢迎大家搭乘中国发展的列车,搭快车也好,搭便车也好,我们都欢迎,正所谓'独行快、众行远'",引起广泛共鸣。更多的时候,我们在国内的会议、视察活动中听到习近平同志讲陈望道"信仰的味道"、徐解秀"两床棉被"、梁家河"共同插队"等众多充满深意而又亲切的故事,不由增强信心,倍感温暖和力量。

新时代怎样讲好中国故事

讲故事,人人有机会。好故事,人人心中有。但是讲好故事,需要我们向习近平同志学习,知道明理,习术提能;需要搭台助力,共同推动。

1.参透讲好中国故事的道。让当代中国价值观念走向世界,提高国家软实力,是讲好故事的任务目标。在国际话语和对外交流中如何用公共的道讲公认的理,需要构建中国特色的话语体系。

因势而谋,建构中国的新概念新范畴新理念。我们在全球治理和世界发展中不断提出创新、协调、绿色、开放、共享的发展理念以及新型大国关系、正确义利观等中国观点,推出"一带一路"倡议等概念、亚投行等公共产品,表达中国梦和命运共同体等普遍价值,这些元素正在成为世界讲述中国故事的源头、读懂中国的标志。

乘势而上，提炼和阐释中国的新观点新主张新方案。这些体现中国立场、中国智慧、中国价值的标准、规则、理念，越来越得到全球的更多认同和广泛响应，我们要进一步从理论上阐述、从学术上打通、从实践中升华，融汇于国际交流各方面、贯穿于国际传播全过程、贯通于国际治理众理念，提高国际知晓率、公共认同度、内外融合性。逐步形成一套带有中国印记、体现中国标志、符合多方诉求、代表广泛利益的多边治理规则，扩大以我为主的全球伙伴关系网，提升我国在全球治理中的影响力和话语权，提升我党的执政能力和政府公信力。

顺势而为，提升中国文化软实力和国际竞争力。用中国理论阐释中国实践，用中国实践升华中国理论，更加鲜明地展现中国思想，更加响亮地提出中国主张。加强对外话语体系建设，解释当代中国、阐释中国思想，促进更多国家和人民认同中国、支持中国；加强对内话语体系建设，解释基本方略、阐释基本路线，聚焦新时代、深化新认识，学习新思想、内化新理念，明确新战略、推动新发展，增强"四个意识"、坚定"四个自信"，提高党和政府在人民群众中的凝聚力和向心力。

要实现中国话语体系更好地与世界沟通交流，融合中外是基础，贯通东西是关键，讲好故事是方法。我们要有开放包容的姿态、互学互鉴的心态、积极进取的状态，遵循科学技术的发展规律和信息传播的规律，贴近受众的思维习惯和语言习惯，兼容并蓄、兼收并取，从学理上、逻辑上、实践上不断丰富我们的新概念新范畴，不断完善创新我们的新理念新表述，使习近平新时代中国特色社会主义思想展现出新的时代魅力和思想伟力。

2. 提升讲好中国故事的术。讲故事是一门艺术，要达到传道释疑解惑的目标，就必须使其对受众有益、有用、有趣。讲好中国故事，需要做到如下方面：

把握古今、中外、前后三个关系。找到精神的共通点、思想的共享点、情感的共鸣点。有同存异，才能求同化异，求大同化小异，求多同化各异。

做到四个结合。陈情和说理结合，贯"道"于故事之中，通"道"于故事之中,循循善诱,让人悟道。语言和形象结合,寓深刻道理于生动形象,寓生动形象于优美语言,引人入胜,启人入道。共识和个性结合,既说他想听的,也说我想讲的;先说他想知道的,后说我要说的。诚恳增进共识,巧妙增进共鸣,导之以"道",方为正道。价值和文化结合,尊重他人,让他更好地了解我们;尊重个人,让他更好地理解我们。以情感人,以礼动人,以文化人,才能得道。

3.搭建讲好中国故事的台。人人代表中国形象,个个都讲中国故事。在国际社会需要中国履行国际责任、呼唤中国贡献东方智慧、对中国之善治给予广泛好评的今天,我们要更加重视中外交流,乘势、借力做好公共外交和国际传播。

认真搭建自有平台。推动中央主要媒体走出去,建设成为有较强国际影响力和话语权的国际传播旗舰媒体。推动各级党委和政府部门建立新闻发布机制、建好各类高端智库,用好重大活动、中华传统节日、海外文化交流阵地,用活多种文化形式,让中国故事成为国际舆论关注的话题,让中国声音赢得国际社会理解和广泛认同。

积极参与公共平台。利用国际组织、多边场合、国际会议会展等公共平台,向世界讲述更生动的中国故事、传播更响亮的中国声音,做好跨文化、跨语言、跨区域的传播,促进世界沟通、国际交流、全球发展。

努力支持别人平台。中国立场,需要借嘴说话,推动知华人士有地可讲,促进文明互鉴;中国智慧,需要借筒传声,推动友华人士有话可讲,沟通不同文化。传播中国主张,需要借船出海,推动传播价值本土化,润泽更广人心。

4.提高讲好中国故事的能。互联网时代给对外传播工作带来新机遇,社交媒体的兴起为讲好中国故事提供了绝佳平台。要提高媒体的传播力、引导力、影响力、公信力,提高生产者、传播者个体的学养、素质、能力、水平。

把握新理念。新时代需要符合新技术传播、适应媒体新生态、满足人们新需求的新话语新表达、新形式新内容、新载体新体裁等。

掌握新技术。按照分众化传播、差异化渠道进行推送,要开展个性化产品、特色化营销研发生产,为用户客户提供特色理念、特殊服务,有向心力和到达率才有引导力。

占领新平台。根据各国政治社会不同现实情况、各地经济文化不同发展阶段、各媒体技术发展不同现实基础,采取不同策略,利用不同平台,实行差异化传播,精准引导西方主流舆论,有实效才有影响力。

学习新本领。坚持内容为核心、人才为基础,培养创新型、复合型、全媒型人才,培养有开阔的国际视野、深厚的文化素养、出色的表达能力、优秀的沟通能力的讲故事者,传递中国声音、中国方案、中国精神的独特价值和时代意味。

讲好中国故事,不仅是一个外宣问题,也是一个内宣问题,需要国际国内宣传内外贯通、同频共振;不仅是一个传播问题,也是一个软实力培育问题,需要经济支持、文化着力;不仅是宣传者的问题,也是所有人的问题,需要共谋共享、齐抓共管。新时代,我们要向习近平同志学习讲故事的道,深入增强"四个意识"、坚定"四个自信"和深入研究中国话语体系的内在逻辑,学懂弄通习近平新时代中国特色社会主义思想,深刻理解实现国家治理能力、治理体系现代化目标和推动全球和平发展合作、共建人类命运共同体的目标导向。我们要向习近平同志学习讲故事的术,用思想贯道,用艺术启道,帮助人悟道。我们要搭好国际台,强化自己内力,提高本体之能,以人类共通共知的常识作基础,以喜闻乐见、让人快乐的方式作载体,以广泛参与、互动的方法作桥梁,既传播立足中国、面向世界的中国治理之道,又传播发扬优秀文化、弘扬时代精神的世界发展之理,从而帮助受众受之有益、学之有用、参之有趣,使人开悟、生智,使中国得到更广泛认同,使传播中国价值理念的人越来越多。

(原载《新闻战线》2018年第7期,原标题为《讲好中国故事,共塑中国形象》)

敢于斗争，勇于胜利
—— 认识到位打好舆论仗

意识形态工作是党的一项极端重要的工作。建设具有强大凝聚力和引领力的社会主义意识形态，是全党特别是宣传思想战线必须担负起的一个战略任务。习近平总书记在全国宣传思想工作会议上强调，要努力打造一支政治过硬、本领高强、求实创新、能打胜仗的宣传思想工作队伍。这是习近平总书记站在全局高度，深刻总结历史经验，面向未来新任务新目标，对宣传思想工作者提出的新要求。建设一支符合新时代需要的宣传思想工作队伍，政治过硬是根本，本领高强是基础，求实创新是手段，能打胜仗是目标。宣传思想工作者能打胜仗，必须培育强烈的阵地意识、高地意识、基层意识、斗争意识。

树立强烈的阵地意识。当前国际国内形势发生深刻变化，巩固意识形态阵地的任务十分艰巨。宣传思想工作者必须树立强烈的阵地意识，坚决落实意识形态工作责任制，加强阵地建设和管理，巩固马克思主义在意识形态领域的指导地位，巩固全党全国人民团结奋斗的共同思想基础。思想舆论领域大致有红色、灰色、黑色三个"地带"，我们必须守住"红色地带"主阵地，积极争取"灰色地带"转化，大大压缩"黑色地带"。依法治理和内容建设并举，管好用好互联网舆论阵地，营造风清气正的网络空间。推动媒体融合发展，使网上网下同频共振，新闻宣传和社会舆论齐心协力，内宣外宣同心共聚，正能量充沛、主旋律高昂，把全党全国人民士气鼓舞起来、精神振奋起来，朝着党中央确定的宏伟目标团结一心向前进。

树立强烈的高地意识。意识形态工作守护的是精神高地，做的是武装头脑和凝聚人心的工作，对于坚定信仰信念，巩固人民对党和政府的信心信任，确保政治安全、文化安全具有至关重要的作用。必须提高站位、准确定位，站得高、谋得远、想得深、做得实。必须把握方位、精准卡位，统筹好、部署早，切得细、做得巧。从维护我国政治安全的高度出发，把增强"四个意识"、坚定"四个自信"作为建设社会主义意识形态的关键，把统一思想、凝聚力量作为宣传思想工作的中心环节，坚持不懈用习近平新时代中国特色社会主义思想武装全党、教育人民、推动工作，推动当代中国马克思主义、21世纪马克思主义深入人心、落地生根。从维护我国文化安全的高度出发，把提高新闻舆论传播力、引导力、影响力、公信力作为主流思想舆论建设的重点，把社会主义核心价值观贯穿结合融入各项活动作为精神文明建设的要点，把激发全民族文化创新创造活力作为建设社会主义文化强国的支点，建设中国特色社会主义文化，引领全党全国人民保持民族独立性和精神高尚性，为实现"两个一百年"的奋斗目标而奋发图强。从提高中国文化软实力和中华文化影响力的高度出发，着力于讲好中国故事、传播好中国声音，着重于传播中国观点、推广公共产品，着眼于弘扬中华文化、提高国际影响力，选好传播优秀文化的切入点、传导国家软实力的立足点、促进中外交流的共融点，构建中国特色的话语体系，提高中国的话语权。做好意识形态工作要脚踏实地，也要登高望远，理念上抢占话题话语的制高点，目的上明确价值追求的高目标，范围上把控历史现实的高空域，牢牢掌握主动权。

树立强烈的基层意识。宣传思想工作者能打胜仗，必须立足现实基点、面向基层一线、服务基本人群、夯实基础工作，把一线宣传思想阵地建设好管理好发展好。立足现实基点，坚持问题导向。以改革开放和现代化建设中实际问题、正在做的事情为中心，着力于破解统一思想难、凝聚力量难、入耳入心难的新问题，聚焦互联网新领域，抓好县级融媒体中心建设，覆盖新人群、拓展新传播。面向基层一线,强化发展理念。高度重视基层宣传思想工作基地建设,规划项目、经费投资、物资保障、人力资源等更多倾斜基层,使宣传政策有阵地、文化活动有场地、思想教育有园地、文明建设有基地。服务基本人群,推动成风化人。掌握新知识、熟悉新领域、开拓新视野,加强传播手段和话语方式创新,让党的创新理论"飞入寻常百姓家"。通过分层施教、分众引导,"一把钥匙开一把锁",积极吸引群众了解、理解、支持主流思想舆论,上下团结一心共画同心圆。夯实基础工作,建立长效机制。把核心价值观贯穿融入社会发展各方面,使思想政治教育落细落小落到实处,引导全体人民自觉躬行,共同培养担当民族复兴大任的时代新人。发挥一线宣传思想工作者主力军作用,着眼长远、激活机制,使基层宣传思想工作更有基础更有活力。

树立强烈的斗争意识。新时代,我们党正在进行具有许多新的历史特点的伟大斗争,形势环境变化之快、改革发展稳定任务之重、矛盾风险挑战之多,都是前所未有的,对我们党治国理政考验之大也是前所未有的。意识形态面临的斗争是现实而具体的,也是长期而艰巨的。只有绷紧意识形态这根弦,不断增强宣传思想工作本领,才不会在意识形态斗争的舆论场失语、争夺战失策、攻心战失魄。强化领导权管理权,加强党对宣传思想工作的全面领导,旗帜鲜明地坚持党管宣传、党管意识形态,坚决维护习近平总书记党中央的核心、全党的核心地位,坚决维护党中央权威和集中统一领导,牢牢把握正确政治方向。精准引导新闻舆论,对于相关重要话题善于发声,理直气壮,传播真相真理,维护国家主权、安全、发展利益。对于事关大是大非和政治原则问题,敢于亮剑,明辨是非、澄清谬误,坚定信念信仰信心。精准引导社会舆论,把握时度效,用客观理性化解戾气,用创新传播推动互联网这个最大变量变成事业发展的最大增量。切实提升国际影响力。讲好中国故事,传播好中国声音,展示真实、立体、全面的中国形象,不但要"说得好",而且要"做得好",关键是说得恰到好处,真正抵达人心;做得实在到位,让人心服口服。加强对外话语体系研究和实践,把握历史性和现实性,考虑全面性和系统性，尊重差异性和共通性，在展示核心价值、特色概念、科学体系上下功夫，在艺术表达、精准传播上下功夫，常出阶段性成果、凸显长期性效应，体现中国话语体系的魅力。

新时代对宣传思想工作不但有具体的要求，而且有整体的要求；不但有能打胜仗的根本要求，而且有打好胜仗的目标追求；既解决实际问题又解决思想问题，更好强信心、聚民心、暖人心、筑同心。宣传思想工作者树立强烈的阵地意识、高地意识、基层意识、斗争意识，就奠定了能打胜仗的基础。把强烈的意识转化为坚强的意志，凝结为政治过硬的品格，体现为本领高强的能力，涵养求实创新的精神，才能打好胜仗。宣传思想工作要强起来，干部首先要强起来，必须加强学习、创新实践，提高自身素质，更加积极作为，自觉担负起新的使命任务。不打无准备之仗，才能常打胜利之仗。有敢胜的勇气、必胜的决心、善胜的智慧、打胜的能力，就一定能打赢意识形态斗争之仗，夺取新时代中国特色社会主义新胜利。

（原载 2018 年 10 月 5 日《学习时报》第 A1 版，原标题为《牢固树立能打胜仗意识》）

家是文化，更是方向
—— 建设我们的"记者之家"

在学习宣传贯彻党的十九大精神的热潮中，新闻界迎来了第 18 个中国记者节。11 月 8 日，习近平总书记致信祝贺中国记协成立 80 周年，中央领导同志在人民大会堂为中国新闻奖获得者和从事记协工作 10 年以上的代表颁奖并讲话。党的新闻舆论工作是治国理政、定国安邦的大事，党和国家关怀记协工作和新闻事业、关心新闻工作和新闻工作者，是党和国家兴盛之象。社会各界关心党的政策主张的传播者、时代风云的记录者、社会进步的推动者、公平正义的守望者，关怀给人民传播真实、给百姓传递真情、给社会传导温暖的好记者，是人民身心安定之福。记者有正气，人民有福气；记者有锐气，时代有朝气；记者有担当，国家有力量；记者有形象，民族有希望。弘扬主旋律，传播正能量，人人有方向，才天天向上。

80 年峥嵘岁月，作为"记者之家"，中国记协有多少深情往事可供回忆，有多少特殊味道值得回味。在今年开展的"好记者讲好故事"活动中，人们看到记者们深情记录中国记者之"家"的故事，也听到好记者真情讲述一些"家人"的故事，让我们过了一个亲切的记者节，让我们时常想"家"，也让我们对如何更好建"家"进行深深思考。

家是感觉。人间有多少冷暖，家就有多少值得怀念的故事。家是温暖，是清晨袅袅升起的一缕炊烟，深夜照亮回程的一盏黄灯。家是温馨，是劳累过后身体依靠的一双臂膀，疲倦之余心灵停泊的一个港湾。家是温情，是激情出发时的叮咛话语，挫折归来时的理解目光。记协是"记者之家"，要让记者找到家的感觉，要让记者在权益维护时得到温暖的归属感，在学习教育中得到进步的成长感，在从业著文时坚守强烈的责任感，在"走转改"中得到快乐的参与感，在成才路上受到奖励的荣誉感。记者有五官，记协有"五感"，在这里收获温暖温馨温情，有进益有获得有满足，记者来到记协，体会"有家的感觉真好"，记协就成功了一半。

家是味道。世间有多少酸甜苦辣，家就有多少值得咀嚼的味道。家是妈妈淘水烧制米饭的清香，是爸爸远方归来怀抱的舒适；家是爷爷奶奶夏夜蒲扇摇动的安宁，是哥哥姐姐县城赶学故事的新奇。记协是"记者之家"，要让记者感到家的味道，要让记者在辛勤采访挨饿受累时尝到家人关怀的香味，在舆论监督怄气受挫时闻到亲情理解的甜味，在创制精品路上感到鼓励鞭策的辣味。在"记者之家"，大家并不孤单，因为同声共气同心同向百味共尝，均为天地立心为生民立命，记者不虚此业；因为同事同人勠力同担百事可为，均为记录时代风云人间百态，记协不虚此行。这里共同的味道，让记者想到共担的事业、共通的情怀、共融的发展，在时代的激流中以笔为枪、以键为帆、以文载道，成风化人、奋勇向前。

家是风尚。历史有多少次曲折回转，家就有多少亘古不变的传承。家是春节门口必须张贴的喜气春联，是饭前耳边时常响起的祖上故事；家是父母严肃诵读口口相传的谆谆家训，是淘气捣蛋受罚事事经历的条条规矩。在"记者之家"，领略记者之风，感受老记先生之风山高水长，守望社会公平，记时代先声养天地浩然正气；感念年轻后生之神荡气回肠，匡扶人间正义，记人间冷暖怀天下赢弱百姓。"记者之家"涵蕴正气清风，记者之行领时代精神，媒体有责任，记者有担当，新闻有力量；媒体有格调，记者有道德，社会有榜样；新闻有精气神，记者有好形象，社会有正能量。

家是方向。家给人方向，春有百花秋有月，夏有凉风冬有雪，季节更迭时序交替自然有规律。家给人动力，昨天有回忆，今天有力量，明天有信心梦想目标，与时俱进与时偕行人生有创意。"记者之家"，要让记者找到家的历史感，不忘我是谁，从哪里来，到哪里去。不忘初心，不忘我们是党的新闻工作者，记协前身"青记"在党的领导下成立，为挽救民族危亡而生，为帮扶国家存续而立；不忘本来，不忘中国记协为共和国富强而呕心沥血，为人民幸福而发展壮大。记协人要听党话、跟党走，始终与党同行、当好纽带桥梁。"记者之家"，要让记者找到家的文化味，牢记以人民心为心、为人民鼓与呼的工作导向，敬畏法纪敬畏信任的社会责任，铁肩担道义、妙手著文章的职业精神，计利当计天下利、求名应求万世名的职业道德。"记者之家"，还要让记者找到家的中国范，有与党同心同德共跨新时代的理论自信，与国家同向同力共创新辉煌的制度自信，与人民同呼吸共命运共绘中国梦的道路自信，与记者们同甘苦共欢乐共画同心圆的文化自信。

家的内涵丰富，家的外延广博。家是格局，国是大家，家是小国，有国才有家。家是文化，字是血脉，书是根基，精神是力量。家是人心，集体组成，亲情凝聚，有爱才有家；家是和谐，和气同心，谐声同行，家和万事兴。家有物理空间，有屋遮风，有食糊口，实在方为家；家有思想自由，包容差异，宽容不同，有容家乃大。家不分大小、不在乎距离，也不分贫富、不偏倚高低，更不分风格、不拘泥差异。不管我们走多远、长多大，家永远是我们深情回望的方向，是我们不懈前进的源泉力量；家永远是我们心灵最柔软的部分，是我们最想快乐到达的目标梦想。

一年前，习近平总书记对中国记协提出建设"记者之家"的总目标，意蕴深长，既亲切又实在，这是对记协工作者的殷切期望，也是对新闻工作者的深沉厚爱。一年后的11月8日，习总书记亲致贺信，希望中国记协坚持走中国特色社会主义群团发展道路，保持和增强政治性、先进性、群众性，更好把新闻工作者凝聚起来，真正建设成为"记者之家"。这是我们前进的方向和发展的目标。站在新的历史起点上，新闻舆论工作天地广阔，新闻工作者任重道远。作为全国"记者之家"，中国记协一定能通过努力，务实创新、扎实奋进，协同八方、联络内外，让百万新闻工作者经常找到家的感觉、尝到家的味道,时常受到好家风的熏陶、得到大家庭的温暖,沐浴党的阳光和国家关怀,不忘初心、牢记使命,为夺取新时代中国特色社会主义伟大胜利、实现中华民族伟大复兴的中国梦而作出新的更大贡献。

（原载 2017 年 11 月 9 日《湖南日报》第 11 版,原标题为《建设我们的"记者之家"——庆祝第 18 个中国记者节》）

人人发展，发展为人
—— 把人的现代化放在更重要位置

中国的现代化之路是在经济全球化、世界多极化、社会信息化、文化多元化的时代大背景下展开的，是在中国由传统农业文明向现代工业文明跃升的现代空间背景下进行的，同样也是在中国人不断努力提高素质能力的人文基础上进行的。我们的发展离不开今天的时空，当前正在新一轮工业革命的跨越中，乘着信息化、智能化的潮流，靠着大数据、移动互联网、人工智能等新兴技术的强力牵引前行。各国国情不同，政治制度不同，历史传承、文化传统、经济社会发展的基础也不尽相同，同时现代化是长期发展、渐进改进、演化进化的结果。我们需要审视现在这个时代、这个世界，需要尊重规律，遵循一般规律，既要走快路，又要走稳路；需要借鉴别人，借他山之力，既要走快路，又要走好路。如此，才能如愿实现中国现代化梦想。由于赶上新兴技术革命浪潮，中国现代化之路可能比一些国家快，进程可能也会短一些，但是我们不能脱离这个时代物理空间，不能脱离社会主义初级阶段这个发展实际、违背普遍规律常识，更不能脱离人这个主体。历史规律表明，发达国家走向现代化必须依托人；中国实践证明，建设现代化是为了人；党的执政追求，推进现代化的宗旨是服务人。中国的现代化最关键的是人，在新的时空背景下，中国人的现代化正成为越来越重要的一环。

一、历史规律的思想结晶

从目前已经实现现代化的英法德意美等欧美发达国家的实践来看，一方面经历了二三百年实践，实现了从农业社会到工业社会、封建主义社会到资本主义社会的社会转型，走过了近代机械化、现代电气化信息化的工业化道路，科技进步主导工业文明成为现代化的底色，经济对现代化起着牵引作用；另一方面经历了文艺复兴和思想启蒙，引领了多次反复但比较彻底的反封建斗争，培育了现代文明思想萌芽，积累了自由、民主、平等、公正等新价值，确立了法治、人权等新概念，建立了现代资本主义民主新制度。因此有人说，这些国家是因为有了现代人才有了现代国家，有了现代化的思想才孕育了现代化的国家。

从后来日韩新等亚洲几个成功走上现代化道路的国家和地区来看，乘着制造业的梯度升级、重化工业的转移步伐，伴随着跨国公司的扩张步履，迅速融入全球化的进程，通过建立机械化工厂、接受现代科技知识、培育现代化经济需要的现代工人，国家经历社会运动甚至经历多次社会动荡，建立了现代政治制度、社会制度等。

历史地看，这一阶段的政治相对稳定，社会相对和谐，人民获得较大的政治民主、经济收益等权利。分析原因，是形成了比较稳定的价值体系，塑造了比较理性的人，创造了自洽合适的理论，不断引导其组织完善、结构平衡、社会稳定。

韦伯作为现代化理论的集大成者，认为人的理性化和经济组织理性化、行政法律理性化、科学技术理性化互相推动和促进，现实的功利主义目标以及实现这些目标相应的科学手段构成现代社会的主要特征。他甚至认为，现代社会科学的管理机制是建立在科学地看待人的本性基础上的，因为14—16世纪的欧洲文艺复兴和17—18世纪的启蒙运动"创造了人"，才有19世纪末20世纪初近代欧洲的工业化发展。结构功能主义学派从人的选择取向、价值标准、角色关系、行为动机、角色评价来研究传统社会和现代社会的差异,推导出市场经济是人的自主选择结果。

马克思主义认为,文艺复兴和启蒙运动为近代欧洲的工业化发展奠定了思想基础,工业化为欧洲资本主义诞生和发展创造了经济基础。恩格斯在《政治经济学批判》中指出,"物质生活的生产方式制约着整个社会生活、政治生活和精神生活的过程","每一历史时代主要的经济生产方式和交换方式以及必然由此产生的社会结构,是该时代政治的和精神的历史所赖以确立的基础"。

20世纪以来,世界各国的现代化呈现出多样的、各具民族特色的新特点。英格尔斯从后发国家工业现代化实践比较后得出结论,工厂培育现代工人,工业社会培育现代人格,工业文明培育现代人,与现代化经济相称的应该是一个消息灵通、参与社会的公民,一个个人功效意识明显、有高度独立性、胸怀相对开放、易接受新事物的现代人。

无论是经济社会变化影响人的现代化,还是人的思想引领现代化,在不同的阶段和不同的地区也许有差异,而人在生产力和生产关系的作用中处于特殊重要地位毋庸置疑。历史规律表明,生产力进步是推动经济社会变化的关键,作为生产力最重要的因素,人是推动经济发展的核心动力。人作为社会的主人、政治的主体,在推动社会现代化中把自己塑造成现代人,这是一个时代的图谱;人作为经济人、现代人,是推动经济现代化的核心动力,这是一个公认的规律。

二、中国实践的现实结果

救国、兴国、强国是梁启超、孙中山等近代中国仁人志士先后发出的深沉呼唤。团结一心、振兴中华成为19世纪末20世纪初的时代强音。近百年来,在中国共产党的领导下,中华民族迎来了伟大复兴的光明前景。

1. 现代化随着中华人民共和国的成立和社会主义建设时期的到来,成为中国共产党人的深谋远虑。毛泽东说:"我们不能走世界各国技术发展的老路,跟在别人后面一步一步地爬行。我们必须打破常规,尽量采用先进技术,在一个不太长的历史时期内,把我国建设成为一个社会主义的现代化的强国。"周恩来1954年在一届全国人大一次会议上首次提出包括工业、农业、交通运输和国防在内的四个现代化目标,并被写入1956年中共八大党章中。1964年12月21日在三届全国人大一次会议上的政府工作报告中提出"在不太长的历史时期内,把我国建设成为具有现代农业、现代工业、现代国防和现代科学技术的社会主义强国"。这说明中国共产党人的现代化目标是分步骤的,更是有重点的。邓小平在1979年3月30日的理论务虚会上指出:"我们当前以及今后相当长一个历史时期的主要任务是什么?一句话,就是搞现代化建设。能否实现四个现代化,决定着我们国家的命运、民族的命运。"他深刻指出,"我们能在今天的国际环境中着手进行现代化建设,不能不铭记毛泽东同志的功绩",强调教育要"面向世界、面向未来、面向现代化"。这说明谋划现代化是长远的,也是开放的。

2. 现代化随着改革开放,成为中国共产党人的艰苦摸索、深入探索。改革开放以来,中国开始了"专心致志地、聚精会神地搞四个现代化建设"。1987年党的十三大提出中国经济建设三步走的战略目标:1981年到1990年实现国民生产总值比1980年翻一番,解决人民的温饱问题;1991年到20世纪末国民生产总值再增长一倍,人民生活达到小康水平;到21世纪中叶人民生活比较富裕,基本实现现代化,人均GDP达到中等国家发达水平。根据变化了的实际,党中央后来提出,到建党100年时全面建成小康社会,实现第一个百年奋斗目标;从2020年到2035年,基本实现现代化;从2035年到21世纪中叶,把中国建成富强、民主、文明、和谐、美丽的社会主义现代化国家。这说明推进现代化是务实的,也是与时俱进的。

3. 现代化探索锻造了具有崇高理想、革命精神、高超智慧、现代思维的中国共产党人。中国共产党人是一支有崇高理想的队伍,99年来为了共同的信仰,为了中华民族复兴、共产主义实现,一以贯之、坚持不懈地走出了一条中国特色社会主义道路。中国共产党人是一支有着革命精神的队伍,99

年来为了远大的目标,为了中国的富强、人民的幸福,勇于革命、锐于革新、敢于开放、善于开放,拓展了发展中国家走向现代化的新路。中国共产党人是一支有着高超智慧的队伍,99年来为了神圣的事业,用坚定信仰信念、鲜明人民立场、强烈历史担当、求真务实作风、改革创新精神和科学方法论团结人民开拓奋进,建设社会主义市场经济、民主政治、先进文化、和谐社会、生态文明。中国共产党人是一支有着现代思维的队伍,99年来为了执着的追求,自觉与时俱进、认识科学规律、推动思想解放、促进改革开放,不断推进理论创新、实践创新、制度创新、文化创新以及其他各方面的创新,促进人的全面发展,努力把中国现代化事业不断推向前进。99年的奋斗实践证明,近代以来久经磨难的中华民族迎来了从站起来、富起来到强起来的伟大飞跃;科学社会主义在21世纪的中国焕发出强大生机活力,不断发展创新的中国特色社会主义道路拓展了发展中国家走向现代化的途径,中国特色社会主义进入新时代,迎来了中国实现现代化目标的光明前景。

三、宗旨价值的永恒追求

1. 中国共产党是马克思主义武装的政党,高举马克思主义的旗帜引领着中国现代化道路的未来方向。马克思、恩格斯坚信未来社会"将是这样一个联合体,在那里,每个人的自由发展是一切人的自由发展的条件"。让人民获得解放,是马克思的毕生追求,只要人民成为自己的主人、社会的主人、人类社会发展的主人,共产主义理想就一定能够在不断改变现存状态的现实运动中一步一步实现。"马克思主义所追求的是人的'全面发展',既是人的个性、能力和知识的协调发展,也是人的自然素质、社会素质和精神素质的共同提高,同时还是人的政治权利、经济权利和其他社会权利的充分实现。"

2. 中国共产党坚持马克思主义的基本理论和中国的具体实际相结合,把全心全意为人民服务的根本宗旨写在自己的旗帜上。把人民立场作为根本立场,把为人民谋幸福作为根本使命,把群众路线作为根本路线,是中国共产党的鲜明特色。"我是谁""为了谁""依靠谁"是中国共产党人经常反省自问的三个重要问题。习近平强调"为人民谋幸福,是中国共产党的初心。我们要时刻不忘这个初心,永远把人民对美好生活的向往作为奋斗目标"。坚持一切为了人民,带领人民不断创造美好生活,生动诠释了中国共产党人的根本立场、根本宗旨、根本追求。人民是真正的英雄,中国共产党人坚持在思想上树立人民群众的主体地位,在认识上尊重人民群众的首创精神,在工作中努力发挥人民群众的积极性,在评价上把人民满意作为检验工作的第一标准,从而把这一价值追求贯穿到治国理政、社会实践全部活动中。

3. 中国共产党人坚持永恒的价值追求和长远的战略目标,成为生生不息的动力和绵绵不绝的源泉。中国共产党领导人民走中国特色社会主义道路,在各个阶段提出的建设目标,不论不同时期现代化的内容方面有多少不同,也不论社会主义建设和改革开放的不同阶段关于现代化的内涵有多少差异,一个坚定不变的价值追求就是:始终坚持现代化国家和中华民族复兴的奋斗目标,始终坚持这一切奋斗都是为了人的自由全面发展这一根红线,为了人类解放这一指精脉。毫无疑问,中国现代化是为了中国人民,为了中国人民的现代化也是题中应有之义,而且也成为中国共产党鲜明的价值追求。

党的十九届四中全会决议指出,党的十八大以来,我们党领导人民统筹推进"五位一体"总体布局、协调推进"四个全面"战略布局,推动中国特色社会主义制度更加完善、国家治理体系和治理能力现代化水平明显提高,为政治稳定、经济发展、文化繁荣、民族团结、人民幸福、社会安宁、国家统一提供了有力保障。

中国现代化建设"以促进社会公平正义、增进人民福祉为出发点和落脚点",为了人的自由全面发展而进一步建设和谐的社会环境、良善的制度条件、发达的经济基础和自由的精神世界。

中国的现代化最关键的是人,把中国人的现代化放在更重要位置,是客观规律的结晶,也是中国实践的总结,更是中国共产党人宗旨价值的追求。

只要我们坚持正确的方向,高扬科学精神,遵循客观规律,结合自己的实际,一定能走出一条适合社会主义现代化道路实践、符合人民自由全面发展要求的中国人现代化的新道路。

(原载《现代经济探讨》2020年第3期,原标题为《试论中国现代化进程中人的现代化问题》,节选)

言为心声,语为学养
—— 网络空间咋讲话

　　准确而优雅地用好汉语言文字,不仅是传承中华传统文化的必然要求,而且是推动网络空间清朗起来的重要手段。随着网络的迅猛发展,低俗语言似乎成为与网络并生的"怪胎",侵蚀着清朗的网络空间,也污染着清洁的语言环境。媒体、公众、社会在抵制网络低俗语言、提倡使用文明用语、营造清朗的网络空间方面都肩负着重要责任。如何让网络空间明快清朗?从我做起,学会讲话,讲好中国话。

　　让网络空间清朗起来,是很多人的心愿。什么样的网络空间是清朗的?标准可能有很多条,我认为最重要的标准有三条:一是语言要文明。低俗语言在网络上比较少见,文明用语成为主流。语言是文化的符号,有什么样的文化就有什么样的语言,有什么样的语言就体现什么样的时代。二是内容要健康。崇德扬善的内容多,鲜活清新的话语多,家长放心孩子上网,社会家庭放心青年上网,社会人群通过网络交流促进和谐。三是空间要清朗。主要网站有格调,报道有质量,言论有正能,媒体有责任,记者有担当,社会网站言论客观、理性、文明,网络空间健康、干净、清新,网络舆论既主导声音总体积极健康向上,又鼓励社会多元参与分众创新表达。只有这样,为人民服务、为社会主义服务、为党和国家大局服务才会落到实处;只有这样,社会主义核心价值观才会得到大力弘扬,社会正能量才能得以积极传递;只有这样，先进的中华传统文化才会和新时代新技术巧妙地融合，中华语言才会在规范和创新的巧妙结合中得到传承。

建立网络清朗空间，人人有责。全国网民7亿多，在13亿人口中已经过半，说明大部分城市人口和相当大一部分农村人口把网络作为工作和生活的必不可少的工具。其中手机网民又有6.2亿，说明移动传播、网络沟通、快速联动成为现代人沟通的重要特征，"人人都是记者，个个都有话筒""人人都是自媒体，个个都有分镜头"是一种形象概括。语言表达、观点表达成为深刻影响社会的重要方式。语言是新闻媒体和网站传播文化的基本载体。媒体的报道导向、价值取向、文化品位，渗透在一篇报道、一个节目的字里行间。媒体是文化的传播者，更是文化的代言人。有了语言"以文化人"这一功能，新闻媒体和网站才会在承担平台和载体等客观技术功能外，发挥重要的社会责任功能，也就是引导社会、影响舆论、弘扬正气、凝聚人心。

因此，鼓励和倡导什么样的语言、反对和抵制什么样的语言就成为非常重要的事情。是使用文明、规范、干净的语言，传承文明、传播文化，还是惯用低俗、色情、粗野、暴力的语言，把低俗当通俗、把粗鄙当流行、把狂乱当自由；是让正能、善意、理解成主流，还是把负面、冲撞、消遣当支点；是将积极健康正能作为追求展示，把真善美德核心价值作为内涵孕育，还是把低俗语言充斥网络空间当正常，对戾气恶意流动网络空间习以为常？这不仅是媒体文化品位高低和影响力大小的问题，而且是蓄积价值涵养文化能力的问题；不仅关乎未成年人的身心健康，而且关乎中国世道人心社会风尚；不仅关乎汉语语言规范创新发展，而且关乎中华民族的千年文脉延续。

"礼义廉耻，国之四维"，无论是国家、民族还是个人，都要守住文明的根、文明的魂，都不能丢了世代传承的优良品质。新闻媒体和网站是接续中华民族灿烂文明、传播社会主义先进文化的重要力量。倡导社会每个人自觉使用文明、规范、干净的语言文字，是媒体担负起各项职责使命的基本前提。媒体和网站必须始终把社会责任放在首位，视导向为灵魂、视真实为生命，严肃认真地考虑新闻报道的社会效果，讲品位、讲格调，弘扬社会正气，展现人间温暖。

我对新闻工作者的网络空间话语表达提五点建议。

一是说真话，正确地说话。实话实说，不说假话，少说套话，不说空话，少说大话。有的干部不会讲话，语言"生冷硬横"，比方说"为人民服务，我是为你一人服务吗""我反正解决不了你的问题，你爱谁谁""你是替党说话还是替百姓说话"。有的网民爱乱讲话，语言"粗俗脏色"，开口带脏闭口嫌贫，公众场合当私人空间，见谁骂谁见谁都不爽，损字带头字母结尾。有的人喜讲过头话"吹拉弹唱"，对上级说恭维话，对同级说客气话，对下级说表扬话，对问题说糊涂话。因此讲真话既不是由着性子来，想说什么就说什么，也不是表扬开始肯定结束，更不是发牢骚、撒怨气、乱放炮，而是畅所欲言，讲事实，讲问题，讲社会的呼声，讲人民的诉求；讲真话也需好表达，从感性认识到理性思考，从观念思想到生动表达，准确客观地反映现实生活，真实生动地记录中国梦的实践。

二是说对话，好好地说话。不说错话，少说怪话，不说粗话，少说废话。不能把低俗当成通俗。现在，"追俗"者多，"通俗"者少。"追俗"者，跟风炒作、忽悠渲染、无病呻吟，没人看、让人烦。"通俗"者，就是百姓听得懂、听得进的话语里，既有政策的解读传递，又有专业的阐释理解，是在政社人事情感上实现互通、在党政社群互动效果上达到共鸣。多说人爱听的话，多说人愿听的话，实话实说、真话真说、好话好说，面向现实说、面对人心说、拨动心弦，有的放矢。说正气、道正声、传正能，积极健康反映社会的主流，体现中华文化的传统和社会主义的核心价值。

三是多说有用的话，有新意有味道。新在何处？对人有启发有帮助。要讲新话，面对新形势、求解新问题、发现新创造，只有多学习、多更新知识，多思考、多更新理念，多深入、多更新体会，才会有新话，有自己思考的话，有符合实际的话，有对人有用管用的话。

四是多说生动的话，有时代的味道。群众是语言大师，老百姓的话最生动，最有生活气息。新闻工作者必须学好用好群众语言，多一些短话、实话、新话,少一些大话、空话、套话,让人们爱读爱听爱看,实现最佳传播效果。媒体向群众学习语言,还要注意引导,必须取其精华、去其糟粕。比方说口语中的一些粗话糙话,不能任由其在网络空间传播。既要说有用的话,又要用美的语言表达。美是比较出来的。什么是美,什么是丑?通过比较才能发现美。现在确实有一些媒体和从业人员不懂得比较,不懂得什么是真正的美。语言的美与丑,显而易见。完成一篇优秀的新闻报道,要有政治家的头脑、艺术家的手法,学会把深刻的道理、正确的观点,蕴藏在平实的描述中。比如,中央领导同志要求,对中国梦的宣传教育,注意不要概念化,不要固化,不要庸俗化,不要好高骛远。但是社会中仍然是"歌德"者多,"讲德"者少。所谓"歌德",就是主观、概念、大道理先行,以教育人的心态说话;"讲德",是通过新闻传播让人有所得,并且能够帮助解决问题。"歌德"说的是将事情照本宣科地"歌"出来;"讲德"指的是把事情或者道理梳理清晰后用自己的话通俗地表达出来,让人听得懂、记得住、觉得对、跟着走。这是语言的艺术,也是时代的要求。

五是多说提神提气的话。既然是媒体,就必须从群众中来,又高于群众。我们不但自己要讲好话,而且要带领网民讲好话,必须共同营造一种氛围,大家都来为社会自由、平等、公正、法治,国家富强、民主、文明、和谐贡献一份力量。营造网络清朗空间,从自己做起,就必须努力践行爱国、敬业、诚信、友善。用社会主义核心价值观这个"魂",引领做好新闻传播这个"体"。只有"魂""体"合一,才能切实做好社会主义核心价值观的践行者、推动者、引领者。新闻媒体和网站要把坚定的理想信念化为日常工作的底色,将正确的价值追求体现在新闻报道中。我们要善于用讲故事的方式,用小故事阐发大道理,用身边事教育身边人,展示平凡人的善行义举,展示普通百姓的感人故事,深入浅出、情理交融。要在日常报道中,旗帜鲜明地弘扬真善美、鞭挞假恶丑,树立正确导向、澄清模糊认识、匡正失范行为,形成激浊扬清、抑恶扬善的舆论场,引导人们做社会文明进步的推动者。让积极健康向上的思想和精神通过网络在人们心里播下种子,使社会主义核心价值观生根、开花、结果。具体到新闻报道中,就是做到政治新闻要明白、经济新闻要辩证、民生新闻要科学、社会新闻要扬善、法治新闻要讲德、文艺报道要有文化。善于用社会主义核心价值观来观照社会现实,指导新闻报道,阐发时事评论,弘扬正气、消解戾气,春风化雨、入耳入脑。

媒体在营造社会语言环境方面作用重要,在建设清朗网络空间方面作用尤其重要。因此,倡导新闻工作者用网络等新媒体说真话、说对话、说有用的话、说生动的话、说提神提气的话,目的只有一个,就是推动媒体和网站从自身做起,在网络空间倡导文明风尚,弘扬社会主义先进文化,展示当代中国的文明风貌,将网络空间建设成为崇德向善、文明有礼、温暖人心的精神家园。

(原载《报林》2016年第4期,原标题为《好讲话,讲好话,让网络空间清朗起来》)

时代前沿，引领方向
——"四全"媒体究竟是什么

习近平总书记指出："全媒体不断发展，出现了全程媒体、全息媒体、全员媒体、全效媒体，信息无处不在、无所不及、无人不用，导致了舆论生态、媒体格局、传播方式发生深刻变化，新闻舆论工作面临新的挑战。"这是习近平总书记站在时代高度、站在科技前沿高度，对现阶段媒体特征的精辟概括，也是对媒体融合发展方向的精准定位，更是对新闻舆论工作形势的精确论断。

全媒体是指采用多种媒体表现手段，综合利用多种媒介形态，针对不同受众不同需求，通过多种传播渠道、平台、载体进行全方位、多层次、融合型的信息生产、信息传播、信息消费的当代媒体。

从时间维度、空间维度、主体维度、效能维度来观察，全媒体有四个基本特征：全程、全息、全员、全效。

全程媒体，是指由于信息传输技术飞速发展和移动网络技术迭代升级，媒体基本可以同步记录、传输，新闻报道、信息传播无时不有，实现了信息或事件的全程记录、几乎同步传播。

全息媒体，是指由于物联网、多维成像等技术的成熟和大数据技术的应用，物理空间智能仿真呈现度大幅提高，物理信息源的失真误差大幅减小，标准化、数据化记录，多角度、多方位再现，新闻报道、信息传播无处不在，几乎实现了信息或物体在空间的全方位呈现和多角度同步传播。

全员媒体，是指由于手机等智能终端的普及应用，媒体进入门槛大大降低，参与主体显著增加，一元主导、强力引导的宣传舆论场变成多元共治、柔性制衡的公众舆论广场，单向传播转化为多向互动、同频共振，"人人都是媒体，个个都有话筒"成为媒体生态和舆论场现实场景，新闻报道、信息传播几乎无人不会，新闻媒体内部也面临随时须在现场、专业报道不能缺席的新要求，呼唤涌现更多全媒型、专家型记者，更好地发挥引领主流舆论的作用，提高全民媒介素养。

全效媒体，是指多种媒体载体、技术的丰富应用，媒体给受众更广泛的体验认识和释放更强大的效能。一是文字、图片、声音、图像等信息交叉综合，更丰富、更立体、效果更全面；二是移动化、分众化、碎片化融合传播，使人们感受更直观、更鲜明，效率更高；三是功能区分、集成、创新使信息、社交、政务、商务等服务功能融为一体，使内容形式更符合需要、方法手段更适应需求、媒体受众效益更满足期待；四是受众不同程度的参与、互动、联动，使媒体传播效果较过去更全面、更有体验感、更有获得感。

认真学习习近平总书记的重要论述，科学认识"四全"媒体特征，努力构建全媒体发展格局，至少需要把握如下要求。

一是把握趋势，适应形势。分析信息技术时代的新兴媒体发展规律和历来的新闻传播规律，媒体融合发展是不争趋势，全媒体发展格局是必然方向。我们需要尊重规律，深刻把握科学技术引领媒体发展的推动作用，深刻理解全程媒体、全息媒体、全员媒体、全效媒体的内涵，学习新技术新知识，提高新能力新本领，在工作中增强规律性、把握时代性、富于创造性，从而因势而谋、应势而动、顺势而为、乘势而上，推动传统媒体和新兴媒体融合发展，坚持一体化发展方向，坚持内容为根本、技术为支撑这两个关键，推动流程优化、平台再造、资源整合，实现信息内容、技术应用、平台终端、管理手段共融互通，建设具有强大影响力、竞争力和实力的新型主流媒体。

二是努力超越，追求卓越。回顾过去新闻舆论工作和媒体融合发展的历程，科学理论指导融合发展，使我国新闻舆论工作和媒体融合发展取得喜人成绩。实践出真知，需要我们顺应历史，深刻把握科学理论对媒体发展的指引作用。深刻理解"四全"媒体特征和全媒体整体的关系，辨析其内在机理，辩证把握阶段性特征，不断完善我们的认识和实践。"四全"特征是全媒体发展的时代产物，是目前全媒体的基本特征。由于近年来信息技术发展日新月异，媒体形态和体裁样态层出不穷，全媒体的特征并不稳定，仍在进一步发展中，其内涵和外延有待进一步深化。我们对其特征、作用应有更深的认识，全媒体不断发展导致舆论生态、媒体格局、传播方式发生深刻变化，进一步促使我们增强适应新闻舆论工作巨大挑战、下大力气推动媒体融合发展的自觉性、责任感、使命感。我们要做出超越前人的成绩，必须脚踏实地、研究科学规律，与时俱进、抓住难得机遇，构建全媒体传播格局，提高媒体传播力、引导力、影响力、公信力，形成资源集约、结构合理、差异发展、协同高效的全媒体传播体系。

三是提高本领，引领主流。无论是媒体融合发展还是新闻舆论工作，都必须把握手段和目的、战术和战略的关系。习近平总书记高度概括的"正能量是总要求，管得住是硬道理，用得好是真本事"是我们做好这一工作的根本遵循。全程、全息、全员、全效的基本特征要求我们，要让党的声音传得更开、传得更广、传得更深入，壮大主流思想舆论，让主流价值影响力版图更大，新闻媒体就必须在全过程、全方位、全员、全面传播中讲政治、导向、价值，在创新理念、形式、方法、手段、内容、体制、机制、业态、体裁中既要尊重规律又要用科学理论指引，既要追求创新发展的高线又要守住科学发展的底线，既要守土有责、守土尽责又要占领新兴舆论媒体阵地和国际传播高地，巩固党的宣传思想阵地。新闻管理单位要建立科学高效的管理，把服务的理念、先进的理念寓于全程、全息、全员、全效管理中，使正能量充沛、主旋律昂扬，使人民的精神文化生活丰富多彩。新闻舆论要实现有意义有意思的传播、创造生动活泼的局面，就必须把握新闻传播规律，适应融合发展趋势，创新传播理念，培育创造精神、创新精神、创业精神，使社会主义核心价值观的底色更加鲜明,增强人民群众对党的信任、对社会主义的信心、对共产主义的信念。

(原载 2019 年 4 月 8 日《学习时报》第 A4 版,原标题为《如何理解"四全媒体"的内涵和意义》)

新的方位,新的方向
—— 战略思维谋融合

1月25日,中共中央政治局第十二次集体学习会在人民日报社举行,习近平总书记发表重要讲话,对于新时代媒体发展意义重大。我们要从党的十八大以来中央治国理政的历史维度来观察,要从信息科学技术面临革命性发展的现实深度来把握,要从媒体服务国家治理体系和治理能力现代化的时代高度来认识,从而更加全面、准确、深刻地理解中央的意图,实事求是、结合实际走好媒体科学发展的道路。

新时代新闻舆论工作的新起点

如果放在更宽广的历史维度上来观察,回顾党的十八大以来,以习近平同志为核心的党中央对新闻界的重视,对媒体融合工作的推动,对新闻人的关怀,可以用一副对联来概括:大事好事党中央事事关心,重点难点总书记点点力推。

所谓大事,就是新时代新闻舆论工作如何定位、新闻工作者如何作为等方向性、原则性的事项。对此,党中央分别召开了党的新闻舆论工作座谈会、网络和信息化工作座谈会,对中国记协九届一次常务理事会和中国新闻奖颁奖报告会,党中央都高度重视,给予亲切指导,凝聚人心。所谓好事,就是新时期新闻界人民团体和新闻单位如何继承传统创新发展等基础性、历史性的事项。中国记协成立80周年、新华社成立85周年、《人民日报》创办70周年、《解放军报》创办60周年、中央电视台建台60周年、中国国际电视台开播,党中央领导都致信或讲话,给予热烈祝贺,温暖人心。在这次政治局集体学习会上,习近平总书记明确指出新闻舆论工作的前进方向,要因势而谋、应势而动、顺势而为,加快推动媒体融合发展,使主流媒体具有强大传播力、引导力、影响力、公信力,形成网上网下同心圆,使全体人民在理想信念、价值理念、道德观念上紧紧团结在一起,让正能量更强劲、主旋律更高昂。要旗帜鲜明坚持正确的政治方向、舆论导向、价值取向,通过理念、内容、形式、方法、手段等创新,使正面宣传质量和水平有一个明显提升。要抓紧做好顶层设计,打造新型传播平台,建成新型主流媒体,扩大主流价值影响力版图,让党的声音传得更开、传得更广、传得更深入。主流媒体要及时提供更多真实客观、观点鲜明的信息内容,掌握舆论主动权和主导权。

所谓重点,是指在信息技术革命强力推动下出现的传播技术革命、传播格局变化、媒体业态创新、舆论生态变革,事关新闻单位的现实生存和长远发展的战略性、方向性问题。为此,习近平总书记亲自主持召开"8·18"深改组会议,出台《关于推动传统媒体和新兴媒体融合发展的指导意见》,从顶层设计到宏观指导、从发展趋势到路径选择提供明确指引,稳定人心。所谓难点,是指新闻人最关心也最难解决的薪酬待遇问题。为此,习近平总书记亲自主持召开"2·6"深改组会议,制订中央主要新闻单位薪酬改革的意见,从管理体制到激励机制、从改革路径到价值要求提供有效指导,贴近人心。

在这次政治局集体学习会上,习近平总书记对新闻媒体的重要作用、融合发展的战略意义进行了新的阐述,对媒体推进融合发展、建设现代化全媒体提出了新的目标,对各级党委、政府支持发挥媒体在治国理政中的作用提出了新的要求,对新闻工作者适应时代发展新形势、技术发展新趋势,成为政治素质过硬、融合本领高强的新闻工作者寄予新的期望。

以习近平同志为核心的党中央身体力行,率先垂范,高度重视新闻舆论工作,亲自指挥打好媒体融合发展的转型之仗、主流舆论话语的攻心之仗,亲切推动意识形态阵地的固本工程、新闻从业人员的培元工程,对新闻工作者政治上充分信任、工作上大胆使用、生活上真诚关心、待遇上及时保障。这一切,使新时代新闻舆论工作站到一个崭新的起点上。

深刻领会习近平总书记重要讲话精神

在"1·25"政治局集体学习会上,习近平总书记明确指出新闻媒体融合发展的前进道路,要坚持一体化发展方向,通过流程优化、平台再造,实现各种媒介资源、生产要素有效整合,实现信息内容、技术应用、平台终端、管理手段共融互通,催化融合质变,放大一体效能,打造一批有强大影响力、竞争力的新型主流媒体。党报党刊要加强传播手段建设和创新,实现新闻传播的全方位覆盖、全天候延伸、全领域拓展,推动党的声音直接进入各类用户终端,努力占领新的舆论场。习近平总书记明确指出构建优良的媒体格局,要统筹处理好传统媒体和新兴媒体、中央媒体和地方媒体、主流媒体和商业平台、大众化媒体和专业性媒体的关系,形成资源集约、结构合理、差异发展、协同高效的全媒体传播体系。习近平总书记强调,各级党委和政府要从政策、资金、人才等方面加大对媒体融合发展的支持力度,各级宣传管理部门要改革创新管理机制,配套落实政策措施,推动媒体融合朝着正确方向发展。

如果放在信息科学技术面临革命性发展的现实深度上来把握,我们对这次"1·25"学习会会有更深切的理解。党中央把政治局集体学习会放到新兴媒体一线现场召开,把媒体融合发展作为一个专题,众多政治局委员参学、主动聆听新闻业发展的新知识新趋势这一堂大课,对新闻工作是亲切的关怀,对新闻人是巨大的鼓舞,对媒体融合工作是强力的推动。在这次政治局集体学习会上,习近平总书记明确指出新闻媒体融合发展的科技引领路径,要坚持移动优先策略,让主流媒体借助移动传播,牢牢占据舆论引导、思想引领、文化传承、服务人民的传播制高点。要探索将人工智能运用在新闻采集、生产、分发、接收、反馈中,全面提高舆论引导能力。要全面提升技术治网的能力和水平,规范数据资源利用,防范大数据等新技术带来的风险。要从维护国家政治安全、文化安全、意识形态安全的高度,加强网络内容建设,使全媒体传播在法治轨道上运行。

从科技发展的趋势来看,第三次工业革命以互联网为载体,以信息技术为推动,使生产更加发展、生活更加方便、生态更加文明。媒体作为新观念的最新发现和传播者,引领着时代进步。这一次与之前不同或者更为明显的是,媒体不但要成为传播者,还要成为新技术的实践者;不但要成为时代观念的引领者,还要成为理念、内容、手段、形式、方法、体裁、业态、体制、机制的革新者。

对这种革新是被动应对还是主动作为,决定起点,也影响终点。对这种革新如何看清、看懂、看明白,需要对历史上曾有变革进行"参",对未来可能变革进行"悟"。新技术、新材料、新工艺推动新载体、新形态、新渠道是有工业主导的大规律可循的,而新理念、新思维、新方法推动新观念、新内容、新形式是有思维主导的大逻辑可察的。纸变、电变、网变,载体常变而信息追求不变,知识追求不变,精神生活与物质生活追求不变。同时人类求新求异求实是不变的逻辑,技术迭代升级更快是新现实,这些也是可以逐步认识到的。因此,我们媒体只要适应变革,满足人们不断增长的新闻信息需要,媒体不但长期存在而且生存发展得更好是可以而且值得期待的。

推动媒体融合发展方面,从层级来看,中央媒体在建设新媒体矩阵、做强正面宣传和培育传播力方面已经取得一定成绩;不少省级媒体在整合区域云等大数据方面有一定特色;市县级媒体动作普遍慢半拍。从媒体类型来看,报纸较早遇到困难,先行先试"探路"和胡乱出招"找死"的案例皆有;广播电视遇到困难晚一些,被动应对"等靠要"的心态也比较多。我们观察全国媒体搞融合的面上情况,有这样一种现象,值得研究。过去搞媒体融合,中央媒体是给项目给钱推着走,省级媒体是给项目不给钱逼着走,市级媒体是没钱没项目不想走,县级媒体是没资质也没钱走不了。从状态心态来看,中央主要媒体是"风风光光",省级媒体是"稳稳当当",市级媒体是"慌慌张张",县级媒体是"哭爹喊娘"。原因有多种,方向看不清、趋势想不明是根本原因,缺少资本支持、缺少赢利模式是基础原因,而不想作为、不敢作为是重要原因。近年来,"媒体互联网+政务+服务"的生存路径已经看得见,"信息资讯服务+其他民生服务"嵌入服务收费功能的赢利模式已有先行者初尝甜头。

从媒体服务国家治理体系和治理能力现代化的时代高度来认识,我们头脑更加清醒。媒体在引领社会共识预期、推动社会依法治理、形成民主治理机制、促进人民自主管理方面作用越来越大。凡是媒体融合搞得好的,无不是把媒体服务政治和服务经济、紧贴人民生活和满足社会需求两种属性有机结合,兼顾经济效益和社会效益两种效益结合得好的。媒体不仅提供新闻服务,而且是舆论的重要方面,要成为定音鼓,主导社会舆论,成为主流媒体,必须在新兴媒体上占据技术的制高点,成为载体平台的建设者、内容需求的提供者、主要话题的策划源、引领趋势的创新者。在这次政治局集体学习会上,习近平总书记明确指出建设现代化全媒体对于治国理政的重要作用:全媒体不断发展,出现了全程媒体、全息媒体、全员媒体、全效媒体,信息无处不在、无所不及、无人不用。主流媒体必须占据舆论引导、思想引领、文化传承、服务人民的传播制高点,全面提高舆论引导能力,才能发挥团结稳定的思想中心作用、改革发展的推进动力作用。只有立建并举,建设具有强大影响力、竞争力的新型主流媒体,构建资源集约、结构合理、差异发展、协同高效的全媒体传播体系,完善法治环境,才能建设更加清朗的网络空间,才能确保国家政治安全、文化安全、意识形态安全。

近年来,党对新闻舆论工作更加重视,讲究分级管理、分类施策,抓根本、抓长远、抓政策,建立机制,解难题、聚焦点、融热点,寻找路径。这两年在推动融合发展上讲究精准施策,全面引领和重点抓相结合,重视抓两头带中间,在中央新闻单位找方向和求技术破解,在趋势性和强能力上加大研究，在传播力引导力上下功夫；在县级媒体开展融媒体中心建设，注重在影响力公信力上下功夫。从我的调查研究来看，县级融媒体中心有望成为最早获得稳定发展路径和长久赢利模式的媒体。县级由于基层事权和民生服务贴得紧、服务项目和收费功能联系紧、治理层级低和公信力结合强，以及政务支持强度大和区域竞争主体少等先天优势，可以通过快速整合机构、融合传播、聚合产业、联合资源达到有效配置资源，将来县级融媒体中心是"一中心多功能"：主流舆论阵地、综合服务平台、文明建设窗口、宣传文化基地、基层信息枢纽、群众办事帮手。将来随着这些功能逐步完善，基层干部越用越顺手，人民群众越用越方便，党的声音就会越传越深入，县级融媒体中心就会成为一个区域的主流强势媒体，成为一个虚拟的政务服务中心，成为一座联结人民和党政的重要桥梁，对于强化党的领导、巩固基层政权、服务人民群众、引领社会风尚、展示党政公信力将起到越来越重要的作用。各级领导干部同媒体打交道的能力、利用新兴媒体推动区域治理和地方发展的能力得到明显增强，成为重要变化。

认真把握媒体融合发展的战略机遇

党的十八大以来，党的新闻舆论工作取得历史性成就、历史性变革。在习近平新时代中国特色社会主义思想指引下，新闻舆论工作作为党治国理政、定国安邦的大事，网上网下舆论场取得基础性、根本性变化。新年伊始，党中央把政治局集体学习会放在新媒体现场召开，对主流媒体意义重大，对媒体发展影响深远。

从历史中找到发展的理念源流，从科技革新中找到发展的动力基因，从中央决策中找到发展的方向明灯，媒体迎来了一个融合发展的重要战略机遇。各级各类媒体要主动对位，充分领会党中央高度重视推动媒体融合发展的战略精神，抓住中央近年出台的关于宣传思想工作、新闻舆论工作、县级融媒体中心等系列文件精神创造的优良政策、社会舆论等战略机遇，抓好自身转型升级，利用媒体融合发展的新技术新平台新载体更好地服务党务政务、服务人民生活、服务基层治理，找到一条可持续、能赢利、聚人才、有竞争力的新型媒体发展之路。

媒体深度融合，最终是人的融合。理念要融合，全媒型、专家型记者同等重要，政策传播、信息服务、正义守望、时代引导、趋势引领等功能兼而有之。观念要融合，不是"要我做"，而是"我要做"，融合路上"你中有我，我中有你"是过程，"你就是我，我就是你"是目标。受众意识、用户意识、产品意识和创新意识如影随形。融合是融媒体，更是融人心，新闻工作者必须坚持正确的政治方向、舆论导向、新闻志向、工作取向，成为政治坚定、引领时代、业务精湛、作风优良、党和人民信赖的媒体人。如此，才能心正身正神正品正，才会真正具有高强的全媒型、专家型人才本领，才会内化涵养求实创新、能打胜仗的精神追求，才有可能做大做强主流舆论，成为建设具有强大凝聚力和引领力的社会主义意识形态的主力军。

结　语

我们从历史维度、技术深度、时代高度来把握，就能更加全面、准确地认识到习近平总书记"1·25"重要讲话推动媒体融合发展的历史意义，更加充分、深刻地认识到习近平总书记率领政治局到新媒体一线集体学习推动党的新闻舆论阵地建设的战略意义。

同时，我们能更加深切体味习近平总书记对新闻舆论工作的高度重视，对新闻工作者的关怀备至，对媒体融合发展的深刻认识。我们也能更加全面地领悟以习近平同志为核心的党中央谋大事、抓重点、促发展的领导艺术，推动我们更加积极、主动地增加责任感和使命感，促使我们更加全面、深刻地学习和遵循传播规律和新媒体发展规律，适应媒体融合发展的大趋势，把握信息技术革命的大机遇，提高媒体的传播力、引导力、影响力、公信力。我们要不断深化改革，促进媒体融合发展，建设全媒体，更加努力地做好我们的新闻舆论工作,为增强党治国理政的能力、巩固全党全国人民团结奋斗的共同思想基础、建设更有凝聚力和引领力的社会主义意识形态做好应尽之务,在习近平新时代中国特色社会主义思想指引下,为实现"两个一百年"奋斗目标、实现中华民族的伟大复兴提供强大精神力量,为国家的繁荣富强创造良好的舆论氛围和社会环境。

(原载《传媒》2019年第3期,原标题为《深刻认识融合发展战略意义 认真学习推进工作领导艺术——全面领会习近平总书记"1·25"重要讲话精神》)

同心同德,同向发力
——精准施策网络舆论引导

2016年4月19日,习近平总书记在网络安全和信息化工作会议上对当前的网络新闻舆论工作提出了重要要求,"必须贯彻以人民为中心的发展思想""让亿万人民在共享互联网发展成果上有更多获得感""网络空间是亿万民众共同的精神家园""建设网络良好生态,发挥网络引导舆论、反映民意的作用""网上网下要形成同心圆"等新观点新思想对开展新的舆论环境、媒体格局、传播方式、网络生态下的新闻舆论工作具有重要的指导意义。新闻宣传管理部门和新闻单位要高度重视、深入学习、努力创新、做好工作,在思想上高度重视网络舆论引导工作,在工作上精准有力,建设风清气正、生态良好的精神家园,团结社会各界共筑"同心圆",让人民群众有更多获得感,推动舆论引导能力和舆论引导体系现代化。

高度重视,发挥网络舆论引导工作的重要作用

互联网是推动信息革命的重要动力,大大改变了我们的经济发展、政治生态、社会生活、文化观念、生态空间,大大改变了舆论生成方式、传播广度和深度、人们思维观念趋势。

网络舆论是治国安邦理政的重要工具。网络推动互联网经济快速发展,

网络舆论引导社会多元发展。舆论导向正确是党和人民之福,舆论导向错误是党和人民之祸,必须高度重视运用网络引导舆论,传播真理、组织人民、推动工作、优化生活、科学发展、凝聚共识。

网络舆论是联结党、政府和人民的重要桥梁。互联网正在改变党、政府和人民群众联系的方式、渠道,必须高度重视人民群众通过网络传递的民生诉求、工作要求、服务追求,必须对接人民群众反映民意的新方式、新方法、新载体、新途径。网络舆论是民意的晴雨表、民心的风向标,必须善于发现、敏于研判、乐于沟通、勤于服务,为人民群众提供更快更多更好的政务和民生等服务。

网络舆论是推动改革发展稳定的重要动力。好的舆论可以成为改革的发动机、发展的推进器、社会的黏合剂,不好的舆论可能成为改革的障碍物、发展的阻拦索、社会的分离器。必须高度重视网络舆论动员功能、保障功能、促进功能、团结功能等的充分发挥,凝聚全国人民的共识心声,共同擘画为实现"两个一百年"伟大目标、实现中华民族伟大复兴的中国梦而奋斗的同心圆。

网络舆论是建设人民精神家园的重要平台。13亿人民有7亿上网,网络正在成为人们了解信息、获取知识、传递价值、思考世界的重要工具。网络空间天朗气清,生态良好,是人们健康和谐的精神家园。网络空间乌烟瘴气,生态恶化,是影响人们身心健康的污染源,甚至是民众的迷魂汤、杀人的软刀子、动乱的催化剂。要高度重视网络空间治理,加强内容建设,培育积极健康文化,涵养核心价值,建设主阵地、形成主旋律、激发正能量,建设健康向上、崇德向善、积极向前、包容向好的精神家园。

更新观念,做好新时期的新闻舆论引导工作

网络媒体代表着新时代的媒体先进生产力,正在快速影响和改变新闻舆论的生成方式和生产关系,推动经济社会关系发生深刻的革命性的变化。

从生产力的本质属性看，以网络媒体为基础、以新闻和信息为资源、以新闻服务和聚合产品为形式的网络媒体，开拓了人类利用新闻信息资源、融合思想观念、创造智慧财富的新模式。新闻、信息、数据等作为最重要的生产要素，正在推动媒体产业升级和结构优化；全球化、城市化、信息化正在重塑国际传媒产业分工体系和全球竞争格局；传播方式和互联网观念的改写，正在深刻影响政治、社会、文化、生活、生态等人类社会的方方面面。

在全球化、信息化的新时代背景下，推动媒体融合已经成为加强党对新闻舆论的领导、转变思想政治工作方式、创新群众工作方法、实现舆论引导体系和意识形态治理能力现代化的必由之路。我们要充分利用网络媒体与信息化手段，构建领导思想意识形态、文化产品生产服务、新闻舆论引导工作新的体制机制，提高党领导人民、治理国家事务的水平，加快建设法治政府法治社会法治国家的进程，培育铸造共同价值、树立共同理想、追求共同目标的氛围，完成巩固马克思主义在意识形态领域的指导地位、巩固全党全国人民团结奋斗的共同思想基础的重要任务。

同时，我们要抓住当今世界正在掀起信息革命之潮、中国网信事业逐步迈向世界先进行列的机遇。认真把握好新媒体这一新生产力、聚焦媒体融合这一新发展方向，推动媒体科学快速健康发展；抢占网络信息技术发展的先机，努力在融媒体时代，在新媒体发展和媒体融合方面实现"弯道超车"，推动全球网络新秩序、新环境、新生态建设；要提升中国话语权、聚合世界能量，讲好中国故事，传播中国文化，唱响中国声音，让中国观点深度影响世界，为中华民族实现伟大复兴的中国梦提供坚强的舆论保障和良好的全球舆论环境。

牢固树立主阵地意识。网络媒体已经成为人民群众接受新闻信息的主要来源，是舆论引导的主阵地，必须建设好发展好。要有方向意识，群众在哪里，我们的工作就在哪里；受众在哪里，我们的新闻服务、产品就要送达哪里。要有建设意识，既要巩固传统媒体的优势，又要大力发展新媒体，更要加快推动媒体融合，为人民群众提供快速方便、有效有用的服务。要加快构建现代化的立体传播体系，丰富传播形态和传播样式，拓展传播渠道和平台终端，使我们的媒体传播更加快捷、覆盖更加广泛，为受众提供一切可能的服务。要有平台意识，为各级党政机关和领导干部通过网络走群众路线提供平台，促其经常上网看看、了解群众所思所愿、收集好想法好建议，积极回应网民关切、解疑释惑、传播党和政府方针政策，使党和政府主办的融媒体成为联结人民群众的连心桥、实纽带，成为服务人民群众的便民窗、新平台。

牢固树立主力军意识。媒体是新闻信息传播的重要载体，传播速度快、覆盖面广、公信力强，党和政府主办的媒体及其新闻舆论工作者理所当然是舆论引导工作的主力军。舆论引导工作的任务在哪里，我们的着力点就在哪里。作为主力，就要尽职尽责，不能缺位失职；要当战士，不能当"绅士"甚至逃兵。要转换观念理念，加快融媒体建设，做有影响力的媒体。要提升能力素质，培育全媒型、专家型记者，做有影响力的媒体人。要突出重点，抓住重点人群，影响有影响力的人；突出重点工作，有效传播、推动全局；抓住重点问题，解疑释惑、引导主流。要分层传播，提高分众传播能力，提高移动传播能力，做好精准引导。要重视创新，提高产品创新能力，提高忠诚度和紧密性；提高服务创新能力，提高黏合度和稳定性。

牢固树立主方向意识。新闻工作在当今时代显得更重要的原因之一就是专业性。虽然人人都有话筒可以发声，人人都有镜头可以直播，人人都有话语可以表达，但是并不是所有传播工具都有媒体动员功能，也不是所有媒体都有新闻资质，更不可能"人人都是自媒体，个个都能当记者"。在当今社会，有媒体功能的传播工具是少数，有新闻资质、有记者证的新闻工作者是少数。新闻舆论工作者需要一般人不具备的专业思维、专业观念、专业方法、专业技术、专业能力，也必将发挥一般人难以发挥的深入细致观察社会、全面客观准确传递信息、有力维护社会公平正义、传递时代主流价值等专业作用。在声音多元、众声喧哗的网络语境，人们需要公信主流正声；在鱼龙混杂、泥沙俱下的网络空间，人们需要客观准确全面；在传播加速、产品创新的网络市场，人们需要专业公信有效。这就需要新闻舆论工作者在舆论引导中引领主方向,体现职业素养职业道德职业精神,彰显专业思维专业水平专业能力。

作为新闻媒体人士,我们要发挥专业作用,当定向的指南针,当定调的定音鼓,当认真的校准器,为社会提供全面、真实、准确的新闻服务和聚合公信、权威、主流的产品服务。要尊重新闻规律,以专业作为,提供安全可信的优良信息服务;尊重媒体规律,以敬业作为,提供快速有效的新资讯和信息服务;尊重社会规律,以乐业作为,提供多元多向的新闻信息和多元产品服务。

抓住关键,做好新时期的新闻舆论引导工作

做好新时期的新闻舆论引导工作,必须把握规律、前瞻方向,面对现实、面向未来,突出重点、突破难点,找准着力点、选好切入点,精准用力、统筹发展,有效施策、长远发展。

重在建设。目前,我国的网络技术和媒体融合水平在世界上位居第二方阵,与世界一流水平有差距但差距不大,只要我们加倍努力、扎实奋斗,是很有希望进入甚至赶超第一方阵的。而且互联网技术和理念、媒体融合产品和服务更新速度很快,只要我们潜心钻研、努力创新,是完全可能在不长的时间超越前行者的。指导思想要明确,要一手抓融合、一手抓管理,沿着正确方向推进。推动传统媒体和新兴媒体融合发展,要遵循新闻传播规律和新兴媒体发展规律,强化互联网思维,坚持传统媒体和新兴媒体优势互补、一体发展,坚持先进技术为支撑、内容建设为根本,推动传统媒体和新兴媒体在内容、渠道、平台、经营、管理等方面深度融合,着力打造一批形态多样、手段先进、具有竞争力的新型主流媒体,建设拥有强大实力和传播力、公信力、影响力的新型媒体集团,形成立体多样、融合发展的现代传播体系。根本要抓住,以内容建设为根本,进一步增强媒体信息内容的核心竞争力。要发挥传统媒体在内容生产方面的优势,嫁接新兴媒体,通过融合发展,把

传统媒体的内容原创、报道权威、解读深入、评论客观等优势向新兴媒体延伸,用专业权威的报道、理性客观的解读、深入独到的分析,做大做强主流舆论。要遵循新兴媒体微传播、快传播的特点和规律,用好新兴传播平台,努力抢得先机,覆盖多终端,在海量信息中及时发出响亮声音,在激烈竞争中锻造"数字化生存"本领。要敢于创新,敢于使用新技术,创新观念,顺应互联网传播移动化、社交化、视频化、互动化的趋势,把当今可用的技术都纳入我们的视野中来,用最好的技术达到最高的水准,取得融合发展最佳效果。

要在管理。要统一管理度量衡,统一导向要求、内容标准和纪律约束,对网上网下、不同业态媒体进行科学、有效管理。坚持党管媒体原则不动摇,立好规矩、亮明底色、筑牢底线,坚持导向要求不含糊,传统和新兴媒体同样要遵守政治纪律、法律规范,坚守道德底线、价值取向。坚持依法依规管理,建立传统媒体和新兴媒体共通共融的管理制度法律法规。坚持时度效的要求,鼓励各种媒体各展所长、相映生辉,鼓励融媒体全方位全覆盖全流通,鼓励媒体走出去、服务全球、为国际舆论新格局作贡献。

好在导向。要建设主阵地,形成主力强大、主流响亮、众星拱月、丰富多样的媒体格局。做大主力,做强主流,提升融媒体水平和能力,使传统媒体和新兴媒体通过科学的融合继续成为主流媒体,使党和政府主办的新媒体成为受众欢迎的主流媒体。要抓延伸发展。把传统媒体的影响力向网络空间延伸,有效改变网上舆论生态,巩固壮大主流舆论。构建全方位、多层次、多声部的主流舆论矩阵,形成各具特色、分众传播、各展所长、引导有效的媒体生态。要把握导向,做亮正向、纠正偏向,突出主流、包容多元。做亮正面宣传,提升网上正面宣传水平,扩大正面宣传在网络空间的吸引力和影响力。做活经济宣传,服务经济新常态,推动改革发展,提高中国的国际影响力。做好热点宣传,对于社会热点工作重点改革难点,要做到快速反应、深度分析、全面把握、主动引导、释疑解惑、理顺情绪、化解矛盾,为受众提供有效服务、满足即时需求,达到有效有力、科学合理地引导的目标。

基在队伍。队伍是事业之基,人才是发展之基,要想新闻舆论引导发挥作用,关键要有一支好队伍。根要正,培育一支政治坚定、业务精湛、作风优良、党和人民放心的新闻舆论工作队伍。魂要清,深入开展马克思主义新闻观教育,引导新闻舆论工作者做党的政策主张的传播者、时代风云的记录者、社会进步的推动者、公平正义的守望者。手要勤,全面提升融媒体下的业务本领,善用"十八般兵器",培养"全媒记者""全媒编辑",生产更多"全媒产品",提供"全媒服务"。制要活,优化体制机制,促进人才流动,吸引人才、留住人才、用好人才。气要顺,营造新闻舆论工作者的清风正气,对党有信心、对人民有感情、对国家有忠心、对社会有责任、对事业有热情、对理想有追求,锤炼脚力、眼力、脑力、笔力,培养有能力、体力、活力的全媒型人才,多出有思想、有品质、有温度的好作品。

(原载《报林》2016 年第 4 期,原标题为《思想上高度重视,工作上精准有力——学习习近平总书记在网络安全和信息化工作会议上的讲话》)

本领高强，能打胜仗
—— 新时代如何强队伍

习近平总书记在 2018 年 8 月 21 日全国宣传思想工作会议上指出，宣传思想干部要不断掌握新知识、熟悉新领域、开拓新视野，增强能力，加强调查研究，不断增强脚力、眼力、脑力、笔力，努力打造一支政治过硬、本领高强、求实创新、能打胜仗的宣传思想工作队伍。这是习近平总书记站在全局的高度，深刻总结过去的经验，面向未来新任务新目标，对宣传思想工作队伍建设提出的新要求。

一、必须把握队伍建设根本

努力打造一支政治过硬、本领高强、求实创新、能打胜仗的宣传思想工作队伍，是以习近平同志为核心的党中央对宣传思想工作队伍建设的新要求，也是对宣传干部队伍建设重要论述的新发展，党的十八大以来党中央对新闻舆论工作者、文化工作者等方面的队伍建设的要求。

做好新时代宣传思想工作的必然要求。全国宣传思想工作会议对做好新形势下的宣传思想工作进行全面部署，明确了指导思想、方针原则、重点工作等。中国特色社会主义进入新时代，宣传思想工作开启新征程、完成新任务、实现新目标，宣传思想工作者必须把握统一思想、凝聚力量的中心环节,承担建设具有强大凝聚力和引领力的社会主义意识形态的战略任务,履行举旗帜、聚民心、育新人、兴文化、展形象的使命,必须在政治、业务、能力等方面有过硬、使得出的本领,在理论、舆论、文化、文明等工作上有扛得起、拿得下的本事。

适应新形势解决新问题的现实需求。中国从站起来、富起来到强起来,离民族复兴越来越近,离世界舞台中央越来越近,但是也面临很多发展中的新问题。对于宣传工作而言,如何展现给世界一个真实、立体、全面的中国,让世人公平公正地看待中国?面临观念交锋、人员交流、国别交往明显增多的新情况,如何推动适应和平、发展、合作的潮流,共商共享共建"一带一路",共同建设"人类命运共同体"?面对信息化、数字化、智能化的技术革命,如何让科学理论更深入人心、正确舆论更激荡人心、先进文化更滋润人心、文明风尚更感染人心?面临"大国成长中的烦恼""国家治理能力和治理体系现代化中的困扰""经济新常态下的变局",如何传导给国民一个积极、健康、务实的心理预期,如何培育国民理性、辩证、综合、恰当协调精神世界和现实世界的素养?宣传思想工作要取得实效,只有坚持问题导向,提高宣传干部素质,才能解决新问题、实现新发展。

满足宣传工作者自身成长的发展追求。宣传思想工作者履行职责使命,必须有品格才能扛事,有本领才能担当,有信念才能固守根本,有本事才能胜任履职,有精神才能开拓奋进。作为一项政治性强的工作,党的宣传思想工作者必须有高的政治素质,才能"不畏浮云遮望眼";有宽的视域,才能"乱云飞渡仍从容";有深的理论根底,才能"咬定青山不放松";有好的本领能力,才能"不管风吹浪打,胜似闲庭信步"。一个合格的宣传思想工作者,必然也是一位常自省、奋发进取的优秀工作者。要完成新时代的艰巨任务,必须坚持自我净化、自我完善、自我革新、自我提高,始终牢记政治过硬的根本要求,不断修炼本领高强的基础素质,坚持求实创新的价值追求,实现能打胜仗的战略目标。

二、切实提高本领能力素质

政治过硬是宣传思想工作者的根本素质。党的宣传思想工作首先是一项政治工作，宣传思想工作者首先是党的思想政治工作者，政治过硬是必然要求。坚持政治标准，牢固树立"四个意识"，坚定"四个自信"，确保政治立场坚定、政治方向正确、政治原则坚守、政治道路正确。

政治意识强，忠诚信仰，立场坚定，旗帜才能举得高、立得稳。政治素质高，体现在高尚如一的政治品德、驾驭全局的政治水平，始终高举马克思主义的旗帜，坚持不懈用习近平新时代中国特色社会主义思想武装全党、教育人民、推动工作。坚决围绕党的十九大确定的战略目标，坚持以人民为中心的工作导向，结合解决思想问题和实际问题，统筹各方、统一思想，强信心、聚民心、暖人心、筑同心，凝聚共识、凝聚力量，为实现中华民族伟大复兴的目标共同奋斗。

政治过硬是明确的，要有良好的政治品德，懂纪律、守规矩，守底线、远红线；讲道德、育美德，有实线、求高线。政治过硬是现实的，要有高超的政治水平，政治敏锐性、鉴别力强，有问题看得明、见事早，复杂问题看得清、判断准，重大问题看得深、想得透。政治过硬是具体的，是非面前态度明确，抉择时刻头脑清醒，思想问题不摇摆、不骑墙，理论问题不漂浮、不虚妄，现实问题画好实线、不涂虚线。

本领高强是宣传思想工作者的基本保障。新时代，宣传思想工作专业性更强、技术活更多，没有高素质、真功夫干不好"瓷器活"，只有好把式、强内功才能用好"金刚钻"。新时代宣传思想干部必须增强8种本领：学习本领、政治领导本领、改革创新本领、科学发展本领、依法执政本领、群众工作本领、狠抓落实本领、驾驭风险本领。还得有辩证综合分析能力、把握正确导向能力、巩固壮大主流思想文化能力、做好意识形态管理能力、善做网上舆论宣传和斗争能力、处理复杂问题和突发事件能力等。

从事新闻舆论、理论、文化、文明建设等各方面工作的宣传思想工作者都得有几把刷子。在学懂弄通做实上下功夫,提高用科学理论武装广大人民头脑的能力;在媒体融合创新上下功夫,培养用精准舆论引导广大受众民心的能力;在传承创新文化上下功夫,提高用优秀文化振奋广大国人精神的能力;在文明滋养新风上下功夫,培养用多样手段提高广大人民素质的能力;在综合传播实力上下功夫,提高讲好中国故事传播中国声音的能力。

三、抢占意识形态制高点

求实创新是宣传思想工作者的永恒追求。做好新时代的宣传思想工作,要树立务实求实的态度、实事求是的精神、与时俱进的理念、创新创造的导向。

坚持求实。党的思想宣传工作者必须注重调查研究,深入实际、深入一线,讲事实、说实话、道实情、办实事,善始善终,善作善成。培育优良作风,不断增强脚力、眼力、脑力、笔力,新闻工作者坚持正确的政治方向、舆论导向、新闻志向、工作取向,常写有思想、有温度、有品质的作品,当党的政策主张的传播者、时代风云的记录者、社会进步的推动者、公平正义的守望者。文艺工作者要深入生活、扎根基层,讲品位、讲格调、讲责任,多写有筋骨、有道德、有温度的作品,以高尚的精神鼓舞人。

坚持求真。做好新时代的宣传思想工作,必须研究问题,探究真理、揭示真相、传播真知、传递真情,弘扬主旋律,传递正能量。要自觉抵制各种错误思潮,敢于亮剑,明辨是非,澄清谬误,也要有"四两拨千斤""妙语巧解心中事"的宣传艺术,理直气壮说理论、深入浅出讲道理、具体切实准引导、生动活泼做宣传,正本清源,深入人心。

坚持求新。面对社会观念、经济形态、舆论生态的巨大变化,面对互联网、大数据、智能技术的创新发展,宣传工作者必须与时俱进,学习新知识,熟悉新领域,开拓新视野,善用新工具,巧用新方法,活用新理念,常用新媒体,提升宣传思想工作的到达率、传播率、有效率;创新媒体发展的观念、体裁、体制、机制等,提高新闻舆论的传播力、引导力、影响力、公信力。

坚持求效。求实创新是价值追求,也是实践要求,需要全面把握,创新只有在求实的前提下才能有效,求实只有在创新的助力下才能更好地落实。要有虚实结合、虚功实做的艺术,也要有既务虚又切实的本事,还得有上接天线、下接地气的能力,切入点可能不同,但最终的落脚点必须是办实事、求实效。

能打胜仗是思想宣传工作者的主要目标。新时代,思想宣传工作者要打赢意识形态斗争的胜仗,必须有敢胜的勇气、争胜的决心、善胜的智慧、打胜的能力。

树立阵地意识。意识形态的斗争是新时代伟大斗争的重要组成部分,面对没有硝烟的战场,思想上的防线一丝一毫也不能松。打通网上网下宣传,畅通境内境外传播,贯通理论实践联系,巩固传统阵地,占领新兴阵地,实现广泛深入覆盖。

树立高地意识。维护我国政治安全、文化安全,坚持中国道路、中国特色,必须站得高、谋得远,想得深、做得实,切得细、做得巧。理念上要抢占意识形态的制高点,目的上要有价值追求的高目标,范围上要有历史现实的宽视野。

树立园地意识。思想宣传工作肩负促进全体人民在理想信念、价值理念、道德观念上紧紧团结在一起的重任,必须重在建设,有建设园地的理念、培育园地的措施、管好园地的能力,才能以理服人、以文化人。

树立基层意识。思想宣传工作者能打胜仗,必须立足现实、面向基层一线、扎实基础工作、服务基本人群,必须把基层作为宣传工作的基地,把精力、经费、项目投入基层建设,把一线宣传思想工作者作为主力军来培养,通过平时的细致工作推动宣传思想工作落地见效。

树立斗争意识。意识形态的斗争是长期的,"无形之战"随时在进行。不打无准备之仗,才能常打胜利之仗。能打胜仗需要思维能力和实践能力结合,需要敢胜勇气和善胜智慧联通,需要未雨绸缪、先谋后定、谋定后动的统筹谋划，需要动则必成、攻则必克、守则必固的执行能力，需要知行合一、攻守兼备、机智灵活的真正本领。

建设一支符合新时代需要的宣传思想工作队伍，政治过硬是根本前提，本领高强是基础条件，求实创新是方法手段，能打胜仗是目标追求，需要我们全面准确地领会，更加积极地从自己做起，切实提高本领能力素质，为开创宣传思想工作新局面、促进党和国家事业发展提供坚强思想保证和强大力量。

（原载 2018 年 9 月 25 日《光明日报》第 5 版，原标题为《新时代宣传思想工作队伍如何打造》）

心手相连，肝胆相照
—— 笔杆子称心党放心

2016年2月19日，习近平总书记到人民日报社、新华社、中央电视台等3家中央新闻单位实地调研，主持召开党的新闻舆论工作座谈会并发表重要讲话。讲话从战略和全局的高度、历史和现实的角度，深刻阐述了党的新闻舆论工作的历史地位、重大作用、职责使命、目标任务和原则要求等一系列重大理论和实践问题，特别是对新闻队伍"笔杆子"建设提出了重要要求，为我们做好新形势下党的新闻舆论工作提供了强大思想武器和行动指南。

做好新时期的新闻舆论工作，必须建设一支党和人民放心的新闻舆论工作队伍

正确应对媒体融合的挑战，做好新时期的新闻舆论工作，推动新闻事业向前发展科学发展，必须建设一支党和人民放心的新闻舆论工作队伍。忠实履行党和人民赋予的新闻舆论工作的职责使命，关键在人；为人民群众提供喜闻乐见的新闻产品和周到有效的服务，关键在人；要做好新闻舆论的服务和管理工作，关键在人。从媒体角度来看，媒体竞争要赢得新优势，新闻事业要发展好，关键也要靠新闻舆论工作者来做好受众的工作。

要落实习近平总书记提出的职责使命，必须建设一支党和人民放心的新闻舆论工作队伍。习近平总书记用48个字对新的时代条件下党的新闻舆论工作的职责和使命作出了集中鲜明的概括，既立意高远、思想深刻，又内涵丰富、论述精辟，体现了时代和实践发展对党的新闻舆论工作的新要求。"高举旗帜、引领导向"，就要坚持马克思主义指导地位，高举中国特色社会主义伟大旗帜，以正确的舆论引导人，做到所有工作都有利于坚持中国共产党领导和我国社会主义制度，有利于推动改革发展，有利于增进全国各族人民团结，有利于维护社会和谐稳定。"围绕中心、服务大局"，就要认真贯彻中央的决策部署，紧紧围绕经济建设这个中心，自觉服从服务于党和国家工作大局，坚决在大局下思考、在大局下行动，做到不缺位、不错位。"团结人民、鼓舞士气"，就要坚持团结稳定鼓劲、正面宣传为主，弘扬主旋律、传播正能量，激发全党全社会团结奋进、攻坚克难的强大力量，调动各方面积极性、主动性、创造性。"成风化人、凝心聚力"，就要积极培育和践行社会主义核心价值观，扬社会之善、褒正气之举、鞭丑恶之行，教育人、感化人、影响人，推动形成良好党风政风民风家风，汇聚起向上向善、改革发展的强大力量。"澄清谬误、明辨是非"，就要旗帜鲜明、传播真理、析事明理、激浊扬清，敢于直面问题，敢于触及矛盾，敢于交锋亮剑，用真理的力量说服人，用生动的事实教育人，更好地统一思想、扩大共识。"联接中外、沟通世界"，就要坚持国家站位、全球视野，讲好中国故事，传播好中国声音，阐释好中国特色，增强国际话语权，让全世界都能听到并听清中国声音。"48字"职责使命，涵盖党的新闻舆论工作方方面面，总结了历来做好新闻工作的经验得失，为做好新形势下党的新闻舆论工作指明了方向。要完成这一神圣职责和光荣使命，就必须建设一支党和人民放心的新闻舆论工作队伍。

要抓好新闻产品的生产，必须建设一支党和人民放心的新闻舆论工作队伍。马克思主义认为，劳动者是生产力诸要素中最活跃、最革命的要素，人民群众是推动社会发展的主体力量，是历史的创造者。新闻工作者从事精神产品的生产，是新闻事业发展的主体力量，是新闻舆论的重要创造者、推动者、传播者。新闻产品生产既具有一般实践活动生产通过劳动将一定的材料加工改造成新的存在物的物化过程的共同特征，又具有精神生产的独特性，新闻工作者将自身的主观因素以有形或无形的方式物化对象并浸透于新闻产品生产过程，具有突出的意识形态特征。因此抓好新闻产品生产的前提就是要有一支党和人民放心的新闻舆论工作队伍，在思想、意志、情感、愿望等方面进行正确引领和有效引导。中国特色的社会主义事业是以马克思主义为指导的伟大实践，中国特色的社会主义新闻事业必然是以马克思主义新闻观为指导，因此对新闻队伍的建设必须牢牢抓住马克思主义新闻观教育这个根本。通过观念引导、价值引领促进行为规范、精神提升，以魂铸体、以魂聚魄、以魂凝神来促进新闻舆论工作者与党和人民同心同德、同声共气，共同为实现中华民族的伟大复兴梦这个目标而努力奋斗。

要做好新闻舆论的服务和管理工作，必须建设一支党和人民放心的新闻舆论工作队伍。经过 30 多年改革开放，中国国力逐渐强盛，成为世界第二大经济体，人民生活走上富裕之路，精神文化需求不断增长，新闻文化需求不断增长，要求提供分众化、个性化、差异化的丰富多样的新闻文化产品和服务。世界正在经历第三次科技革命，数字化和互联网化等带来媒体技术革命，新闻信息传播呈现移动化、社交化、视频化、互动化趋势，传播技术、舆论生态、媒体格局变化要求政府提供更加及时有效的新闻管理和服务。经济全球化、现代化、信息化推动社会观念、价值观、生活方式日趋多元，社会治理追求民主、法治、公平、正义的道路正在探索，社会主义核心价值观由普遍认同到共同践行正在落实，通过新闻舆论凝聚共识的任务越来越重，客观上要求媒体提高传播力、影响力、引导力、公信力。要做到这一点，必须培养一支党和人民放心的新闻舆论工作队伍。

建设一支党和人民放心的新闻舆论工作队伍，必须既要发挥新闻工作者的主体作用，又要发挥服务和管理部门的教育教化、引领引导作用。我们要建设一支党和人民放心的新闻舆论工作队伍，就必须尊重新闻工作者的主体地位，发挥其主观能动性和创造性，促进其自我转变、自我革新、自我优化、自我提高，主动适应新时期传播技术、舆论生态和媒体格局的新变化。

同时，作为新闻管理和服务部门，我们要通过紧紧抓住队伍建设这个"牛鼻子"，抓住马克思主义新闻观教育这条主线，适应新闻工作的新变化和人员结构、素质的新变化，建设一支政治坚定、业务精湛、作风优良、党和人民放心的新闻舆论工作队伍。

当好一名党和人民放心的新闻舆论工作者，必须做到政治坚定、业务精湛、作风优良

习近平总书记提出，建设一支政治坚定、业务精湛、作风优良、党和人民放心的新闻舆论工作队伍。这既是对新闻舆论工作者的要求标准，又是新闻舆论工作者成长的目标方向。政治坚定是关键，业务精湛是重点，作风优良是基础，党和人民放心是目标。政治坚定是关键，以马克思主义为指导，坚持党性原则、马克思主义新闻观、正确的舆论导向、正面宣传为主的方针，确保同心同德，同呼吸共命运，坚定理论道路引领的自信。业务精湛是重点，有驾驭媒体融合新技术的能力、有把握新闻宣传时度效的本事、有引领新闻舆论正确导向的水平，确保同声共气，帮好忙不添乱，坚定社会舆论引导的自信。作风优良是基础，有深入基层的好作风，有清新合时的文风，有生动活泼的表达，确保全面准确传播到位，提神凝心聚气，坚定中华优秀文化的自信。党和人民放心是目标，也是要求，价值导向正向、正声、正能量，新闻作品有思想、有温度、有品质，舆论引导恰逢其时、恰如其分、恰到好处，既提升了媒体的传播力、影响力、引导力、公信力，又提振了中国精神、中国力量、中国文化。

政治坚定是新闻舆论工作者做好新时期新闻舆论工作的关键。政治坚定既包括思想也包括行为，既包括宏观思维也包括微观思考，既包括基本思路方法也包括具体业务工作。有了思想观念的认同，才会有行为方式的偕行，同心才能同向，同德才能同行。习近平总书记指出，马克思主义新闻观是新闻舆论工作的"定盘星"。掌握了马克思主义新闻观，新闻工作者就树立了政治坚定的坚实思想基础。我们要把全员马克思主义新闻观教育作为

新闻工作的塑魂工程,重点培训新闻工作者掌握马克思主义新闻观的基本观点、基本方法,全面客观历史辩证地分析看待现实中的问题;重点培训新闻工作者学习领会习近平总书记的新闻工作思想,作为当代的马克思主义新闻观指导实践,提高做好新闻舆论引导的水平、能力;重点培训新闻工作者学习社会主义核心价值观,忠诚履职,提高社会责任感事业使命感,弘扬职业精神职业道德;重点培训新闻工作者学习媒体融合的理念技术方法手段,提高驾驭媒体科学发展的自信心和战斗力。

政治坚定是一个全方位的要求,也是全过程的检验。既要纵向贯穿到采、编、制、播新闻产品生产和新闻服务全过程中,又要横向贯穿到人、财、物、事单位管理发展的全方位中,从而把"八个讲导向"落实到具体工作中去。党的新闻舆论工作要以传达正确的立场、观点、态度为己任,引导人们分清对错、好坏、善恶、美丑,激发人们向上向善的精神力量。任何新闻报道都有导向,报什么、不报什么、怎么报都包含着立场观点态度。新闻舆论工作各个方面、各个环节都要自觉坚持正确舆论导向,新闻舆论工作者政治坚定首要的标准就是要以坚持正确的政治方向为首位,来确保新闻舆论导向正确。

政治坚定,既要抓全面塑魂,又要抓重点人员,抓好关键的少数。重点人员主要指新闻舆论单位领导班子成员。党的新闻舆论工作能力强不强,履行职责使命水平高不高,关键是领导班子,因此新闻队伍建设的重点是抓好领导班子建设。领导班子是新闻舆论单位的当家人,当家人要当好家,必须带好头、管好家、发展好家。带好头,关键就是要全面落实政治家办报要求。新闻舆论单位领导班子和当家人,要以检验政治家办报的"五条标准"要求自己,增强政治意识、大局意识、核心意识、看齐意识。管好家,就是要以上率下,善于把政治导向、政治要求体现到工作中去,确保政治上不出错、工作上能出彩。发展好家,就是要加强队伍建设,推动事业发展,提高主流舆论的权威性公信力,使党和政府主办的媒体保持社会舆论的主导地位、占领主流舆论阵地的引领地位、巩固传播中国声音讲好中国故事的主力地位。

业务精湛是新闻舆论工作者做好新时期新闻舆论工作的重点。要着力全媒型、专家型人才培养，推动新闻舆论工作者夯实理论根基，完善知识结构，拓展知识领域，善用现代传播手段，会使"十八般兵器"，真正成为行家里手。要提高理论素养，掌握马克思主义的唯物辩证法、历史唯物主义观点立场方法，掌握马克思主义新闻观，善于全面客观分析问题研究问题，做好准确生动恰当的报道，善于在多元观念中立定主导、在众声合唱中领衔主唱。要提高党的理论路线方针政策素养，用中国特色社会主义旗帜指导和引领新闻事业工作，更好围绕中心服务大局，善于在众说纷纭中引领主流、在凝聚人心中建立公信。要提高法律纪律素养，培育法治思维，推动党的思想政治、组织、纪律等建设和法治国家、法治政府、法治社会建设，善于在民主参与中弘扬文明、在社会参与中建设法治。要提高综合知识素养，新闻工作是社会性综合性很强的工作，要认真学习有关方面的知识，不断更新和丰富知识，成为有专业的杂家、有视野的专家、有情怀的作家，善于在倾听中沟通、在传播中引领。要提高新闻专业知识素养，培育专业思维、专业技术、专业能力，既要有新闻职业精神职业道德，又要有新闻工作的"十八般武艺"，成为全媒体的记者、新媒体的专家，善于在多向传播中展示专业引领、在海量传播中体现理性引导。特别是要适应互联网时代新闻传播人人参与、多向海量的特征和分众化、差异化、移动化的趋势，不断创新新闻舆论工作的理念、内容、体裁、形式、方法、手段、业态、体制、机制，使各媒体各展所长、相映生辉，使受众精准引导、有用有效，使主流舆论全方位多层次多声部汇聚和声、唱响主旋律。要打好新闻宣传艺术根底，善于从时度效上着力，提高新闻舆论引导能力水平；善于从吸引力上着手，增强新闻作品的感染力向心力。要打好国际传播能力的根底，讲好中国故事，传播好中国声音，善于通过引人入胜的方式引人入"道"、助人悟"道"、启人得"道"，提升中国话语的国际影响力，善于在中外交流中连接传播、在内外沟通中传递价值。

作风优良是新闻舆论工作者做好新时期新闻舆论工作的基础。新闻舆论工作是党联系人民群众的桥梁纽带，来自人民、植根人民、服务人民是新闻事业巩固阵地服务受众、获得更大发展永远不败的根本；新闻作品是新闻工作者深入社会实践和反映客观现实的重要体现,是新闻舆论工作者作风、水平、能力的重要展示。保持和弘扬优良作风是坚持党的新闻事业性质宗旨、履行新闻舆论工作责任使命的必然要求,是提高媒体传播力引导力影响力公信力、保证新闻吸引力感染力时度效的重要途径,是加强队伍建设、提高新闻舆论工作者综合素养的有效举措。要持续深化"走转改",引导广大新闻舆论工作者增进对人民的感情,强化社会责任,锤炼脚力、眼力、脑力、笔力,推出更多有思想、有温度、有品质的作品。

党和人民放心是新闻舆论工作者做好新闻舆论工作的始终要求,也是努力目标。习近平总书记指出,新闻舆论工作者要做党的政策主张的传播者、时代风云的记录者、社会进步的推动者、公平正义的守望者,挺起党的新闻舆论工作的精神脊梁。传播党的政策主张、记录时代风云、推动社会进步、守望公平正义,这是新闻舆论工作者的基本职责;政治坚定、业务精湛、作风优良,这是评判党和人民放心的新闻舆论工作者的重要标准。我们要忠实履行好新闻舆论工作者的基本职责,努力达到党和人民放心的新闻舆论工作者的重要标准,不负党的重托、人民的希望、社会的要求、自己的期待。

建设一支党和人民放心的新闻舆论工作队伍,中国记协必须做到有思路、有作为、有办法

建设一支政治坚定、业务精湛、作风优良、党和人民放心的新闻舆论工作队伍,这既是对新闻舆论工作者的期待要求,又是对新闻舆论管理和服务部门的明确指示。按照依法管理、行政管理、行业自律、社会监督的分工要求,中宣部、中央网信办、国家新闻出版广电总局、中国记协在党中央的领导下各负其责、各司其职。建设一支党和人民放心的新闻舆论工作队伍,四部门需要统一行动、统筹协调,相互配合、相互支持、相互协同,共担责任、共同推动、共力做实。

建设一支政治坚定、业务精湛、作风优良、党和人民放心的新闻舆论工

作队伍，中国记协必须有思路、有作为、有办法。既要按照分工，落实党中央的指示要求，落实中宣部的有关部署，在与其他部门实行有差别的职责分工和良好合作中，把行业管理的职责履行好，把行业自律的工作落实好，把社会监督的作用发挥好，又要把行业自律、社会监督工作和依法管理、行政管理工作有效衔接，推动中国特色的新闻舆论工作治理体系和治理能力现代化，推动建立中国特色的新闻舆论群团组织，更好地服务党和国家的中心工作大局。

有思路，就是要认清形势、明确定位，发挥记协的政治性、先进性、群众性作用。中国记协是"党和国家的记者工作部"，要发挥行业管理和行业自律的重要职能，引领新闻舆论工作者忠诚履职，落实党中央的要求，听党的话、坚定跟党走，积极履行社会责任，弘扬职业精神职业道德。中国记协是党领导新闻舆论工作的参谋助手，要发挥好党密切联系新闻界的桥梁纽带作用，加强"三项学习教育"，提高新闻舆论工作者的忠诚度、事业心、责任感，让党和人民放心，让社会温暖和谐，让时代进步。中国记协是全国新闻舆论工作者的"娘家"，要发挥群团组织的重要作用，积极反映新闻界的声音和愿望，维护新闻舆论工作者的合法权益、合理要求、合情意愿，提高新闻舆论工作者的荣誉感、归属感、成长感。

有作为，就是要努力工作、奋发有为，加强记协的行业管理、促进新闻界的团结、服务媒体的发展。中国记协的性质是群众团体，是新闻工作者的全国性组织，必须在深入学习贯彻落实习近平总书记重要讲话精神、加强新闻界和新闻舆论工作者的团结上做好文章，要多做聚人心暖人心的工作，团结全国新闻舆论工作者听党的话、跟党走。在推动各级党委和政府关心新闻舆论工作者上多做协调引导工作，落实习近平总书记"政治上充分信任、工作上大胆使用、生活上真诚关心、待遇上充分保障"的指示要求；在行业管理特别是行业自律等方面多做教育引导工作，加强中国特色社会主义理论、马克思主义新闻观、职业道德职业精神教育，提升新闻舆论工作者的忠诚度、使命感；在维护新闻舆论工作者合法权益上多做协调推动工作，推动完善相关法律法规和劳动、就业、医疗等保障性政策,关注关心新闻舆论工作者,增强新闻舆论工作者的事业心、责任感;在深入开展新闻界活动中,增强新闻舆论工作者的参与度、成长感;在公平公正举办新闻作品和新闻舆论工作者评奖中,提升新闻舆论工作者的知名度、成就感;在加强新闻业务研讨中,提升新闻舆论工作者的美誉度、幸福感。

有办法,就是要创新发展、开拓进取,让新闻界更好地围绕中心服务大局,营造团结有序又生动活泼的新局面。一是发挥新闻舆论工作者的主体地位,提高参与度,加强自我教育。围绕落实习近平总书记重要讲话精神,创新形式,活化载体,利用记者大讲堂、专家讲座、集中办班、现场教学、远程教育培训等形式,加强马克思主义新闻观全员培训,建立移动化、分众化、互动化培训平台,提高新闻舆论工作者自我参与、自我教育的积极性。围绕"三项学习教育"活动,加强新闻舆论工作者的自我检视、自我教育,持续举办"好记者讲好故事"演讲比赛,讲述亲历亲见亲感亲为的故事,促进新闻舆论工作者自我净化、自我完善、自我革新、自我提升,提高新闻舆论工作者的美誉度、知名度。二是发挥中国记协团结各界、凝聚人心的作用,加强与政界、业界、学界的沟通交流,形成责任共担、工作共做、成果共享、效果共评的新闻舆论治理体系新机制。要延伸手臂,把新媒体和新媒体工作者纳入视野,把体制内外的新闻舆论工作者通过有效形式团结起来,培育归属感和获得感。积极推动学界参与中国新闻奖、长江韬奋奖评选和审核工作,增进学界对政界和业界的了解和理解;积极推动业界参与推荐优秀新闻作品、新闻人才工作,建立公开公平公正的评选机制,畅通新闻界参与获奖的通道,增进业界和社会各界的广泛认同;积极推动政界、学界、业界共同搭建新闻业务研讨的平台,使新闻生产创新、服务创新和理论创新有机结合,推动中国特色社会主义新闻理论体系建立和完善,使马克思主义新闻观成为高校新闻院系教材的"定盘星",培育更多优秀的新闻教育实践工作者和未来新闻舆论工作者。三是树立问题导向,为解决新闻界热点难点焦点问题切实做好工作。聚焦媒体融合问题,积极了解新问题新变化,建立沟通平台,促进政界、业界、学界互相了解沟通，认真研究政策无缝对接、实现工作有效运作，为推动全媒体建设营造良好的政策、舆论环境；聚焦权益维护问题，积极反映多方意愿，建立有效反馈机制，促进新闻舆论工作者和党委、政府、社会主体、市场主体的沟通，在法律政策、社会援助、人文关怀等方面积极争取合法权益、合理要求、合情措施，做好温暖人心、凝聚人心的有效服务；聚焦行业不正之风，建立新闻道德委员会工作制度、新闻作品评议工作制度、新闻单位社会责任报告制度，严格行业自律，加强和做实行业管理，使新闻界风清气正。四是创新活动，举办有益新闻界交流合作的业务交流、信息交流、文化体育、健康发展、学术研讨等相关活动，使新闻舆论工作者加强内部交流、促进身心健康，加强外部交流、了解国情社情民情。五是加强合作，加强与中宣部、中央网信办、国家新闻出版广电总局的对接合作，更好地为新闻舆论工作大局服务，为建立一支政治坚定、业务精湛、作风优良、党和人民放心的新闻舆论工作队伍而努力。坚持在中宣部的领导下行动，做好行业自律和社会监督的各项工作；积极支持行政管理部门工作，提供智力支持和舆论支持，为做好新闻舆论工作管理和服务分忧担责。六是培养人才，做强记协。要通过送出去、引进来的办法，培养更多既熟悉新闻传播规律、掌握新闻宣传艺术，又有新闻舆论工作经验、媒体融合实践经历的全能型干部。要通过行业自律强化新闻服务、行业管理强化新闻管理，培养更多既懂新闻管理法规政策又熟悉新闻行业情况的专业型干部。要通过建立网络记协，打造权威、主流、有公信力的中国记协网刊和"双微一端"，培养更多既有扎实文字功底又有互联网思维的现代型干部。七是加强对外交流，促进沟通。加强与境外新闻界的交流，加强中外记者的交流服务，通过举办新闻茶座、中外新闻界交流活动等，增进了解和理解，讲好中国故事、传播中国声音、传导中国价值、传递中国信心，构建中国对外话语体系，树立中国良好的国际形象。

(原载《报林》2016年第2期，原标题为《建设一支党和人民放心的新闻舆论工作队伍》)

信心是铁，信任是钢
—— 让人信赖要有真本事

2016年11月7日，习近平总书记亲切会见中国记协第九届理事会全体代表并发表重要讲话，对中国记协工作、记协工作人员、记协改革，都具有重大而深远的意义。

一是总书记的出席和讲话在记协历史上有着里程碑式的意义。所谓里程碑，总书记作为党的核心参加五年一次的记协换届大会，对会议提出高目标的要求，意义格外重大；2001年中国记协作为群团改革十五年后再次面临改革关键期，党的总书记在记协改革方案即将发布之前，对记协提出增强"三性"的方向和建成"记者之家"的目标，意义十分深远。二是总书记的出席和讲话对新闻工作者成长有着方向标式的意义。在"11·7"讲话中，总书记鼓励大家要做党和人民信赖的新闻工作者，特别提出"坚持正确政治方向，做政治坚定的新闻工作者；坚持正确舆论导向，做引领时代的新闻工作者；坚持正确新闻志向，做业务精湛的新闻工作者；坚持正确工作取向，做作风优良的新闻工作者"的四点殷切希望，对新闻工作者的角色坐标进行了升级定位，树立了新闻工作者职业价值的方向标，成为新闻工作者人生追求的座右铭。三是总书记的出席和讲话对新闻舆论工作发展走向有着指南针式的意义。总书记对十八大以来的新闻工作给出"气象一新""做得很不错"的新评价，对新闻舆论工作的地位、作用作出"新工具""新阵地""治国理政、定国安邦的重要组成部分""笔杆子的重要部分"的新概括,对新闻人的职业追求作出新论述,对新闻人的"家"——中国记协的发展目标提出明确要求。

总书记站位高,站在党和国家工作全局的高度。总书记眼光远,热切期望新闻人和新闻事业长远发展。总书记立意深,"11·7"重要讲话是"8·19"重要讲话的具体化,是"2·19"重要讲话的深化。总书记话语亲切,对新闻人高看一眼厚爱一层,"再忙也要来"。可以说,"11·7"重要讲话与总书记在全国宣传思想工作会议和党的新闻舆论工作座谈会上发表的重要讲话一脉相承,一起成为新闻舆论工作的科学指南,是中国特色社会主义新闻理论的新发展,是马克思主义新闻观的新体现,开辟了马克思主义新闻观的新境界。

中国记协是党领导的人民团体,是党和政府联系新闻界的桥梁和纽带,是唯一的全国性新闻工作者行业组织,我们一定认真学习、坚决贯彻落实总书记重要讲话精神,保持和增强政治性、先进性、群众性,更把广大新闻工作者凝聚起来,真正成为"记者之家",为党和人民的事业作出新的更大贡献。中国记协工作人员是新闻工作者队伍的重要组成部分,国内工作部是记协的重要业务部门。我们要按照总书记的要求,与中央宣传思想工作大政方针对标对位,忠诚履职,扎实工作,锐意创新,努力奋斗,以优异成绩回报党中央的信任,不负总书记的重托。

一、要做好人,努力成为党和人民信赖的新闻工作者的先行者

习近平总书记要求新闻工作者"四向四做",记协工作人员是新闻工作者的组成部分,理所当然要走在前列、做在实处,先行当示范,做好当榜样。

一是努力做政治坚定的新闻工作者。作为记协的党员干部,只有坚持正确政治方向,牢牢把握政治性要求,提高思想自觉行为自觉,才能保持政治坚定。要认真学习贯彻总书记"11·7"重要讲话精神,把政治素养作为根本素养,把"四个意识"特别是核心意识看齐意识作为思维导向,把政治要求

这根弦贯穿于记协的各项工作中,做到坚定政治方向、强化责任担当、明确工作重心、提升能力素质。

二是努力做引领时代的新闻工作者。只有坚持正确舆论导向,挺立潮头,才能引领时代。我们一方面要加强自身思想意识的自洁自清,用总书记重要讲话精神洗涤灵魂,把自己的思想统一到中央的路线方针政策上来;另一方面要加强对外界思想意识的分析研判,对新闻舆论中出现的方向性、趋势性、苗头性问题和针对体制理论道路的各种噪音、杂音,要主动研究、准确判断,为领导同志当好参谋、做好助手,为宣传大局发挥作用、发声亮剑。

三是努力做业务精湛的新闻工作者。只有坚持正确新闻志向,练就几把刷子、练好笔杆子、磨好嘴皮子,站着能跑、坐着能写、起来能讲,有理讲得出、有话传得开、有文留得下,业务才能谈得上精湛。作为中国记协一名党员干部,只有坚持正确新闻志向,始终保持与党同心、与人民同向,与时俱进、与新闻界同步,不断适应舆论生态和媒体格局的变化,学习多媒体传播的知识技能,了解媒体融合发展的变化趋势,才有可能知其然并知其所以然,懂行内行才能当好知心人。

四是努力做作风优良的新闻工作者。只有坚持正确工作取向,情为新闻工作者所系,权为新闻工作者所用,利为新闻工作者所谋,才能成为让新闻工作者欢迎的记协人。想新闻工作者之所想,急新闻工作者之所急,提高服务引领新闻界的能力和水平,需要"蹲蹲苗",多到新闻单位交流轮岗、挂职锻炼,熟悉新闻采编业务,调研媒体融合进展,掌握新闻业动态;需要扎得深,与一线新闻工作者交朋友,了解新闻队伍的工作环境、思想动态和困难需求,倾听新闻工作者的心声呼声笑声哭声,帮助其反映问题、解决难题,尽可能为他们排忧解难。

二、要办好事,努力成为建设"记者之家"的实践者

建成"记者之家"是习近平总书记的热切期望,是记协未来发展的目标。

一要政风正气，引领作为。所谓政风正气，是因为记协是党的人民团体，从事的是党的重要的群团工作，必须讲政治；记协工作是党的新闻舆论工作的重要组成部分，做的是凝聚人心凝聚力量的思想政治工作，必须讲正气。记协工作要做好，必须紧贴政治，围绕中心、服务大局；必须保持正气，营造氛围、创造环境。作为中国记协的一名党员干部，要切实加强自身学习，自觉把学习贯彻党的十八届六中全会精神和总书记"11·7"重要讲话精神作为重要政治任务，认真学习《准则》和《条例》，认真向总书记看齐，向党中央看齐，向党的路线方针政策看齐。贯彻全面从严治党的各项决策部署，以积极的姿态、阳光的心态、良好的状态做好被巡视工作，将配合巡视作为必须完成好的"健康体检"，是对过去的重新审视、对现在的对照检查、对未来的提醒督促，是搞好明年工作的"助力器"和"动力源"。结合正在开展的"两学一做"学习教育，修好党性修养这一共产党人的"心学"，自觉提升思想境界和道德修养，不忘初心、兢兢业业、艰苦奋斗，全身心投入工作。

二要主动导向，积极作为。作为新闻战线的特殊一分子，记协工作者不但要引领新闻工作者坚持正确导向，而且要在建设"记者之家"的过程中，时刻坚持正确舆论导向，提升舆论引导能力，弘扬主旋律，传播正能量。一是强化新闻工作者思想教育，提升成长感。加强马克思主义新闻观教育全员培训，以总书记系列重要讲话为教材，积极引导新闻工作者讲责任讲品位讲格调，做好舆论引导工作。开展"好记者讲好故事"活动，推动新闻工作者自我教育、愉快教育、自我激励、成风化人，促进自我净化、自我完善、自我革新、自我提高，信党、爱党、跟党、护党，对中国特色社会主义道路、理论、制度、文化充满自信，自觉围绕大局履行新闻舆论工作职责。二是加强新闻工作者权益保护，提升归属感。真诚关心和掌握新闻工作者的思想动态，有针对性地做好思想政治引领和权益保护工作。思想上解疑释惑，工作上帮忙助力，生活上排忧解难，让新闻工作者心气顺、劲头足，应对好经济发展方式、社会治理体系、媒体融合发展的三大重大转型，在人权、版权、发展权上有新的获得感。三是加强新闻业务交流评比，提升荣誉感。充分发挥"两奖"的激励引导作用，改进创新新闻评奖工作，在评选过程中对新闻作品舆论导向严格把关，把优秀新闻作品和优秀新闻工作者评选出来。通过组织召开颁奖报告会、作品研讨会、事迹巡讲宣讲等活动，进一步扩大导向示范、正向激励作用，用先进典型带动广大新闻工作者为党为民、向上向善。

三要担当负责，有效作为。一是给任务压担子，提升新闻工作者的使命感。导向是灵魂，正能是主调。把深入宣传党的理论和路线方针政策、深入宣传党中央治国理政新理念新思想新战略作为坚持正确舆论导向的主要任务，宣传主题主线。把团结稳定鼓劲、正面宣传为主作为坚持正确舆论导向的重要方针，展示正面正心。把弘扬主旋律、释放正能量作为坚持正确舆论导向的目标要求，明亮主旋主调。把坚持政治家办报、办刊、办台、办新闻网站作为衡量"四个意识"强不强的标准、标尺。二是抓自律重引导，提升新闻工作者的责任感。推动媒体发布社会责任报告，把握好"两个效益""两个大局"的关系，强化媒体自觉履行社会责任。推动新闻单位加强驻地新闻机构管理和记者证登记管理，加强记者职务行为信息管理、加强新闻工作者职业道德职业精神教育引导，强化媒体负责人的主体责任。加强新闻界突出现象典型案例的评议，坚决抵制和反对有偿新闻、虚假报道、低俗之风、不良广告以及新闻敲诈，促进新闻工作者讲品位讲格调，倡导形成风清气正的舆论生态，共同维护健康的新闻传播秩序。三是加强自身宣传，提升新闻工作者的荣誉感。利用中国记协网和"中国记协"官方微博、微信公众号等新媒体平台主动发声，在宣传新闻界贯彻落实党的理论和路线方针政策的思路举措的同时，宣传记协权益维护、业务交流、奖项评比、行业自律等各项工作，推广"好记者讲好故事""记者大讲堂""记者编辑走转改""夜班编辑业务交流"等各大品牌活动，使记协的活动广为人知，扩大知名度；宣传优秀新闻工作者的突出事迹精神风貌，宣传弘扬新闻职业精神职业道德的先进典型，提升新闻工作者的美誉度。

三、要向前进,努力成为保持和增强"三性"的改革者

习近平总书记希望中国记协再接再厉,保持和增强政治性、先进性、群众性,更好地把广大新闻工作者凝聚起来,真正成为"记者之家"。

增强政治性。一方面,面对意识形态领域的复杂形势,记协工作者要培养较强的政治敏锐性和政治鉴别力,不仅要做业务专家,而且要有政治家的头脑,有政治眼光和政治智慧,善于从政治上看问题,把政治导向、政治要求体现到记协的具体工作中去。另一方面,我们要加强思想政治引领,引导广大新闻工作者把坚持正确政治方向作为第一位要求,为推进伟大事业、建设伟大工程提供有力的思想舆论支持。要加强马克思主义新闻观全员培训。观念是行动的先导,有什么样的新闻观,就有什么样的新闻报道。要组织广大新闻工作者深入学习贯彻总书记"8·19""2·19""11·7"重要讲话精神,认真掌握马克思主义新闻观的理论内涵和主要观点,学会用马克思主义的立场、观点、方法观察和分析问题,把马克思主义新闻观作为新闻舆论工作的"定盘星",贯彻落实党对新闻舆论工作的方针原则和指示要求,自觉抵制西方资产阶级新闻观错误观点的影响。要把学习总书记"11·7"重要讲话作为2017年"三项学习教育"活动的重要内容,用总书记关于新闻舆论工作和记协工作的重要讲话凝神贯气,提振新闻队伍的精气神。加强新闻研究者的对接,把总书记"11·7"重要讲话精神纳入新闻理论研究,对新精神新论断作出理论化、系统化的阐释,做好深入研究、阐释解读、宣传落实等。与新闻管理部门、新闻媒体、新闻院校协同配合,建立新平台,进一步畅通政界、业界、学界三界融合的联系渠道,把中央的方针政策、指示精神及时传达给新闻教育工作者和新闻院校学生,从源头上提高新闻舆论队伍素质,把新闻研究的最新成果和新闻媒体的创新经验及时汇聚到新闻管理部门,促进管理制度理念的集成创新和协同创新。

增强先进性。媒体融合是大势,传播格局是大变,舆论生态是大改。与时俱进才能同行,与先进技术理念并行才能先行。记协工作人员要顺应新

闻传播和党的新闻舆论工作大势，研究掌握基本规律，团结掌握先进技术的人，使自己成为了解媒体融合规律、知晓融媒体特征、掌握多媒体传播技术、服务全媒型专业型新闻工作者的优秀人才。一是强化专业意识。细微之处，专业之道。一方面要推动广大新闻从业人员努力成为专家型新闻工作者，另一方面记协工作人员也要勤练基本功、提升业务技能，成为懂行又有专长的专业型服务者。通过组织夜班资深编辑和青年编辑记者"三深入""三贴近"，帮助全国性行业类媒体广大编辑记者多掌握专业信息、多获取专业资源，不断追求专业和卓越，成为所报道领域的行家里手。二是强化创新意识。召开业务性强创新性足的工作会、研讨会、交流会，结合优秀报道案例创新理念、内容、体裁、形式、方法、手段、业态、体制、机制等，创新国内传播，提高舆论引导能力。组织一线编辑记者到境外考察，多提供与境外受众面对面的交流机会，熟悉了解境外受众需求和接受习惯，创新对外话语表达方式，把我们想讲的和他们想听的结合起来，始终保持思想的敏锐性和开放度，讲好中国故事，传播好中国声音。三是强化融合意识。欣逢"互联网+"时代，我们要树立互联网思维，延伸服务手臂，将新兴媒体从业人员纳入联系服务范围，搭建新兴媒体与传统媒体从业人员在新闻采编、多媒体技术应用等方面的交流平台，让更多新闻从业人员学习使用现代传播手段，使好"十八般武艺"，使新闻报道覆盖更多受众，更立体、更鲜活。同时加强媒体融合方面的调查研究，强化媒体融合意识，提高网络记协的全媒体采编能力；升级完善中国记协网、微博、微信等平台，宣传推广媒体融合方面的成功案例，加大信息资源共享力度。四是强化精品意识。进一步加强对中国新闻奖参评作品的审核把关，减少重要导向差错和文字标点细节差错，继续办好"两奖"高端研讨会，整理出版获奖作品集等，推动广大新闻工作者强化新闻精品意识，自觉练好内功，提升采编本领，努力创作经得起时间考验、时代检验的名篇佳作。

增强群众性。随着传播技术的进步，参与传播的人越来越多，新闻舆论工作的外延越来越广，新闻工作者的范围越来越大。记协需要扩大覆盖范围，延伸工作半径，让团结联系的人越来越多。一是把扩大覆盖范围作为联系新闻工作者的重要着力点。人人可成自媒体，个个都是传播者。建立专业的记协组织，把自媒体、新兴媒体工作者联系起来。创新传播理念，提高人民群众的媒介素养和新闻工作者的专业素养。改进管理办法，畅通体制内外人才流通渠道。营造风清气正的舆论生态，共同建设健康有序的舆论环境。二是把贴近群众服务人民作为新闻工作者自觉"走转改"的重要出发点。推动"走转改"制度化常态化，引导新闻单位负责同志带头"走转改"、采编人员自觉"走转改"，把火热实践作为报道主题，把普通百姓作为报道主角，学习运用群众耳熟能详的语言、喜闻乐见的形式、普遍认可的道理、有目共睹的事实，努力推出更多有思想、有温度、有品质的优秀新闻作品。三是把培养优良工作作风作为建设记协队伍的重要切入点。把记协工作者的理想追求与党和人民的新闻事业密切联系起来，把实现记协人人生价值与促进新闻界共同进步有机融合起来，以实际行动赢得社会尊重和对新闻工作者的赞誉，做到深入新闻界、心系新闻界，切实发挥好桥梁纽带作用，解决好"为了谁、依靠谁、我是谁"的问题，更好地凝聚广大新闻工作者，让他们真正感受到记协是"记者之家"、记协干部是最可信赖的"娘家人"。

（原载《报林》2017 年第 1 期，原标题为《牢记总书记嘱托，努力做党和人民信赖的新闻工作者》）

文化铺路，价值守护
—— 办好中国特色的副刊

从事报纸副刊采编的新闻工作者描绘的是斗方副刊中国风。我们只有贴近大地，才能更好地传播中华文化；只有视界、境界、眼界高人一筹，才能更好地解读中华文化。

报纸副刊是我国报纸的重要组成部分，副刊工作重要，副刊人责任重大。面临新形势新任务，副刊工作者如何当好社会主义核心价值观的践行者、推动者、引领者，令人思考。

提高认识，建设共享中国梦的主阵地

副刊不副，责任重大。党报副刊姓党名副，是党报的文学、文艺阵地，我们守土有责，需要尽心尽责、认真负责。副刊是主刊的重要补充，有正就有副，有副才成正。副刊办得好，就能唱响正能量，谱写主旋律，成为主阵地。

报纸副刊工作者既是党的新闻工作者，又不是一般的新闻工作者，是有新闻记者身份、文学视界、文化情怀、文艺特长的新闻工作者。作为新闻战线上的文化宣传工作者，我们承担光荣使命和责任，应该为创造中华文化新的辉煌、为实现中华民族伟大复兴中国梦，作出我们这代报纸副刊人的贡献。

副刊要凝聚正能量。副刊是党报的重要组成部分，理应谱写主旋律。近代以来，我们从来没有像今天这样，与中国复兴梦这样近。中国成为世界第二大经济体，10年前中国经济总量占世界经济总量的3.8%，2013年占12%。

中国力量、中国企业、中国人都从来没有像现在这样令世界瞩目。9月19日，阿里巴巴在美国上市了，2000亿市值成为纽约证交所历史上最大的IPO，马云说，"融的不是资，是信任"。他说得对，这是对中国高科技企业潜力的信任，是对中国广阔市场的信心，是对中国中小企业创新创造创业的信念，阿里的背后是强大的中国、发展的中国和正在复兴之路上走着的中国。

改革开放以来，我们也从来没有像今天这样，面对发展的问题这么多，经济转型升级，改革进入深水区，周边环境进入问题多发期，社会进入多变转型期，利益多元、思想多元，需求多元、趋向多元。

作为党的新闻工作者，我们必须站在时代的前沿。如何深入了解世情国情党情，更好地宣传中国声音、传播中国故事？如何坚持用马克思主义新闻观作指导，反映当代中国、引导中国人民？唯有用好"笔杆子"，加强舆论引导，在多元中立主导，在多样中谋共识，把人们的思想情绪引导到积极健康的轨道上来，把大家的力量凝聚到为实现中华民族伟大复兴的中国梦去奋斗的进程中来。

副刊要谱写主旋律。主旋律就是中华民族伟大复兴的中国梦，就是党的十八大确定的主题。两年来，习近平总书记就治党治国治军发表了系列重要讲话，这些就是宣传工作的主调。深入学习贯彻习近平总书记系列重要讲话精神，落实各项新闻宣传的任务，当好政治强、业务精、作风正、纪律严的合格的宣传思想工作者就是我们的主线。统一思想认识、凝聚奋进力量，把握发展大势、明确前进方向，赢得发展新优势、开创事业新局面，我们自己要有定力、有主张、有思想，做推动践行的引领者。我们副刊工作者既是党的新闻工作者，又是文化工作者，很多同志自己就是作家、学者，不少人是为文为人的楷模、道德的示范。

我们要牢记使命、不忘本来，更好更快乐地传播中国声音；要心系百姓、不忘身边，更好更生动地讲述中国故事；要奉献精品力作、精神食粮，用美文实感深情挚爱传播中国文化。要描绘中华大地气正风清经济新常态，展示中国人心顺事业兴提振精气神；要推动各种体裁创作，满足人民各种需求、培养各类人才，生动展现中国文艺百花齐放的生动景象。副刊人要起承转合，用手中的笔书写波澜壮阔的中华民族百年梦想；要蓄势发力，用文学的力量激励每个人奋发前进，为中华民族共有精神家园不断注入生机与活力。

副刊要守好主阵地。要成为"高秋爽气相鲜新"传播时代正能量的主阵地，要成为"春风又绿江南岸"涵养社会主义核心价值观的主阵地，要成为"润物细无声"培育文化人的主阵地。主阵地意识时时在我们心间，大局时时在版面细节中，责任处处在字间小事里，导向处处在主题表达中。我们的副刊要做"看不见的宣传"，要润物细无声，虽桃李不言，却下自成蹊。

提升责任，成为弘扬中华文化的旗帜

近年来，围绕党的十八大确定的"五位一体"的总布局和十八届三中全会深化改革的主旋律，中央各大报的副刊围绕中心、服务大局，做了出色的工作。《人民日报》先后推出《美丽中国》《文化和中国梦》栏目，《光明日报》开展了校训背后的故事、核心价值观大讲堂等活动，《经济日报》瞄准经济生活开设周末副刊，都是为了满足人民对幸福精神生活的新期待。它们高扬主旋律、守好主阵地，体现了大报的担当和示范，值得我们学习。

副刊有温度。有为文就有为人，为人就会感知温度。副刊作品有浅唱低吟的常温，有激越奋进的高度，也有冷静哲思的冰点。20年前，我经常为《人民日报》《解放军报》副刊写杂文散文，稿费可以滋养一个学子的身体，发表的过程可以温暖一个青年的心房。当时帮助发过稿子的老师，我都不敢忘记。当时写的文章题目我现在还能脱口而出。今天的副刊如体温计，总是在感知时代温度；如反光镜，照射社会万象。

副刊有历史。文化总在历史中打磨抛光,历史总在沉淀中显露棱角。今年,我基本上每天都会看《人民日报》的副刊,很多好文章让人难忘。单霁翔的《我的四合院情结》,我是趴在办公桌上看的。他讲了自己"因为出生3个月才来北京,而后距今来北京已有60年,出生地和籍贯都不能填北京"的个人故事;也讲了住过四处四合院的家庭故事,现在在世界最大的四合院——故宫上班;更讲了"再过6年,将为故宫庆祝600岁生日"的中国梦故事。史中有春秋,亦有中华文化,幸甚至哉!

副刊有味道。感知即味道,感悟即哲学。赵丽宏的《写自己最熟悉感受最深的》,我是在电子显示屏上看的。我先看到"致文学"那一段,觉得怎么如此熟悉呀,细看前面,才知是他文章的后半部分,觉得意犹未尽。"我写作,是因为我心里有话要说,有感情要倾吐。能把自己喜欢的事情和职业结合在一起,是一种幸福,从这个意义上说,我算是一个幸运的人。"拍下来,放在手机里翻看回味。他说,写自己最熟悉感受最深的,是巴老一生写作经验的总结,也是对他的一种鞭策。除了巴金老人的题词,冰心老人也题词:说真话就是好文章。客观真实是马克思主义新闻观的重要观点,说真话,抒真情,这是每一个写作者必须遵循的原则,离开了真,便无以为美,也无以为善。

副刊有人生。品味现实生活,彰显社会主义核心价值观。寻常百姓,我们总是在看别人叹自己、思昨天想明天中彷徨、思索,砥砺前行。因此,我们会有灵感顿悟、有感即通。我曾经看过《金台随感》专栏的文章《净土与静气》,其中讲了雍正皇帝与高僧交谈的一个故事,让人印象深刻。昔有高僧,被召见驾,叩首呼万岁。上曰:"人生百年且不可得,何云万岁?""尧舜至今尚在。"上大悦。复问曰:"京师有多少人?"僧曰:"只有两个人。""何谓?"僧曰:"一个为名,一个为利。"上点头称善。文中记了丰子恺的一段语录:既然无处可逃,不如喜悦;既然没有净土,不如静心;既然没有如愿,不如释然。这篇文章中的观点"涵养静气,事业可成。人有静气,处处是净土"让人记忆犹新。

副刊有温度、有真情,有历史、有文化,有味道、显哲理,写人生、成大道。我们只有贴近大地,才能更好地传播中华文化;只有视界、境界、眼界高人一筹，才能更好地解读中华文化。"要系统地梳理传统文化资源，让收藏在禁宫里的文物、陈列在广阔大地上的遗产、书写在古籍里的文字都活起来；要推动传统文化创造性转化、创新性发展，使中华民族最基本的文化基因与当代文化相适应、与现代社会相协调，把跨越时空、超越国度、富有永恒魅力、具有当代价值的文化精神弘扬起来。"这是弘扬中华文化、提高国家软实力的重要途径，也给我们副刊工作者出了一个"高大上"的题目，需要我们在"形于中""发于外"的中国表达中给予响亮的回答。

敢于担当，筑践行社会主义核心价值观平台

小协会大家风范。中国报纸副刊研究会曾就"报纸副刊在创造中华文化新的辉煌中的使命和担当"进行研讨，并多次将优秀版面进行展示，夺目的标题、精美的版面、特别的创意、生动的图片，令人耳目一新。中国报纸副刊研究会也许只是一个群众性的学术团体，但是从事报纸副刊采编的新闻工作者是大报大格局，描绘的是斗方副刊中国风；小会有大方气度，传播的是社会主义核心价值观；小会好风气，副刊名"副"其"实"，严谨治学创新创造，不但成为构建中国报纸副刊学进程中的重要推动力量，而且成为建设新闻界社会主义核心价值观大厦的坚固基石。

小副刊大方气象。推动副刊创新是我们工作的永恒主题，不但要形式创新内容创新，而且要有传播方式创新；只有贴近实际、贴近生活、贴近群众，作品才能叫好又叫座。高远的立意、深刻的内涵，是一部好作品的关键；社会主义核心价值观、中华民族复兴的中国梦、中华文化需要我们熔铸一体，需要创新呈现，需要每个人创造。优良家风、优美校歌、优雅校训、企业精神、乡贤文化、城市精神、"三严三实"要求都是我们的时代题材。看得见山、望得到水、记得住乡愁是生态文明的题材，记得住家风、背得了校训、看得到修养是精神文明的重要题材。

小副刊大众情怀。副刊人有发现美的眼睛，有提炼美的哲思，有表达美

的才情,有承载美的版面。中华民族历史上的诗词名篇告诉我们,要注重从生活的散文中发现诗情画意,从浩如烟海的资料中提炼深邃哲思。副刊工作者面对这样一个伟大的新时代,应该有更多更好的创造。一方面,我们要通过精彩的故事、鲜活的语言、丰满的人物形象,生动地反映中国特色、艺术地传播社会主义;另一方面,我们要通过微时代微传播,按照互动化、分众化、立体化的传播规律,以小见大、以细入微、以事显情,把人民的冷暖、群众的诉求熔铸笔端,记录身边的感动,讴歌奋斗的人生,体现副刊传播的故事趣味、人文品位、价值意味,巧妙地传递社会主义核心价值观、弘扬中华文化。

办好副刊,责任重大,使命光荣。办好用好党报,需要新闻正面引导、快速指引,更需要副刊侧面引导、深度指引。副刊正在成为不断推动文化繁荣发展的重要力量,成为党领导文艺工作、凝聚文艺队伍的重要平台,成为党领导创作生产、催生优秀作品的有效途径。副刊人追求精益求精的打磨、精编细制的版面,以优秀的作品铸文、以高尚的精神立身、以动人的故事融情,秉承文以载道、人以文传,为文之德内化于心,浩然之气外化于行,值得坚守珍惜。

前不久,全国文联、中国作协、中国记协、中国版协分别向全国文艺界、新闻界和作家、新闻工作者、出版工作者发出倡议,为更好地培育和践行社会主义核心价值观,进一步形成全社会共同的理想信念和道德规范而努力。

副刊工作者在身份特征上与一般的记者不一样,有的既是记者,又是作家,或是诗人,或是戏剧家,或著作等身,或知名度高,社会满怀期待,人民对之有学高为师、身正为范的要求。我们不能懈怠,更不能辜负!唯有严以修身、严于律己,自觉肩负起新闻工作者和文学工作者的神圣使命。唯有始终追求崇德向善、讲仁重民、守诚崇义、尚和求同的中华文化精髓,用"富强、民主、文明、和谐,自由、平等、公正、法治,爱国、敬业、诚信、友善"的国家、社会、个人三个层面的价值要求规范自己的行为,确保我心永恒。我们要积极做社会主义核心价值观的模范践行者、重要推动者、先行引领者,深刻认识社会主义核心价值观对于新闻和文学的重要引领作用,把社会主义核心价值观融汇于作品之中,用新闻和文学的方式筑牢我们的精神高地,让记坛文坛成为培育和践行社会主义核心价值观的重要园地。

(原载2014年11月5日《中国新闻出版报》第4版,原标题为《办好副刊,弘扬社会主义核心价值观》)

亮一盏灯，照一大片
——做典型宣传有道道

改进典型宣传，是老话题，也是新难题。典型宣传出成果，新闻报道写精品，热点引导创模式，是我国新闻事业在新形势下面临的重大课题，如何回应时代要求、服务现实需要、引导具体实践，对主流媒体有力有效地引领舆论意义重大。认真总结过去的成功经验，相信典型宣传有道；历史总结个性条件的成功范例，发现典型宣传有方；全面思考规律中的变化与不变，研究典型宣传有艺术。

每个时代都有风流人物，典型背后是文化

提高新闻宣传的公信力、影响力，提升新闻媒体的权威性、引导性，根本在于提高新闻作品的水平和质量，重点在于提升典型宣传的生动性、有效性，难点在于提升热点问题引导的主动性、实时性。以科学的理论指导人、正确的舆论引导人、高尚的精神塑造人、优秀的作品鼓舞人，每项工作都离不开典型宣传。理论指导，离不开学习经典著作和马克思主义经典作家的文章。舆论引导，落实团结稳定鼓劲正面宣传为主的方针，离不开典型打动一颗心、联结千万民，离不开一个典型一面旗、一群典型活全局。舆论监督，也离不开负面典型警醒世人，树立靶子才能明确目标。新闻作品如果没有

几个活生生的人、几个生动曲折的故事,就会成为明日黄花。毛主席说,典型宜多,综合宜少。经典言论宜精,泛泛之谈宜少。发挥典型作用,产生示范榜样力量。

文化,更是离不开典型,以文化人,教育育人。学高为师、身正为范,范就是典范示范,师就是榜样形象。无论是古代中国还是现代中国,道德教化、观念深化、思想升华,既注意选择培养当代典型,也重视强化历代典型。对代表中华核心价值观的典型,历代统治者都一以贯之强化宣传,体现一根红线牵得紧、一以贯之传到今。

从形式来看,一个雷锋,影响六十年,"我在马路边捡到一分钱,把它交到警察叔叔手里边""学习雷锋好榜样,忠于革命忠于党",欢快的歌曲塑造了助人为乐的上进青年典型。一个李白,深度影响一千三百年,"黄河之水天上来,奔流到海不复回""天生我材必有用"等广泛流传民间的诗句塑造了纵情高歌的豪放才子形象。一个老子,长远影响两千年,"大道至简,知易行难""大音希声,大象无形""老子骑牛西游"的经典塑造了哲学家的典型形象。

从内容来看,一个毛泽东影响一百年,别人赞"主席同志政治经济军事全面,润之先生文化理论文学全能",自己说"惜秦皇汉武,略输文采……成吉思汗只识弯弓射大雕",是雄才大略,更是为人民思幸福、为国家计富强、为民族谋复兴的革命家形象。一个曾国藩影响两百年,同道称赞"文正公道德武功挽危救世,日记家书教育天下子弟",自己告诫"做官最需耐烦二字,求学难在持续二字",是经天纬地,更是为苍生、为家族、为天下的政治家形象。一个王阳明影响五百年,经常自省"知是行的主意,行是知的工夫",后人总结"立志勤学改过责善,唯其求是,自得于心",是求学问道,更是修身齐家照明月的思想家形象。

而从国际传播来看,一套孔子学说,照耀全球五大洲文化。一部《孙子兵法》,影响太平洋两岸军事,被东西方国家军校列入教材。

由此可见,文化传承的背后都站立着代言的典型。无论是塑造的形式载体,还是被熔铸的价值内涵,成功的典型都能跨越历史的长河,贯通中华的经纬。典型的力量巨大,背后的理念影响长远,映照人心灵深处的典型存续五十年、一百年、五百年、五千年……一方面现代传播快速便捷,节奏明快;另一方面快速消费带来快速淘汰,信息储存短暂,新闻消费短暂。现代社会既需要传播一事一地的优秀,润雨感人;也需要宣传鲜明深刻的典范,成风化人。

落实落细落小,典型故事要切三层

落实,就是要讲真话,讲真实事情,写真实的人物,还原真实的生活。人活在半空中,成不了典型,做不了榜样,就像鲁迅说的,诸葛亮非人似妖。细想起来,现实中有不少类似这种把文学典型当新闻典型的事件策划,但人人心里一本账,大家都知道不真实不可学习,我们不少地方推的新闻典型真是做不到民间俗语所说"真神显灵,真人见面,百姓才信服"。当历史传奇可以,当现实典型肯定不行,因此典型的新闻微观要真实,宏观宣传才有真实的底气。

落细,就是要讲故事,讲细节,讲味道。有故事就生动,有细节就鲜活,有味道就难忘。

落小,就是切入点要小,闪光点要小,聚焦小人物,才让人动情,因为他的时代离我们的时代非常近,他的生活与我们的生活贴得很近,是时代的写照,是生活的写照。小人物才让人动心,一件小事见精神,拨动我们的心弦;一滴水见太阳,凡人亮点更易映照我们的心灵。《恩施日报》推出普通人故事专栏,聚焦基层,对准百姓,素描各行各业的小人物,展示中部山区、少数民族地区的真情古风。文风清新好阅读,群众语言最动听,地方方言更惹人关注,个性化语言让人印象深刻。习近平同志语言有特色,个性化鲜明。过去他曾在福建常讲常新"滴水穿石""以一当十"的故事,不久前在韩国讲话,一句"百金买房、千金买邻"深深地打动了被中华文化影响几千年的韩国等东亚国家。个性化并不只指俗,也有雅,因为用的人个性不同,用的场合不同,说的对象不同,或庄或谐,雅俗共赏、恰当适宜。

好文章要能切三层,第一层是事实层,有令人关注的变化;第二层是故事层,有引人关心的细节;第三层是内核层,有打动人心的力量。唯有落实落细落小,才能真正切入、切准、切到位。

不虚不偏不空,典型活在当下更可信

不虚就是要务实求真,找真典型,写真写好写活典型。典型就是要真、要实,挖出来经得起记者审视,树起来经得起实践检验,写出来经得起受众推敲。就像挖出来的笋,要经得起抖几抖,是好竹苗子,就会眉清目秀。不能人为去造,不要想当然,更不必刻意拔高。

不偏就是要实事求是,生活中发现得了,现实中可以找到。不要为美而美,不要唯上而上,更不必因为尊者讳而造假。一旦过了,不但害了受众一阵子,而且害了典型一辈子。人家会说:你看他,就喜欢搞假的一套。典型推错,花那么多时间精力,发那么多版面,如果是以偏概全那种,不但丧失媒体的公信力,而且破坏党在群众中的高大形象。

不空就是要形象,但不要形象化;要典型,但不要典型化;要有内涵,而不是装得很像。是人,就会有些小缺点,有点小脾气;写出来,有点小可爱,才是真实的。读者永远比我们聪明,他更知道"金无足赤,人无完人"的朴素真理。不要"脸谱化",将先进典型写成"完人",甚至是不食人间烟火的"神",这样不沾人气、不接地气的典型报道很难服人,让人一是怀疑你假,二是怀疑你的真实意图。大家看过去宣传的不少典型是鞠躬尽瘁、死而后已的"工作狂",让人生疑:一种是写的先进都是死人,死了才宣传,活着为什么不宣传,分明是不想让人学;一种是文章中经常会写他的心里想什么,人家会说,他都死了,你怎么知道他的心理活动,有诈。

因此如何做到不虚、不偏、不空,其中有学问。写什么,要有留白;怎写,要留有余地。新闻写什么,要有特殊性,新近发生个个身边无;宣传传什么,要有普遍性,体现最近突然发现人人心中有。把握辩证法,实践唯物主义,全面客观反映、真实真情呈现,就有可能实现不虚、不偏、不空。

可亲可敬可学,典型接地气才走心

我们在典型的选择上要研究时代精神要求,了解群众的需求,找到社会呼唤的热点、群众心里的共鸣点,让我们宣传的"正面典型"跟群众心目中的"优秀形象"有机地对接,让人们心里的呼唤与社会主义核心价值观从最大公约数结合,逐步提升到最小公倍数,可亲、可敬、可学。大多典型最好让人们知道:"虽然他比我们好,但我们可以学习,只要努力一点,跳起来也可以摘桃子,学得到、学得来、学得像。"

典型要活在百姓生活中,活在我们身边,活在个人兴趣里。一要可亲。不妨多一些体现中华文化传统美德的"草根形象"。日常生活,平凡人生,茫茫人海中,我们都只是"天地一沙鸥"。我本平凡,寻常百姓,而正是这每一个平凡的小角色,在现实生活中往往又扮演着不可或缺的一部分。因此,网络社会里,一些平凡人物的平凡事,往往会更加直白地将生活的本真、人性的朴实、社会的多面再次呈现,给大家的感觉也更为真实。一方面每个人都过着一样平凡的生活,另一方面每个人都有一颗高贵的心灵:崇德向善、守信诚实、讲义重道、爱国爱乡、敬业乐业的"草根"更容易走进我们的心灵。选秀节目为何火爆?相亲节目为何长盛不衰?关键在于天上一颗星、地上一个人,他们的普通出身让大家感觉很亲切,他们的人生际遇也更容易引起大家心灵上的共鸣,于是大家才愿意去观察他们今晚怎样,倾听他们的喜怒哀乐,去了解他们背后的故事,去体会他们的故事所带给我们的不一样的人生感受。

二要可敬。在典型的选树上不妨多一点与众不同的平民楷模,他们的求异思维、特殊行为、特别情怀,是这个时代的光芒。我们要挑一些与工作、生活相关,比一般人做得好、做出不一般成绩的人和与众不同的事。人们会因为他不容易、他不简单,而觉得他可敬可佩。

三要可学。好样好学,好样易学,好学好样,做法容易推广,经验可以复制。我们中的大多数都只是芸芸众生中的普通一员。我们能做的可能也只是在做好一个普通公民的基础上,工作比别人稍微勤奋一点、待人比别人稍微真诚一点。通过"草根人物"、平民楷模、群众典型的宣传,把发生在我们身边的感动、离我们很近的感人故事挖出来,把行为背后的精神、行动中的价值引申出来,挖掘内心感动,激活深藏潜力,把人文情怀、核心价值、基本伦理外化为基本行为规范,形成良好的行为习惯。讲仁爱、重民本、守诚信、崇正义、尚和合、求大同,这些中华文化的传统美德为什么能树立、能被认同、能传承?就是因为有好学的中国人,喜欢学好典型,有好用好玩的办法,通过好听好看的形式,一代一代传承下来。寓教于乐,好学好用,这是中华文化五千年绵绵不绝、中华精神五千年巍然屹立的重要原因。

创新创造创优,典型传播需要新方法

一要创新。文章要短实新,传播要短平快,要以短取胜,以快取胜,以特取胜。在改革机制上,要以实改之神求彻底胜利之远,以实战之锐破顽固俗套之弊。要通过多种形式,充分利用成熟的技术、平台、渠道、手段等借力推进典型宣传,实现更好更快传播。这是一个改革的年代,我们的新闻采访手段随着新闻传播技术日新月异而随机应变,我们的新闻宣传方法随着人们的接受方式方法改变而与时俱进,我们的新闻宣传观念随着主动被动沟通、双向多向互动联动而与人民群众的切身感情感受感悟同频共振,从而包容多元,引领主流,凝聚共识,引导社会,让我们宣传的典型符合时代的要求、人民的期待,让我们的典型宣传符合受众的要求、时代的呼唤,从而真正入耳入眼,入脑入心。

二要创造。典型宣传要率先实现新媒体传统媒体融合,要有互联网思维。开放包容互动,让网上的所有人为你提供线索,比方说"最美"系列,最美女教师、最美司机等都是网上推出、微博传送的,因为有现场视频、即时记录、共同关注、速评速传,产生好影响,催生正能量,发挥正效应。过去传统媒体采访挖掘,上面领导圈定的典型宣传模式不再是唯一模式。要充分运用网络技术手段去搞好典型宣传,用全新的互联网思维来谋划和推进。要适应新兴媒体平等交流、互动传播的特点,树立人民用户观念,改变过去媒体单向传播、受众被动接受的方式。注重人民用户体验参与,满足多样化、个性化、全面了解典型人物故事的信息需求。要适应新兴媒体即时传播、海量传播的特点,树立抢占先机的意识,高度重视首创首发首播,充分挖掘和整合典型的过去现在、事件的来龙去脉、社会的广泛反应等信息资源,在典型传播中占据主动、赢得优势。要适应新兴媒体充分开放、充分竞争的特点,树立全球视野,强化市场观念,提高市场营销和产品推介能力,做大做强典型品牌,讲好中国人的中国故事,向世界传播中华文化的真谛精髓、核心价值的真精气神。

三要创优。我要写得与你不一样,我要写得比你更深一些、更好看一些、更耐人寻味一些。心中有全局、胸中有大局、脑中有政治、眼中有人民、笔下有感情,就会常写常新、越写越好。

深入基层一线,是要求更得自觉追求

"走转改""三贴近""三深入",不仅是上级的要求,而且是我们自身的追求。只有走进一线,走近群众,走入心灵,我们才会收获感动。只有真正深入生活、深入基层、深入群众,才有可能写出扣人心弦、动人心魄、感人肺腑的佳作典型。

老百姓常说,爱听大实话,喜读真文章。习仲勋同志多次倡导"真短快活强",胡乔木同志多次提倡"短实新",值得我们学习。

百姓要求文风要实,内容要实,典型要实,但并不是实的东西就可以流传,要流传,还需要一个大前提,就是实中要有情味、新意,就是说,小中见大,实中有大境界,实中有为民大情怀,实中有为人真情趣,有"我为人人,人人为我"的真情意。范敬宜曾经说,一条没有温度的政策是短命的政策。同样,一篇没有温度的文章,它的生命也是短暂的,因为没有普通人的普遍情感,是无法流传的。基层有典型、有正能量,典型有真情有温度,多少年多少天过去了,大家对此记忆犹新,为什么?就是因为典型有型,采写编播有情,宣传典型有方,文章镜头有让我们感知的温度,拨动了我们心灵的弦。

真文章是深入采访、深沉思考、深情表达的好文章。2013年6月28日,《经济日报》在头版头条发表通讯《洒向高原都是爱》,配上主人公刘革生访问中国最后一个通公路的县——墨脱县目前尚需通过溜索才能进的帮辛乡岗玉村门巴族乡亲的照片,文后配言论《人民群众是力量源泉》,引起相当大的反响。为了写这篇文章,我三上西藏,两访林芝,直插墨脱,为刘革生对党的事业如此忠诚、对人民的事业如此负责而深深感动,我是流着眼泪写完的。关于一位县委书记的报道上了中央报纸的头版头条,为什么?特殊的时间,特殊的人物,特殊的事件,构成特别的报道。这是《经济日报》抓的独家典型报道。特殊的时间,是中央组织工作会议召开的当天,是"七一"前的第三天,也是中央决定全国援藏第六批即将结束、第七批即将开始的前十五天。特殊的人物,在中国最后一个通公路的县——墨脱县,有一位扎根基层、服务群众,发展有思路、工作有成效,受到群众衷心拥护的县委书记。特殊的事件,三年走完了所有行政村,刘革生是目前墨脱县、林芝市、西藏自治区唯一走完了这一特殊县域乡村的县委书记。

墨脱之苦非常人能想象。除了青藏公路,更有没有正常路面的117公里路,确实艰苦。翻过海拔4720米的色季拉山口,脚下是悬崖峭壁和奔腾湍急的雅鲁藏布江。

下山的路特别陡,头顶是积雪长年不化的雪山,脚下是渗水不断的石头路,旁边是断崖,放眼望去,更是触目惊心,下山的每条路坡度都超过45°,急水裹挟着刚冲下来的石头奔腾,挡住前路。一位朋友说,进来墨脱就不想出去，离开墨脱就不想回来，因为路上不知会发生什么危险。

我问，为什么路不修好一点？王强师傅说，这已经很不错了，至少看上去路基已修成了形。2010年隧道修通后，国家在扎墨公路投了巨资，但是由于路建在世界两大断裂带上，冬天雪崩不断，夏天塌方是常事，路基很脆弱，不断地修又不断被冲垮，因此这是一条天天要修、天天在修的干道。

在墨脱，我的心一直感动着。当地的少数民族干部提起刘革生，就很动情，给我们讲他下乡的无数传奇故事。特别是县长说，这么多年，我们自己都从未走遍全县乡村。

刘革生3年走遍46个行政村，其中31个靠步行，雨季雪季、塌方雪崩都碰到了。2012年2月初，历时18小时的墨脱之旅，坐过车，蹚过水，溜过冰，踏过雪，摔过跤，推过车，修过路，遇上雪崩，扒雪脱险，踏过泥泞，穿越峡谷。

他3年进出墨脱43次，徒步翻越雪山6次，其中有4次与死神擦肩而过。援建工作成绩显著，GDP和人均收入3年增长近50%，财政收入更是增长23倍；三成以上的农户建了新房。

如何通过典型宣传，把核心价值观教育一张蓝图画到底、传到每个人心里？培育弘扬中国精神、彰显中国文化、展示中国形象的当代典型，创作中国特色、中国风格、中国气派的新闻精品，发挥文以载道、舆论化人的重要功能，是树立核心价值、增强中国自信的重要手段，重视总结历史经验，学习借鉴先进方法，树立互联网思维，我们一定能找到更多更好更接地气的好方法。

（原载《新闻前哨》，据作者2014年8月湖北省"践行群众路线做好典型宣传"座谈会上的讲话整理）

肩上千斤,笔下千钧
—— 坚守记者的光荣责任

他坚持追寻真理和正义,9年时间里先后用9篇报道推动呼格吉勒图案再审,让沉冤得以昭雪。"在追踪报道呼格案中,我看到了中国法治的进步""这份信仰正在被我们更多的'90后'继续传承"……第十六个记者节到来之际,来自第二届"好记者讲好故事"演讲比赛的精彩分享,再一次触发了人们对新闻职业的思考。

新闻工作天然与责任相关联,新闻记者对社会良性运行负有特殊而光荣的使命,既是船头的瞭望者,也是公众的守望人。无论时代风云如何变幻,无论新闻业态如何演进,"新闻真实乃是新闻生命"的信条不容改变,"铁肩担道义"的情怀不能褪色。

今天的中国,正身处一个嬗变的时代,尤其是媒体行业正经历一场深刻的变革。在传统媒体与新兴媒体融合发展的大势下,新闻工作者所体会到的危机感注定空前强烈,所经受的压力挑战尤甚于一般职业者。个别人因此而失去了定力,或退缩,或摇摆,或轻慢了责任,或放松了道德。然而正如同"好记者讲好故事"的主角们那样,更多的媒体人依然在坚守、在奋斗、在创造。

有人说,置身新媒体时代,传播正在"去专业化"。在移动互联网勃兴的今天,每个人都可以成为面向所有人的智能信息节点。在这样的背景下,因信息传播不规范造成的虚假新闻、谣言等日渐增多，相应的治理成本也在提高。越是如此，作为专业的新闻传播工作者，新闻记者对净化网络空间、维护公序良俗的作用越是不可替代。媒体融合改变了媒体的呈现形式，但不能改变对内容的深度挖掘；传播加速改变了媒体的传导过程，但不能改变对质量的追求；社会参与改变了媒体格局和生态，但不能改变主流媒体的主导责任。这种强烈的职业责任感，现在不但仍然需要，而且尤为重要。

"笔下有财产万千，笔下有毁誉忠奸，笔下有是非曲直，笔下有人命关天。"既已选择了做记者，就当懂得肩上有万斤担，笔下有千钧重。在复杂多变的时代环境中，你已"乱花渐欲迷人眼"，我自"咬定青山不放松"，数十万新闻从业者以超越常人的定力、超越利益的追求，进行着超越诱惑的坚守，始终为理想信念而守望，为责任使命而守望，为精神节操而守望。前不久的一项调查显示，72.1%的受访者确认，当下记者仍然是挖掘新闻事件真相的主力，而42.7%的受访者表示愿意让子女从事记者职业。来自公众的真诚认可，无疑是对记者职业的最高褒奖。

"当记者不容易，我钦佩你们的坚持。"一位普通市民的心里话，温暖人心。今天的新闻就是明天的历史。以创新的姿态因应挑战，用坚实的肩膀扛起责任，新闻工作一定能书写更大的辉煌，赢得更多的荣光。

（原载 2015 年 11 月 9 日《人民日报》第 4 版，原标题为《坚守记者光荣的责任》）

情谊如酒,壮怀如友
—— 记者的情怀

因为工作的缘故,我心中一直有一种记者情结。

小时候觉得记者与常人不一样。当时新闻媒体少,记者名气大,在基层,很多人甚至把记者当领导看待。长大后,觉得记者还是与常人不一样,一篇长通讯让人关注,一篇好评论让人注目。在中央省台联播中,一条广播电视新闻、一条通讯入选四方传播。哪怕是一个通讯员,如果有好的文章常上新闻媒体,领导对你刮目相看,同事钦佩有加。这确实佐证了"文章千古事",记录新闻当代史的记者必须担当道义。

出身农村,一开始在工厂参加工作,后来当了十年管理新闻的干部,接着走上记者岗位工作十二年,现在又服务新闻单位,记者情结几乎贯穿职业生涯,融入一种深切情怀。从中央到地方,上上下下;从管新闻到做新闻,左左右右;从管理到服务,想自己、看别人,常换位、多比较,更多地感受到记者的酸甜苦辣,也更深地领悟到记者的情怀意趣。

记者确实有与常人一样的东西,也有许多与其他人不一样的东西。新闻工作虽没有那么"高大上",但是有其职业特色。一篇好消息传递党的好政策,记者笔下有财产万千,群众更有喜地欢天。一篇通讯,记者笔下有毁誉忠奸,好人好事感地动天,坏人恶行让人痛恨连连。一篇评论,记者笔下有是非曲直,弘扬正声正气正能滔天,针砭时弊让人痛让人痒出汗浑身发黏。一篇舆论监督稿件,记者笔下有人命关天,为冤屈者叫屈鸣冤,让苦难者终于申冤。

记者是记录者,记录时光记录社会。在关注每天的新变化新创造中,细数着时光的脚步,不经意间拉起时代进步的缆绳不断向前;在采写每天的新人新事中,和着社会的节拍,不由自主地推动社会前进的小车走向明天。

记者是倾听者,收听信息收获情感,听得越多心里越亮堂,听得越广思维越明晰,对事物发展的规律、对事件的来龙去脉了解越多,便对问题认识更准确,对社会认识更清晰,对未来的路更明确。

记者是行者,品读故事采集现实。边行边记,边行边听,关注每个人的内心跳动,关怀每个人的悲怒哀乐,关切每个人的生存现状,体会每个人的脾气性格。走过那么多路,见过那么多人,就有了对天地、人事的更深更透醒悟。

记者是思者,换位思考激发思维。因为倾听,不经意间由听者变成感者,体会着高低错落、长短有韵的情感波动;因为思索,不由自主地体会别人的故事,用己心思彼心,收获着感动感想,平生几许感慨,更生感恩之情。

记录倾听,且行且思,天长日久,记者就会有别样的情怀。因为在听人家的故事中,感动着自己的感动,伤感着他的伤感,你会有悲天悯人的情怀;因为听着你的故事、他的故事,想着很多人的同样境遇,叹着现在、将来还会有人有这样的命运,你会想人类发展的命运。由此及彼,由感到理,由小到大,由偏到全,有感即通,你会有宽阔之感,千江有水千江月,万里无云万里天,胸襟自然开阔如海。由事到人,由人到物,由小到众,由天到年,你会有纵深之思,换得他生是我生,想得众人是个人,情怀自然深沉如井。

在人人皆成自媒体、个个都是通讯社的现代传播时代,在人人都有麦克风、个个都有摄像头的数字记录时代,有人说,人人都是记者。因为这么多人的参与,信息传播的内容五花八门,社会影像丰富立体多面,形式更加新意盎然,所以我经常把它称作历史上语言表达最富有创造力的时代。前几年曾经有人开玩笑说"唐诗宋词元曲明清小说现代段子",确实有很多短信从内容到形式,从结构到语句,不乏奇思妙想。这几年,从短信到微博微信,形式创新内容创意,变化层出不穷,形势一日千里。将来也许会有人说,这个时期确实是伟大的时代,信息技术、移动技术、传播手段,确实是社会最富有创新的时代,人人都在创新,个个都在创业,时时都在创造。

有人说,人人都是记者,说明记者这个职业面临消亡。有人说,个个都作报道,说明新闻这个行业面临消亡。

确实,在全民创造文化、技术升级巨变的时代,竞争加剧是必然的,新闻行业面临变迁是正常的,记者的生存压力、媒体的发展压力增大也是正常的。媒体兼并重组生生死死,记者流动换岗走走停停,成为常态。

有人进行悲观预测,有人扼腕叹息,更有新闻工作者伤感,寄身事业有些犹豫,前途渺渺有些彷徨。但是更多的智者首先冷静下来,从历史中找规律,从科学中找答案,作出回答:这个行业不可能消亡,这份职业也不可能消亡。因为客观规律在不以人的意志为转移作出选择:文化传播行业的历史有一个发展规律,没有任何一种新媒体的出现,会彻底消灭旧的媒体。报纸的突然发明并没有消灭书刊,广播的横空出世并没有消灭报纸,电视的跃然出现并没有消灭广播。循同此理,互联网的迅猛发展也不可能消灭广播、电视、报纸、书刊。因为,技术革命只能改变传播的工具和载体,改变人的接受视听习惯,但没办法改变人类对知识和信息的深深渴求。纸张的发明改变了印刷业,报纸的出现催生了印刷机,广播电视改变了平面传播,互联网推动了即时互动传播,但并没有抑制传播的需求,相反,还扩大了人们的需求,随时随地都在扩大激发着人们的阅读兴趣,无处不在勾起人对人生人类的思考,因此心灵鸡汤流行、健身秘诀畅销、历史钩沉深挖、智慧艺术组装。互联网的出现并没有消灭传统媒体,相反,技术的冲动和内心的激动、科学创新的追求与人自我完善的要求共振,促进了媒体的融合和再生创新。如果说传统媒体做的是原始创新,新媒体做的是引进吸收再创新,那么将来媒体做大做强者必须集成创新。将来媒体融合真正的创新是原始创新、引进消化吸收再创新、集成创新三者兼备的,而这需要专业的记者来完成。因为只有把握规律者,才能驾驭时代的列车,走在又好又快的轨道上,走在绿色可持续发展的道路上。

人人都是时代的记录者、社会的观察者、现代的传播者，更需要专业的记者来辩证审视、理性的记者来客观表达、正能的记者来鼓舞激励。这是社会分工的要求，也是时代的要求，更是人类发展的需求。科学技术发展了，大众的需求增长了。这个社会跑得太快，需要安静、去掉浮躁；这个社会声音太多，需要倾听、去掉杂音；这个社会问题太多，需要回应、去掉质疑；这个社会感性太多，需要理性、去掉猜忌。人们渴望民主权利人人发言，但必须以公正程序引导公平；人人需要说话算数彰显权利，但必须求得最大公约数统一平衡各方。碎片多变意见多元，需要设置议题提出正确的建议引导良性循环，而不是被少数极端裹挟，让沉默螺旋下沉。做好这些，必须有人在媒体平台上、在社会舞台上，当好主持人、播音员、传播者。概括起来说，就是让记者发挥专业作为，体现职业作用。

大众的素质提高了，记者的素养也必须相应提高，而不能感叹无能、无助，短暂的本领恐慌后应是站稳脚跟，扬长补短，提能升级，奋勇前行。现在不是感叹自嘲记者职业消亡、新闻行业消亡的时候，而是在融合发展中展示记者专业水平素养、体现更加重要地位的时候。每遇大事有静气，每遇难事有定力，出现这种技术革新格局变化的时候，更需要记者的责任和担当，更需拾起初心滋养情怀。

要体现地位，必须有责任有能力。主动负责专业引导才有主导力，有定力有能力才有统筹力。在众声喧哗时尤其需要"定盘星"一锤定音，在多元混杂时需要舵手引领正确方向。记者的专业思维和专业素养决定了他的想象高度和深入力度，决定了他的反应速度和持续韧度。对时代的观察记录的定位和站位，对社会的观察思考的高度和角度，对技术的融合把握的锐度和速度，决定了他的作为影响，更源于他的专业能力。

要体现作为，必须有担当有情怀。记者是时代的记录者，是社会的观察者，是信息的传播者，更需要记者成为社会的建设者、进步的代表者，当好正能的传递者、温度的传导者。专业素养源于他的心胸情怀，专业思维源于他的思想观念、人文关怀。浮躁时代，记者更需要以内心的强大培育人文情怀，夯实专业素养的基本功。记录是一种涵养，倾听是一种礼养，行动是一种生养，思维是一种滋养，每天都以新的心情去迎接新一轮的太阳。他有正的视角有正的心态就会记录正声，笔下就携带正能量；他眼中有人有党有责有戒，就会有推己及人、反求诸己的换位的思考，就会传递给人温暖激情和向上向善的力量。

要当好社会的建设者、进步的代表者，就必须了解社会、深入世事、体察人心，就要行千里路、访万个人、记千种事、抒万般情。要汇聚众能引领众人，就必须深入众人心，才能在和弦中弹出主旋律。讲故事是本职，讲好故事是本事，必须有深入发现、生动记录、丰富呈现的能力，必须有驾驭新媒体、创新载体、创造形式做好现代传播的能力。

也许人人都可以当记录者，都可以传播信息，也可以在技术上暂时吸引眼球，在标题上突然不落窠臼，但是没有对社会苍生的关怀、对天下之人的情怀、对历史人文的深情回眸，就不可能成为一个合格的记者，也不配当一个专业记者。这是专业的要求，是职业的要求，更是事业的要求。对于一个记者，这种责任、这种担当、这种素养、这种情怀，需要时光的洗礼，也需要生活的磨砺，更需要精神的滋养。

（原载《传媒》2015年11月第21期，原标题为《记者的情怀——写在第16个记者节到来之际》）

铁脚板走，宽肩膀扛
—— 记者的担当

波澜壮阔的四十年改革开放，留下多少沧桑故事。一直在记录这一伟大时代变迁的新闻工作者曾经历什么？旧报新读，名篇重读，报人共读，别有意味。

重读一篇篇闪烁着时代光彩、仍有现实余温、散发着历史意味的新闻作品，让人欣喜；喜听一个个经历采编曲折、发表反响巨大、至今意韵深长的新闻故事，让人回味。新闻工作者成功记录了历史瞬间，写下重要节点的时代华章；这些事件因此成为重要标记，被记录的人物也成为重要人物。新闻工作者记录改革演进，推动改革开放，推动时代进步。新闻界自身的改革，更是改革的重要组成部分。记者，是记录者，是建设者，也是历史的书写者，更是重要的改革者。

细品这些名篇佳作，我们会读出共同的意味：优秀的新闻作品从来都是在传播党的政策主张、记录时代风云、推动社会进步、守望公平正义中获得人民称赞、社会认同，在历史上留下不朽的足迹。《分清主流与支流，莫把"开头"当"过头"》《东方风来满眼春》无疑是重要节点的重头文章，既适时回应了当时存在的姓社姓资、改革开放是否过头等问题，更正确地、全面地传播党的政策主张，"各级领导干部要解放思想""要坚定不移地落实党的方针政策"。

"要抓住时机,发展自己,关键是发展经济,发展才是硬道理。"在实现民族复兴和国家富强的征程上,《哥德巴赫猜想》《深入宝库采明珠》,敏锐地抓住时代的前进脉搏和科学的动人心跳,展示中国人从来就有的自强不息、艰苦奋斗的精神,展现中国人一直有追求创新的基因、始终在推动中国科技进步,不会让任何人长期卡住自己发展的道路。《关广梅现象》《市场赋》,记录了在走向中国特色社会主义市场经济的道路上,改革的共识从来都是在争议和被争议中越辩越明,改革的道路从来不是平坦的,改革者需要得到更多宽容呵护。如果说重头理论文章《实践是检验真理的唯一标准》为改革开放提供思想萌芽,那么任仲平、皇甫平的系列重要评论文章则在重要的时间节点激浊扬清,有力推动了社会正本清源,沿着正确的道路前进。而关于马寅初恢复名誉、呼格吉勒图沉冤昭雪等公开报道及内参,展示了记者求真求实的品格气节、扶助弱势群体的职业道德,折射了公平正义的社会进步,更折射了党勇于自我革命的精神勇气。

细读名篇佳作背后的故事,我们会读出共同的心声:优秀新闻工作者,都是有着强大的脚力、眼力、脑力、笔力的记者,只有经常在基层、在路上,始终与人民在一起,才能写出精彩华章,才能留下传世佳作。他们脑里有政治、心中有大局,反映改革伟大实践,记录开放宏大气象,在大时代的舞台上,奉献理想、搏击风浪,自觉高举党的旗帜、坚定党的方向,传播党的声音、传递党的温暖,用自己的智慧汗水诠释坚定信仰、赤胆忠诚。他们眼中有人民、笔下有感情,心系人民、身靠人民,想群众之所想、急群众之所急,解群众之难、帮群众所需,以人民的事为大事业,以人民生活美好为大追求,始终坚持党性和人民性相统一,做到与党心连心、与人民根连根,在依靠人民中服务人民,在服务人民中推动人民更加坚定地跟党走。他们脚下有土地、笔下有乾坤,范敬宜夜宿基层办公室从一夜无铃声听到了党的政策好、人心顺的民情,罗开富重走长征路记下了老区的变迁,发出了帮助老区扶贫发展的心愿。他们在基层留下自己的足迹,也留下了新闻工作者的优良作风。

有思想、有温度、有品质的新闻作品不仅有一日之辉煌,而且是经得起历史检验的传世佳作,是时有回响的空谷清音、常有共鸣的人民心弦、弥足珍贵的深刻启示。时代沉淀了优秀作品,也树立了一座座有优良文化传统、高尚职业道德的记者丰碑。新时代,改革开放正在开启新的征程,民族复兴正在展现新的前景,媒体融合给我们更大的舞台。伟大的责任正在经我们之手温暖传递。新闻工作者成为政治过硬、本领高强、求实创新、能打胜仗的宣传思想工作者,需要在党的领导下的政治自觉、始终与人民坐在一条板凳上的深沉情感,需要坚持高尚精神、优良道德的执着追求,也更加需要"铁肩担道义,妙手著文章"的责任担当,让新闻舆论具有更强大凝聚力和引领力。

(原载《传媒》2018年11月第21期,原标题为《新时代记者的担当 —— 写在第19个中国记者节到来之际》)

复兴可期,光明在望
—— 祝贺《光明日报》创刊 70 周年

今年 6 月 16 日,《光明日报》创刊 70 周年!我们向《光明日报》全体同人表示热烈祝贺!

70 年风雨兼程。《光明日报》新闻事业发展迅速,从铅与火到光与电,从纸与笔到机与网,传播技术不断进步;从一报独树一帜到三报数刊众星拱月、从传统纸媒风行一时到报网微端同向发力,受众覆盖亿万人群。《光明日报》专业化、知识化、特色化、品牌化日益彰显,新闻信息服务智能化、数据化、移动化纵深融汇,信息平台、舆论阵地、思想智库贯通共进,融合发展之路越来越宽广。

70 年共同成长。在烽火连天的革命时期、在激情燃烧的建设时期、在波澜壮阔的改革开放时期,《光明日报》始终贴近时代、贴近人民、贴近生活,及时记录时代风云,准确传播党的政策主张,真诚弘扬公平正义,努力推动时代进步,发挥了重要舆论引导作用。今天,《光明日报》实力提升,竞争力提高,成为有强大传播力、引导力、影响力、公信力的全国性重要媒体。

70 年共创辉煌。在党的坚强领导下,《光明日报》坚持独特定位,聚焦知识界,舒展思想文化两翼,围绕团结、联系、引导、服务主线,紧扣时代主题,服务国家大局,成为思想活跃、理论精深、内涵丰富、品位高雅的学术交流强大平台,成为同呼吸共命运、同追求共进步的知识分子良师益友。作为一张有时代高度、思想深度、文化厚度的思想文化大报,《光明日报》是党密切联系知识界的重要桥梁,是一条把知识分子紧密团结在党中央周围的特别纽带,在维护安定团结、促进解放思想、推动改革发展方面成功发挥了独特而重要的作用。

70年来,《光明日报》坚定党性,深谋发展大计,远虑未来趋势,推动一天天社会进步;坚守定位,善待事物萌芽,敏察人心律动,鼓励一项项改革创新;坚持高格,勇开独见先言,敢发特识新声,促进一次次思想解放。身处思想前沿、昂立时代潮头、心向规律真知的光明人,在峥嵘岁月里形成了独特的光明文化:同心同德、追求真理、紧跟时代、服务人民。这种文化使光明理论历久弥新,使光明品格高悬日月,使《光明日报》不负众望、唱响主旋律,高举旗帜、引领导向,围绕中心、服务大局,团结人民、鼓舞士气,成风化人、凝心聚力,澄清谬误、明辨是非,联接中外、沟通世界。在党最需要的时候,用真理的光芒照亮前行的远方;在人民最需要的时光,用正义的热量温暖跳动的心;在时代最需要的时节,用先见的卓识昭示思想的力量。这是光明文化的力量,也是时代前进的方向,洋溢着文化自信的芬芳!

70年来,《光明日报》不忘初心,时刻聆听人民心声;牢记使命,深切关注思想脉搏;履行责任,用力书写时代华章。国家政体共识、真理标准讨论、知识分子平反、教师地位提高、确立新人才观、红船精神等重大新闻事件,一篇篇有思想、有温度、有品质的光明文章,彰显了听党话、跟党走的坚定理想信念,熔铸了求真、求实、创新、创造的自觉价值追求,会聚了一代代有道德、有筋骨、有力量的光明人,培育了信仰坚定、志存高远、专业敬业、勇于担当的光明精神。这种精神奠定了《光明日报》党报的崇高地位,筑牢了思想意识形态的坚强阵地,擎举起领风气之先的时代坐标!

立党为公、执政为民是中国共产党成立发展的坚固基石,服务党长期执政、助力民族伟大复兴是新闻工作者的时代责任。新时代,光明人将一如既往与党同心、与人民同向、与时代同步、与正义同行,履行新闻工作者神圣职责,肩扛中央级党报光荣使命,举旗帜、聚民心、育新人、兴文化、展形象,在融合发展的大潮中激流勇进,在守正创新的洪流中奋发前进,在民族复兴的征程中昂扬奋进,发挥更重要的作用。

70年前,毛泽东为《光明日报》题词:团结起来,光明在望。今天,在习近平新时代中国特色社会主义思想的指引下,全国人民团结一心,为共同目标奋斗,意义更加深远。

圆梦复兴,昂立世界,在我们每个期待美好未来的人心里,也在我们光明人每天催人奋进的新闻工作中!

(原载《传媒》2019年6月第11期卷首语,原标题为《复兴可期,光明在望》)

继承传统，守正创新
—— 祝贺《大众日报》取得新进步

　　一年前，在《大众日报》创刊80周年之际，习近平总书记作出重要批示，充分肯定《大众日报》坚持"党的立场，群众的报纸"的宗旨，是一份有着光荣传统、广泛影响的党报，殷切期望始终坚持党性原则、坚持将正确政治方向放在第一位，弘扬沂蒙精神、加强改革创新，为鼓舞大众、团结大众、服务大众发展作出新的贡献。

　　我们欣喜地看到，一年来，《大众日报》同人带着感情深学、牢记使命笃行、改革创新奋进，融合发展纵深推进，媒体品牌不断提升，队伍团结体现战斗力，新闻事业展示新气象。

　　始终坚持正确政治方向，坚持党的立场，坚持党性原则，是党报的第一要务。大众报业集团抓实党建根本，切实发挥党委在党报发展中把方向、管全局、谋大事、保落实的重要作用；深入开展"不忘初心、牢记使命"主题教育，锤炼忠诚干净担当的政治品格；增强斗争意识、激发斗争精神，在政治上思想上行动上牢树"四个意识"、坚定"四个自信"，坚决做到"两个维护"；助力山东省委全面加强党的建设实现新作为、巩固党的执政地位夯实稳基础。

　　牢牢把握正确舆论导向，围绕中心、服务大局，传播党的政策主张，是党报的首要任务。浓墨重彩做好重大主题报道，推动习近平新时代中国特色社会主义思想深入人心；精心打好新中国成立70周年宣传战役，全面展示新时代伟大成就；巩固社会主义意识形态阵地，抢占正确舆论导向高地；鼓舞山东人民团结一心共筑中国梦、奋发图强奔向新时代。

始终坚持以人民为中心的价值取向，面向基层、服务大众，为人民助力讴歌，是党报的重要职责。镜头面向人民、笔触贴近群众、话筒对准大众，满怀深情记录人民的伟大创造，鼓舞山东大众；聚焦社会热点、瞄准基层难点、关注群众痛点，满腔热忱为一线鼓与呼，为人民群众解忧愁，团结山东大众；记者与百姓面对面、心连心，加强正面宣传和加大舆论监督一体推进，服务山东大众；推动齐鲁大地全面深化改革改出新气象、真抓实干抓出新成效。

稳稳把握守正创新的主基调，改革创新、融合发展，提高党报的实力和竞争力。在提高政治站位、凸显党媒特色，优化内容定位、提高生产精度的同时，大众报业集团坚持问题导向，突破关键环节，加快推进"一二三四"融合转型战略，着力打造新型主流媒体、建设新型传媒集团；坚持移动优先策略，打造党媒主导的移动客户端；强化技术驱动，引领深度融合。在2019全国省级党报融合传播指数有关报告中，《大众日报》融合传播力名列前茅，涌现单篇阅读量过亿的现象级产品。

始终坚持正确的新闻志向，高扬职业精神、弘扬优良道德，建设党和人民信赖的新闻队伍。《大众日报》是沂蒙精神诞生发展的参与者、见证者和传承者，新时代要大力弘扬沂蒙精神，坚定理想信念、发扬优良传统，让红色基因绽放时代光芒；深入开展增强"四力"为主题的教育实践，锤炼新闻工作者高尚道德品格和优良工作作风。强化人才意识，下大力气培养全媒型、复合型人才，建设一支政治过硬、本领高强、求实创新、能打胜仗的新闻队伍。

省级党报是党报方阵的"四梁八柱"，在党的宣传思想工作中有着重要的地位。省级党报上连党心、下接民意，在省域覆盖面积大、连接人群广，担负着重要的舆论引导职责。省级党报办得好，有力传播党的政策主张、有效反映人民群众呼声，对于巩固党的意识形态阵地意义重大。《大众日报》历史上有着光荣传统，在今天有着新鲜创造，值得称道。省级党报如何在舆论生态、媒体业态、传播格局中守正创新、改革前进，创造无愧时代的精彩业绩,值得期待。

  我们希望有更多的党报占领主阵地、唱响主旋律、弘扬正能量,做出更加出色的成绩。期待着省级党报主力军全面挺进主阵地,占领融合发展高地,深耕资讯服务园地,更好地鼓舞大众、团结大众、服务大众。盼望着各级党报融合传播谱新篇、改革创新结硕果,引导群众聚心力、讲好故事收实效,使主流媒体的传播力、引导力、影响力、公信力更强大。

  (原载《传媒》2019年12月第24期,原标题为《继承传统扎深根,守正创新向未来》)

知与行

当代新闻工作者最重要的责任是讲好中国故事,传播好中国声音,弘扬中国文化,展示中国自信。

故事是过去的事,是有意思的事,好故事是有意思更有意义的事。故事是"世界语",是人类共通的思想语言,是国家联系的通畅管道,是民族交流的友谊桥梁。讲故事,需要绘声绘色的讲述,更需要心灵契合的意会。在今天的"地球村",若要掌握共通的思想语言,把握共同的价值理念,分享共融的人类情感,更好地沟通交流,讲故事无疑是最好的方式。完成共建"人类命运共同体"的新任务,需要我们学会讲故事,告诉世界 21 世纪的中国。

新闻是新近发生或发现的事的报道,也可以说是对过去的事的最新报道。因此新闻和故事有异曲同工之妙,做报道和讲故事有共同的使命。对于中国新闻工作者而言,讲故事是本职,讲好故事是本事。

倡导讲中国故事,需要走在前面。讲好中国故事,需要做在实处。研究讲好中国故事,必须想得更深、思得更远。要解决领导干部和人民群众的上下"温差",纾解台上台下互相感知的"落差",破解国际传播的中外"逆差",消除中外印象的"反差",需要我们共同努力,更需要实践躬行。

动人心者，莫先乎情
—— 记者讲故事为何激荡人心

记者讲故事，讲记者故事，好记者讲好故事。今年在全国新闻战线广泛开展的"好记者讲好故事"演讲比赛，吸引了成千上万记者的热情响应和积极参与，11月8日晚中央电视台播出了10位优秀代表的演讲。他们的故事打动了观众，激荡人心、催人泪下，成为今年记者节的一个亮点。

今天的新闻是明天的历史，是历史就会有波澜壮阔，就会有小河流水，就会有风流人物，就会有人间百态。记天下风云者方为记者，记人间冷暖者方为记者，记天地浩气者方为记者，记家国情怀者方为记者。从职业角度讲，记者最有机会倾听人民心声，最有可能听到时代声音，也最有权利把这些时代缩影、真实故事传播开来。讲故事是记者的义务，也是记者的责任；是记者的基本功，也是传播的真能力。他对这片土地爱得多深沉，对人民爱得多真挚，对祖国爱得多深切，就会有多少感触、感动、感激，进而就会有讲故事的冲动、激动、行动。

天天倾听别人的故事、时时记录时代的故事、经常讲别人的故事，记者自己也就有了人们期待的故事。这是新闻职业的独特魅力，也是记者的不同寻常之处。在记者的故事中，我们体味"岛就是家，家就是国，为国守家，才有中国边疆的宽广辽阔""没人的地方更需要人啊"，我们感受"面对炮火无畏前行，把青春绽放在硝烟弥漫的中东战场""哪里有突发事件，哪里就有记者的身影",我们感激"十几年的采访,让她走出了另一条天路""为了真实记录,隐姓埋名打工两个月,终于让食品安全问题真相大白",我们理解"马上出发,随时重返战场""父亲去世时没在身边,孩子走了也没能送他一程"。记者也是常人,也有喜怒哀乐,也有侠骨柔肠。他们生活不易,工作更不易,但爱岗敬业是底色,崇德向善是情怀,坚守向前是精神。

为什么"好记者讲好故事"能引人入胜?就因为他们总在路上,总在一线,接触到的都是最鲜活、最基层、最温润的百姓故事、一线见闻。它们因为鲜活而生动,因为露水而清新,因为泥土而芬芳。更因为好记者凭着崇高的理想信念、坚定的职业操守和深沉的家国情怀,以亲历亲见亲闻亲为的视角,坚持"走转改"精神,讲求"我在现场",把好故事真实可信地奉送给受众,让人们喜闻乐见,更给人以思想启迪、情感共鸣。讲好故事,事半功倍。媒体的传播力,来自讲故事的能力,更来自无数优秀记者、评论员、主持人讲故事的素质和本领。

"讲好中国故事,传播好中国声音",这是习近平总书记对媒体人的殷切期待,是记者的光荣职责。记者不但要讲好自己的好故事,更要讲好中国的好故事。创新讲故事方法,培养讲故事能力,记者讲的中国故事一定更精彩,中国故事一定具有卓越的传播力。

(原载2014年11月9日《人民日报》第4版,原标题为《记者讲故事为何激荡人心》)

亲历的事，更有味道
—— 好记者如何讲好故事

《光明日报》11月20日开始刊登全国新闻战线"好记者讲好故事"十佳选手的精彩故事，十人讲故事，人人有精彩，讲出了记者职业的崇高，讲出了社会责任的重要，讲出了中华文化的回响，讲出了中国精神的铿锵、中国制度的自信、中国道路的方向。

好记者讲，真实可信。为什么记者的故事引人入胜？就因为讲的都是亲历亲见亲闻亲为，故事真实可信。这次讲故事的记者，经过了层层选拔，经过了网上公示，是真把式。真实是新闻的生命，更是新闻人的底色。因为这份真实，就有了真切记录、真情讲述、真诚传播，自然真挚动人。

讲好故事，时代特色。个人总是与社会联系在一起，命运的交响总是与时代的琴弦同奏，好故事就是个人经历、社会背景、时代精神的重叠融合。记者讲故事激荡人心，就是因为我们的中华民族伟大复兴梦从来没有像现在这样近。人们听他们的好故事，能从中感受到建设中国特色社会主义事业、实现"两个一百年"奋斗目标的宏伟壮丽，能从中感受到全面深化改革、全面推进依法治国进程的波澜壮阔。在这样的大局下，把中国发生的大事大势和百姓身边的凡人小事告诉世界，向世人展示中国发展进步的主流，展示中国人民蓬勃向上的精神风貌，让人振奋、给人力量。

讲好故事，表达优美。把故事讲好，需要优秀人物、好的故事，也需要优美的表达方式。故事因不同的人讲述而味道各异,10位记者的故事各有各的特色,或因语言生动或因案例鲜活或因哲理深刻而各有各的精彩。更因为记者总在路上,深入一线,坚持"走转改",所以他们讲出来的就是最鲜活、最温润的与基层老百姓打交道的好故事。

"讲好中国故事,传播好中国声音",这是习近平总书记对媒体人的殷切期待,是记者的光荣职责。讲好故事,不但能提升新闻的感染力、吸引力,而且能提升媒体的传播力、公信力。从这个角度来看,"好记者讲好故事"活动才是开头。记者不只要讲好自己的好故事,更要讲好中国的精彩故事,把中国的好故事讲给全世界人民听,让世界人民分享中国的自信精彩。

(原载2014年11月21日《光明日报》第4版,原标题为《好记者如何讲好故事》)

学会倾听，才能感动
——"三声"响起听故事

站在新年，回望去年，总有一种感动让我泪流满面。

我想起新闻界"好记者讲好故事"活动的数个感人瞬间，想起举办中的艰难曲折与欣喜快乐，想起去年冬天在全国新闻单位和高校的巡讲，恰如冬天里的一把火，再次点燃学子的新闻理想；恰如春天里的一股暖流，重新激发出记者的崇高企盼——不忘初心从哪里出发，本来为何出发，现在如何再次出发。

对记者来说，讲故事是本职，讲好故事是本事。把好故事讲好需要水平，好故事是有味道的。听好记者讲好故事，从演讲比赛到全国巡讲，有些故事，我都听了十多遍了，每次都流眼泪。有些故事，听了多次，终于有一次忍不住流下眼泪，因为讲故事的人水平不断提高，把内心的真情尽情绽放、深情释放。做成一件事，收获一份感动，同时培育一个讲故事的人，把他讲故事的潜能发挥出来，这于我，也是一种欣喜。

有人说，好的讲述应该有"三声"——掌声、笑声、哭声，是效果也是标准。听着他们的故事，回味这些掌声、笑声、哭声，我想到了许多。我是一个服务者、参与者，但首先是一个倾听者。

掌声来自哪里？在广西师范大学，《解放军报》驻西藏记者站的郭丰宽讲了不到七分钟，掌声响起十三次，老郭没想到，我们没想到，大学生来之前也没想到。

四个人，四个故事，真实再现了西藏的苦、战士的爱、生活的难、人民的情。讲到一些细节，讲到起承转合，掌声从千人现场的各个角落响起，汇成一条人心激荡的河流。这掌声，让老郭都有点蒙了。其实，他刚下高原不久，来到平原还有些醉氧，上台前还头疼得要命。你献出这份真情，人家就回报这份真情；你奉献这份赤诚，人家就回报这份真诚。老郭说："讲完这场，我就要重新回到高原，回到驻守边关的战士中间，迎接新年。"掌声再次响起。

地理的高原不是所有人都能抵达，人生的高峰也不是所有人都能到达，但情感的高峰只要真心付出，每个人就都能真实体验到。

笑声来自哪里？对于湖北人民广播电台的简然来说，各个时代的大学生有各个时代的笑声。

她讲的题目是"今夜不寂寞"。大学生一听就笑了，而且是哄堂大笑。她读到的是：虽然有一种难以跨越的沟叫"代沟"，虽然有一种差别叫"阶层"，但也有一种沟通方式叫"共情"。她理解这就是今天的年轻人，她也轻松地笑了。她说二十一年前"寂寞"还是寂寞的意思，而"菊花"也还只是一种花，她说坚持了二十一年做这个响彻湖北夜空的栏目，讲其中遇到的人，讲做过的事，讲到残疾姑娘找到爱情、农家孩子走入大学。听她讲着学生曾经经历过的故事，大学生们的表情由轻笑到庄重到会心一笑。当听完夜幕下的故事，简然爱心基金启航，大学生的笑声和掌声交融在一起，经久不息。

简然说："是的，我们必须懂得俯下身去，怀着恭敬的心情仔细倾听比你更微弱的声音，我们的故事不在于多华丽，而在于多少人能听得明白，能说进多少人的心里。"敬畏高尚就从尊重他人开始，讲述故事首先从学会倾听开始。

讲故事必须眼中有人、心中有情。尊重听众的心理首先必须关注听众的表情。年轻的记者在这方面走得更远。

做特别报道的吴喆华讲的故事题目是"可以没有爱情，但不能没有真相"。演讲题目播放出来时现场有笑声，他上场郑重强调"本次演讲不是来征婚的",立刻又有笑声。他讲如何去暗访,借工牌混进工厂、把U盘含到嘴里、见到有人来追赶躺在平板车上溜出来……这些生动的细节,引来阵阵笑声。笑声背后是会心,是共鸣,是对新闻事业执着追求的共享。笑声背后雷鸣般的掌声,何尝不是对舆论监督的肯定,对坚守职业精神的赞许,对新闻使命的敬礼?

复旦大学一位教授说,应该让好记者进课堂,让好故事进课堂,几个好故事胜过半学期课。是的,讲故事里面的笑声,讲故事之前之后互动激发互相启发的会心笑声,表明我们的马克思主义新闻观课可以讲得更生动活泼一些,可以更丰富多彩一些。讲故事不是端着的,听故事不是坐着的,那是人与人的互动、心与心的交流、情与情的传递。在浙江大学巡讲,数百人无一退场,听说不少人听着听着就推迟或放弃了晚上的约会。

哭声来自哪里?因为讲的都是记者亲历、亲见,故事都是记者自采、自写,好记者讲起好故事,身段是柔和的,声音是平和的,但越是这种平和,越是映衬出故事的真切真实。

《哈尔滨日报》陈南讲到在采访与救人之间抉择时,认为记者应该先救人,而准备救人前考虑到可能有去无回,把父亲多年前赠送自己的笔交给别人,这支笔的故事让人泪眼朦胧。父亲盼子快快懂事的殷殷希望、记者社会责任要求必须暂时放下可能永远失去的父子亲情,这支笔的故事让人泪流满面。

《光明日报》郑晋鸣讲述小岛夫妻故事,讲到王继才升旗、王仕花敬礼,姿势并不标准,却美得让人掉泪,让听者也情不自禁掉泪。没人要求,也没人看升旗,他们却坚持守岛二十八年,一万又二百二十天,用坏了一百七十多面国旗,听坏了十九台收音机。"为什么坚持不悔?因为岛就是家就是国,守岛就是守国家,如果当年日本鬼子侵略连云港时,我们有人在,敌人就上不来。"听着这话,多少人感慨良多、沉思不已!讲到大女儿结婚化了五次妆,父母迟迟没有来,因为遇上台风天;讲到"我走得慢点,或许爸妈就能赶上了",姑娘的心声让人泪流满面。亲情永远是拨动人最柔软心弦的拨片,真情永远是打湿人最温暖脸庞的泉眼。郑晋鸣讲别人也是讲自己，讲写了半辈子好人，还是有没写完的故事，每次讲到最后"我在岗位工作的时间还剩五年，做事的时间越来越少，但做人的时间越来越长"，场场都是掌声经久不息。

掌声源自感动着你的感动，激发一种喷薄而出的冲动和激动。笑声源自快乐着你的快乐，涌起一种自然而然的触动和会心。哭声源自情不自禁的伤感，流淌着一种无法隐瞒的情意和情怀。倾听台上故事，倾听台下"三声"，鼓舞我们讲好中国故事、传播好中国声音。

此次巡讲，走进新闻单位和高校，再次感动新闻记者，感动新闻学子。新闻记者正在路上，需要激励。在现实与理想之间徘徊，需要选择崇高，也需要脚踏实地。在坚持与放弃之间犹豫，需要坚定信心，也需要不忘初心。对这些关切与思考，好记者的好故事应该说给了部分答案。新闻学子激情梦想，展望来时的路，热情满怀。新闻记者行进中国，抒写精彩故事，走得越深，写得越实，文风更加清新，故事激荡人心。

我们倾听这些故事，听着那人那事，听着掌声、笑声、哭声，三生有幸也。身处这个伟大时代，备感幸运。有触摸温度的手，有体会真情的心，对人民有深情，对生活有热爱，就会有发现美的眼睛、倾听故事的心情、传递故事的冲动，这种处处留心，这种时空移位，这种角色换位，我想，不但应该是记者的职业历练，也应该是我们每个人体味别人、体会历史、体察时代的情感磨炼。

（原载2015年1月14日《人民日报》第9版，原标题为《"三声"响起听故事》）

唯有真实，打动你我
—— 好记者讲好故事为何吸引人

日前，由中宣部、中国记协等部门主办的"好记者讲好故事"比赛不断吸引着人们的眼睛、激荡着人们的心灵，央视制作的特别节目精彩，选手真诚、故事动人。好记者代表的是参加全国选拔赛的131名选手，他们的背后，是全国1万多名参赛者，代表的是中国的百万新闻工作者。

好记者的好故事，塑造了一个忠诚、负责、担当的群像，充满着积极向上、崇德向善的正能量。他们有的肩负国家重任，远赴海外，冲在抗击"埃博拉"的一线，把大国的担当和记者的使命融入每天的报道中；有的牢记职责，坚守一线，常年在基层，经常在路上，把改革的新进展、发展的新成果变成人民热切需要的信息传播开来；有的充满情怀，急人民之所急、忧人民之所忧，把解决人民群众的困难与推动依法治国的社会进程体现在经年如一日的采访中；有的努力创新，做好技术和内容、平台和管理、传统媒体和新媒体的对接融合，在精彩内容和巧妙形式的结合中，在加快速度与提高质量的共振中，创新传播，为人民提供喜闻乐见的好作品好服务。

好记者们有着不同的特点，共同的特点是心中有大局，脑中有政治，胸中有情怀，眼中有人民，笔下有真情。

心中有大局，大局才有我，这些好记者做到了牢记责任，围绕推进"四个全面"战略布局，记录改革的新突破、发展的新变化、法治的新进展、党建的新气象。

脑中有政治，主旋律才明快，这些好记者做到了敢于担当，为党分忧为中国梦喝彩，为中国特色社会主义理论自信、制度自信、道路自信提供传播支撑。

胸中有情怀，正能量才强劲，以好记者所在单位为代表的新闻媒体做到了内宣外宣异口同声，网上网下和弦共奏，做好中国优秀文化的传播传导、社会主义核心价值观的践行引领。

眼中有人民，心中才有力量，以好记者为代表的中国优秀新闻工作者多年来坚持深入基层、深入一线、深入生活，记录社会变迁，记述人间真情，记录时代声音，帮助人民群众解疑难。

这些好记者的经历与作品也再次告诉我们，新闻工作者只有努力要求自己笔下有真情，才会眼睛向下、心怀真诚，才会写得真实、说得真切，才会换位思考、体贴他人，才会把别人举得高高、把自己放得低低，才会脑里惦念人间情谊、心里流淌人文情怀、笔下充溢为文情趣。

在新时代，新闻工作者不但要巩固好传统阵地，而且要拓展新领域、取得新进步；不但要在媒体融合的背景下，努力成为全媒体新闻工作者，而且要在众声喧哗的氛围中，以专业立责任、以主流引主导；不但要把讲故事作为本职，而且要把培育讲好故事的本领作为提高舆论引导能力的重要基础工程。正如中央领导所说，讲好中国故事、弘扬中国精神、传播中国声音，是当代新闻工作者最重要的职责。真实的故事最精彩，基层的故事最动人，中国的故事最走心。只有把讲好中国故事做得更好，新闻工作才能做得更好，才能赢得人们的真正信任。

聚焦"十三五"，深化"走转改"，激发正能量。全面真实客观地记录时代，理性冷静科学地观察社会，生动丰富真诚地讲好更多精彩的中国故事，今年的"好记者讲好故事"活动再次告诉我们，我国的新闻工作者承担着重大的责任，也有巨大的信心和能力完成时代赋予他们的崇高使命！

（原载 2015 年 11 月 17 日《光明日报》第 A10 版，原标题为《好记者讲好故事为何吸引人》）

你有别人，他也有你
—— 为什么他们少有自己的照片

照片是一个时代的背影，照片是一幅美丽的风景，照片是一段丰富的旅程。好记者永远在路上。常在旅途，好记者应该不缺照片。

照片是一段人生的经历，照片是一次生动的记忆，照片是一段成长的年轮。好故事永远在路上。你在现场，好故事不能没有立此存照。

"好记者讲好故事"演讲比赛已经举办两届。按常理，记者讲故事是本职，讲好故事是本事。"好记者讲好故事"能够登上全国的舞台，不应该缺故事所需的优美文字，更不应该缺吸引眼球的图片图像。因为记者采访别人、写别人，最好的佐证就是一张张生动的现场照片，最好的呈现形式就是一个个图文并茂的好版面、一个个丰富多彩的好节目。在拇指视听读图时代，作为记录者、观察者，作为参与者、建设者，把文字与图片精彩对接、今天和昨天巧妙串联、动感及静立浑然融合是我们每天的基本工作，也是常年的必练"武功"。

但是我发现一件很有意思的事情，三位记者讲的故事十分精彩，就是少有自己的照片，至少没有一张与现场密切相关、一看就知道是与采访对象在一起互动、让人心动的照片。

一位评委说，记者也许没弄清楚主角是谁吧？好记者讲好故事，主角是记者，而不是采访对象，也许你讲记者故事，不得不讲被采访对象，但是你必须考虑两个问题，一是与其他行业讲故事不一样，也不应像记者常做的工作那样讲英模故事，而是要讲自己的故事，讲自己亲力亲为、亲见亲感。二是媒体应该是最先进的传播手段，现在讲故事跟过去完全不一样了，过去一个话筒说半天、一个收音机听半小时的时代一去不复返了。现在你讲得再好，也必须尊重受众收看习惯、体验他们的听觉疲劳，再后退一步，文章不足图片补呀，总比"干讲"好些吧。

做过多年文字工作，我深知照片和图像的珍贵作用：精美的图片会歌唱，优美的照片会说话；动人的瞬间让人感动，特别的片段会让人思考。

为了做一档感动人、鼓舞人的好节目，为了让激荡人心的故事更加生动直观，我决定再与他们谈谈，再努把力。

汤计，一位即将退休的新华社记者，扎根塞北边陲，写了改革写发展，写了稳定写团结，30多年牢记做一个好人才能做一个好记者。为了给蒙冤屈死的18岁小伙平反昭雪，他追踪9年求真相，写了9篇内参和公开报道。我问老汤，采访这么多年，拿了这么多奖，怎么就没有几张与采访对象在一起的好图片呢？老汤说，文字记者有个不好的习惯，往往采访一结束，本子一夹就走了，确实没有留下几张在现场与被采访对象互动的照片。老汤是那么朴实，我相信老汤的话，我还能想象得到，追求真相的路不但漫长而且充满危险与艰辛。"9年，有不少领导关心此事，有很多干警默默帮助，也有人埋了不少绊脚石，还有人说要把我抓进去。"他哪敢照相呀！他说："有时候，追求真相的路是孤独的，一路走来，身边的人越来越少，写着写着，你也成了他的家人，他们仿佛就是你的亲人。做了9年，采写新闻追求法治的劲儿被为百姓申冤解难的情牵着，已经远远超出了当初的想象。"

梁振堂，一位常在路上走的摄影记者，曾10年记录乡村邮递员穿行畲族山村的弯弯小路，曾多年记录返乡农民的摩托之路，但是要找出别人拍摄他采访过程的照片，也是难。

他说，我记录的都是最底层人的故事，他们对这些照相器材有的是不会用，有的是不敢用，怕把这么贵的东西碰坏了。每次采访拍摄，他的注意力都集中在农民工、乡村邮递员的身上。车轮滚滚、山路弯弯,他总想多抓拍点他们的生动表情,聚焦那些打动人、感染人的细节,当时根本没想到要记录自己。

黄虹,一位常做国家题材的央视导演。做电视传播的,按理应该不缺工作照片。那天晚上我在第一次审片时,听到一位同事叹息:真可惜啊!澳门回归,她在做直播;神舟火箭发射、嫦娥探月工程,她在做直播;"9·3"阅兵,她在做直播……每次,她确实在现场,但摄像师和导播们都在为镜头前的人和事忙碌,却从未记起要回过头来为自己拍几张工作照。这样一位精致的白领在录像时竟然穿得像个"女工头",好不容易被造型师"装修"一下,她笑着说,真想早点脱下这一身,轻松一点。

三位老记者,确实是好记者。他们的故事,也确实是好故事。但如果故事讲述与图片音像资料不吻合,内容形式不能交融,做不到文图互补,播出来不能打动人,该是多么遗憾的事呀!

我说:"你们一定要找照片,要发动同事、朋友找,要发动单位找。"后来我们终于找到了一些照片。老汤找出了几张已经发黄的、年轻时采访牧民的照片。我说:"好,青春不老,至少能证明你常深入基层,印证你与呼格有缘分并非偶然。"老梁找出一张通讯员拍的他在水中拍摄的照片。我说:"也行,在水中,至少能说明你镜头向下、百姓向上,印证你与采访对象的感情是真挚的。"央视启动了资料库搜索,终于找出两三张与黄虹有关的照片,或是第一排参加"9·3"阅兵直播动员会,或是一堆人里研究拍摄方案。我说:"也行,至少说明这些大事与你确实有重要的关联。"

节目播出后,效果不错。是呀,观众确实是知音!他们看懂了,看清了,记者的故事与别人的故事真是不一样。图片的作用,就是你讲不出的那种味道,一定要让观众尝到;你讲不出的那种身临其境之感,一定要让观众感受到;你讲不出的那种灵魂,一定要让观众跟着思考,奔向希望的远方。

虽然老汤没有太多像样的照片,但是故事依然感人肺腑;老梁也没有太多照片,但是故事依然真切动人;黄虹也没有几张照片,但是故事依然真情满怀。老记者在基层,始终与人民群众在一起,做好人是一天天积累的习惯,为人民担道义是一篇篇文章渗透的追求。好记者在路上,深入真正的生活,深入偏远的地区,才能贴近人民群众的心,才能触摸跳动的脉搏。好记者在现场,与国家一起共鸣,与社会一起把脉,惊天动地的大事背后,有着不为人知的默默奉献。

三位都是资深记者,一个文字记者、一个摄影记者、一个电视记者,他们的镜头总是对着别人,笔触总是对准基层,少有自己。他们没有太多照片来印证在路上,但他们所做的事,因为天地立心、为生民立命而时常被人记在心上。

我理解了他们,过去有他们自己形象的照片太少了,但这恰恰证明了他们把别人的事当成自己的事,把群众的利益举得高高的,这不也是一个好故事吗?记者的社会责任有很多,但最基础、最朴实的表现是眼中有人,总是把别人放在前面,永远把自己放在后面,再难也不腿软,再苦也不头晕。因为坚守这种心有他人的情怀和心有追寻的理想,记者前行的路才会更加宽广,坚持攀升的阶梯也会更加坚实。

他们是真实的,更是朴实的。汤计有9年求真相的寂寞,有30多年努力的充实。他说,如果没有社长、总编的信任与编辑的支撑,如果9篇文章中有一篇被"枪毙"了,就走不到今天。当过14年农村老师的梁振堂,做记者也经历了14年的磨炼,他说,很多人会拍照,也有很多人喜欢照片,但少有人像他这样幸运,一个县城的通讯员因为几张照片就被省报调来工作。黄虹说,过去的采访、现在的直播都没有靠一个人的努力就能成功的。国家大数据平台的建立,露在外面刷脸刷屏的只有几个,背后却是成百上千……

一个记者的成功,也许有很多原因,但一个成功的记者,肯定是心中坚韧、眼中有人。眼中有人,就会采访时有尊重,写作时有感动,发表后有感恩;希望时有热爱,成功时有思考,失望时有宽怀。心中有人,才会感怀对象同行、感念有幸同在、感恩有缘同人,才会总是热情满面、真情满怀,才会永远坚持前行、坚定信心。

他的眼里有别人,别人心里更有他。他也许没有工作照片,但他永远在人民的深刻印象里。他的收获,不仅是好作品记录时代、好人品感受当代,更收获了人民的信赖。

这种公信力,是技术如何先进、产品如何创新、媒体如何融合都不可替代的。

我心里对拥有现代传播高超"武功"、能当全媒体记者的年轻人说:"明年,请你们不但要留下平时精彩的、与采访对象互动的好照片,更要传承老记者将镜头聚焦基层、笔触对准人民的精神。以百姓心为心、以人民爱为爱的情怀永远是记者不变的灵魂。时代进步,需要你们真实记录;公平正义,需要你们真情守望;世道人心,需要你们真切体验;弱者困者,需要你们真挚温暖;美好梦想,需要你们真心追求。"

(原载《报林》2015年第3期,原标题为《照片》)

走过路过，走心才过
——为什么三十多年没忘记老罗

  在庆祝改革开放 40 周年的日子里，大家关注一个现象，有没有新闻界代表？我问一位在《人民日报》《经济日报》和省报都任过职的老领导如何看，他说，新闻界就是改革的幕后英雄，没有新闻记者的托与举、鼓与呼、推与拉，也就没有改革杰出人物的不断涌现、也不会有历史的精彩记录。我问："如果请您推荐？"他毫不犹豫地说："有很多，新闻界很多人既是记录者，又是改革者。如果推一个，我就推罗开富。"我问："为什么？"他说："放在全国大局中，放在改革历史长河中，放在世界新闻史中，有没有现代新闻人的当代影响、中国记者的世界影响、民族精神的独特价值，这是个真标准。用这个标准一卡，罗开富够格！"我问过已近八旬的老罗，他说："新闻记者最大的特点是讲政治但不玩政治。一是与改革先锋比，还不够格。二是几十年过去，还有中央重要报告中特别提到我写过的新闻故事，值了。"

——题记

  在经济日报社，我们都叫罗开富副总编为老罗。记得我刚到报社时，就去拜访这位在新闻界享有盛名的老报人，我们被秘书领到办公室时，只见一团烟雾氤氲，一个身穿中山装的人坐在一堆书籍中。见有人进来，他以很快的速度站起来,说:"不要叫罗总罗总,我还没有肿呢?"

后来我才知道,在报社,不管是老还是少,不管职务高低,大家都形成了习惯,亲热地称呼他"老罗"。老罗是一个开朗的人,见到熟悉的记者,他都以特有的方式打招呼。在外面,他的剑眉往上一翘,眨一下眼睛,脸上露出笑意,表情极其丰富;在办公室里,他都是以极快的速度向你递上一支烟,由于常年上夜班,他保持了抽烟的习惯,而且烟量惊人,见人敬烟一支成为他的常规交友方式。

在外面,罗开富是《经济日报》的品牌,也是中国新闻界的品牌。他重走长征路,徒步行走二万五千里,每天一篇稿件见报,368个日夜,既抒写了中国新闻史的光辉一页,也打上了中国特色的新闻采访烙印。"脚板底下出新闻",成为优良采访作风的代名词。

老罗可敬。他是一个报人,但他仍然保持着军营熔炉冶炼出来的过硬作风,跟他采访,技巧固然重要,更重要的是学到了一天只休息两三个小时也要完成任务的顽强。他是一个具有独特个性的人,非常谦虚平和,但在国外出访,他总是保持着一种中国作风和中国气派,国家尊严之后才有个人友谊。

老罗可亲。每年他都要接待很多老区来的代表,不管是穿正装的,还是穿打补丁的,他都会热情地给予帮助。在全国政协会上,老区要发展,我们不要忘记"星星之火"、"共产党不能忘本"成为他大声呼吁的主题。他经常要到外地作报告,讲长征,讲中国革命史,讲军史,讲工农红军史,讲半条被子的故事——"什么是共产党?有一条被子也要剪半条给老百姓的就是共产党。"讲到动情处,台下哭了,台上他也流泪。他说:"老区解放这么多年了,还这么穷,我们共产党人不采取有力措施改变它,对得住泉下有知的烈士吗?!"

老罗可近。在报社,他是最严格的人,特别是上夜班,时间紧张,他要求用最短的时间、最快的速度去处理稿件,跟他上夜班,挨批被骂是常事。但很多人发现他批评完后,也便忘了,知道他是对事不对人,所以都愿意接近他。现在《广州日报》等发行量大的报纸的总编大都是《经济日报》调出去的，把握不准的时候，都要打电话请教他。中国包装报社长刘彦广说："我是被骂得最多的。现在当一报之主，发现老罗这种逼法才使我们今天干这活不觉得太难。"老罗又是最容易靠近的人，他对下级很体贴，记者们的困难只要报到他那里，都是马上批，而且他都要去催有关部门赶快办。他说："谁愿意求人？不是最难的事，不是最需要解决的事，记者是不会找我们的。在人之上，更要常思在人之下。"

老罗可爱。尽管他六十有二了，但他保持着一颗年轻的心，开会时常会蹦出年轻人都很难知道的词汇，有些是市井话语俏皮话，有些是时尚前沿的流行语。出差时，他还会给同事找一些乐子。同事过于紧张时，他会讲一两个笑话段子。笑声中，你会发现幽默里的智慧、故事里的人生。

（原载 2004 年 4 月 24 日《厦门日报》第 B5 版，原标题为《报人老罗》）

延伸故事

罗开富健步人生长征路

"在长征路上，我寻找到了共产党人为实现自己的伟大理想，一种不怕困难、开拓进取的勇气，一种不怕牺牲、勇往直前的精神，一种和群众血肉相连而凝聚人心所产生的无穷力量。"

背个旧包就上路

与罗开富徒步重走长征路事后所产生的热烈反响相比，他的起步阶段显得相当低调，甚至有点冷清。1984 年 9 月 26 日，罗开富离开北京报社总部返回昆明时，没有鲜花，没有壮行会，甚至没有一个人送行，就像一次平常采访的开始。

社里按规定给他每天0.8元的补助,并给他配备了一个小小的望远镜。10月16日,从江西于都正式启程时,罗开富的行囊里只多了几套换洗衣服,还有一摞舍不得花钱复印,而麻烦堂姐到资料室摘抄的有关长征的史料。他怀里揣着的3000元,是从社里借的起步资金。

一边输液一边走

罗开富对长征路的采访,采用的是最纯朴也是最原始的一种方式:亲身体验,徒步前行。出发前,时任《经济日报》总编辑安岗向他提出要求:全程必须每一米都是徒步;必须按同一时间行进,即走到每个住宿点,都是50年前红军宿营地;必须是原来的路;必须在10月19日这一天到达吴起镇……按照这些要求,罗开富每天平均得走75里路,即使在生病发高烧、右腿小腓骨骨折等情况下,由当地向导、干部架着,也得坚持行走。有的大夫为了不影响他抓紧时间赶路,就用棍子挑着盐水瓶跟着他一起行走,边走边输液。

外国同行探虚实

罗开富是真走还是假走?这引起了外国同行的好奇。1985年1月28日,日本《朝日新闻》记者加藤千洋第一个赶到长征路与罗开富同行,以探虚实。当时罗开富正要上娄山关,加藤千洋跟着他一路走下来后,彻底信服了。与罗分别后,他先后用将近三个版的篇幅在他们的报纸上刊登对一个中国记者在红军长征路上的采访,并在《向长征之路挑战》一文中写道:"在中国,不,甚至在世界上,今天用'脚'长途采访的记者,可以说就是罗君了。"

访　谈

徒步长征路,坚定的信念创造奇迹

记　者:当年为什么会有重走长征路的策划?

罗开富:最早的策划开始于1982年9月,当时《经济日报》正筹备创刊,我们都在提一些创意，我提出了重走长征路。主要的想法有三个：一是我当时在云南记者站，采访中接触了很多老红军，他们都有个愿望，就是派人把原路走一走，写一写沿途的群众现在是怎么生活的；二是代表老红军向当地群众问个好；三是《经济日报》要创刊了，记者总不能老坐在家里写新闻，《经济日报》也不能光关注城市经济，也要关注边远地区经济的发展。

1984年6月14日，胡耀邦同志在接见美国《纽约时报》著名专栏作家哈里森·索尔兹伯里时说："中国正在进行现代化建设的新长征，人们依然可以从中国红军的长征中汲取勇气、力量和智慧。"我再一次打报告给领导，要求重走长征路。

记　者：您的采访非常辛苦，是什么力量支撑您走完全程？

罗开富：走到泸定桥的时候，我实在不想走了，也实在走不动了。当时我的黄疸型肝炎复发了，非常严重，人要别人架着走，身体软软的，每天晚上都要在腿上打点滴，还要点上蜡烛坚持发稿件。后来挺着没走回头路，是因为事情干了一半，我没有脸回去，我说我一定能够走完全程，话已经说出来了，怎么能回去？再一个，我走长征路以后，很多健在的老红军都写文章鼓励我。事实证明：坚定的信念能创造奇迹。过了泸定桥就是二郎山，过了二郎山，我的身体就开始恢复了。

《红军长征追踪》经得起历史推敲

记　者：2001年，您将长征路上的日记结集为《红军长征追踪》，这本书的内容主要是什么？

罗开富：这本书主要说明了几个问题：一是调查清楚了中央主力红军长征的线路到底是怎样的；二是红二方面军和红四方面军在过雪山草地时是怎么走的；三是一些英雄人物的事迹基本核实清楚了，比如余秋里断臂的经过等；四是把走过的高山大川的名称查清楚了，把一些老红军回忆录上的史料错误纠正了；五是大量报道了沿途的经济发展和人民生产生活情况；六是记录了沿途风土人情、旅游资源和优美风光等。

记　者：有学者认为，20世纪关于红军长征的著作很多，但最有名的只有三本，也就是埃德加·斯诺的《西行漫记》、哈里森·索尔兹伯里的《长征——前所未闻的故事》和您的《红军长征追踪》。您认为和前两本比较，您的著作有什么特点？

罗开富：斯诺的《西行漫记》主要从"中国革命为什么要有红军"这个角度写；哈里森·索尔兹伯里则采访了很多当年的老红军，经过他自己的分析，用一个外国人的眼光来写长征，他的文字朗朗上口，写得很潇洒；我的《红军长征追踪》主要是史料性强，比如李德是共产国际派来干什么的，比如在过草地时是谁救了毛泽东等。这本书出了以后，各方面反应很大，外国人买了很多，也是经得起推敲的。

事后的影响：这段经历改变了我

记　者：走完长征路后，您成了闻名海内外的名记者，人们把您与范长江、穆青等我国著名记者放在一起报道。您自己当时是怎样的心态？

罗开富：我首先感到总算完成了老红军交代的一个任务，没有丢脸，走下来就是胜利；其次，我对自己每天发回来的文字不太满意，感到比较肤浅。记者光会走路不行，记者的伟大在于他的文章脍炙人口。

记　者：重走长征路的经历对您个人意志、品质的塑造有什么影响？

罗开富：这段经历对我非常重要，可以说这段经历改变了我。回来后，我觉得大自然的困难一般都是可以克服的，我们现在再苦也苦不过当年的红军。我们应该把事业看得重一点，不断追求，奋斗的过程才是最大的享受。还有，很关键的，人生必须有目标，有了目标，才能够勇往直前。

记　者：徒步长征路至今已有20年了，事后，您有没有用自己的力量帮助过长征沿途的老百姓？

罗开富：1997年7月，我重返雪山草地，看望当年的老红军和当地的群众，我发现当年四渡赤水的渡口没有桥梁，回到北京后就替他们呼吁，现在在四个渡口上已经架起了五座桥。2002年6月，我专门派人看望湘江战役留下的伤员，给他们送去钱物。我个人的力量是有限的，当年的向导来到北京，或者有长征沿途省份的老百姓来找我,我都依靠报社的力量替他们呼吁,帮助他们解决问题。

成功的策划,坚持脚板底下出新闻

记　者:"徒步长征路"可谓是《经济日报》成功策划的范本,后来您走上了常务副总编辑的职位,如何开展大型采访活动策划？2001年,您的《革命圣地踏访记》获得了2001年中国新闻奖一等奖；2002年,您的论文《如何做好重大新闻题材的采访》又获得了中国新闻奖一等奖。您一直坚持一线采访吗？

罗开富:我策划大型活动的做法,可以概括为:狮子蹲窝、老虎下山、猴子上树。"狮子蹲窝"就是找到政治过硬、思想深刻的人搞策划、讨论；"老虎下山"就是找到高手写出有深度、高度、力度的稿件；"猴子上树"就是要找快手,写出些应急的稿件。策划能否成功关键在于记者能否深入一线,捕捉鲜活的东西。

我自己也坚持每年大约四分之一的时间到第一线采访,新闻单位的领导不到第一线采访怎么指挥记者？只要不上夜班,我就到全国各地去采访。近几年,我到过云南、四川、福建、湖北等很多地方采访,能写稿件的就写成稿件,不能写的就写内参。

未来的打算,重回长征路说"长征"

记　者:有人说,罗开富这一"走",断了很多人重走长征路的念头,因为想不出超越您的方式。假设您还有机会重回长征路,您最想做些什么？

罗开富:不是假设,而是一定会再回去。只要把手头的工作安顿好,我一定要重新回到长征路上,上次的追踪尚有不少谜团,我希望能在有生之年亲自解开。我还想做一些有关长征的专题报道。还有,长征路上有许多宝贵的旅游资源有待开发,有机会做出一档"长征路上说'长征'"的节目,效果一定不错,而且对当地经济的发展也会有所助益。

(原载2004年4月24日《厦门日报》第B5版,作者王海青、廖慧娟)

链 接

记者罗开富激情重返长征路续写新传奇

殷陆君

2009年4月12日。福建省长汀县南山乡中复村,闽西老区群众在观寿公祠堂前聚集,人山人海,大家争相来看中国著名的记者、曾经谱写"徒步重走长征路第一人"传奇的《经济日报》记者罗开富。

25年前的1984年至1985年,罗开富按中央红军长征用的368天时间,每天走红军走过的原路,每天写一篇文章,成就了中国乃至世界新闻史上一年间走路最多、写稿最多的壮举。

今天,他要在67岁之年,再次踏上长征路。

25年来,罗开富多次重返长征路甚至两次重返雪山草地,但都不是走完全程。

与往日不同的是,这次他是开车重走,计划用三个月的时间走完这段行程。他说,作为记者,能够用重返二万五千里的方式,成为长征精神的体验者和传播者,是他一辈子的光荣。以前是用脚走,现在年纪大了,趁着身体还好,通过开车的方式再走一遍长征路,一是重温长征精神,二是看看老区新变化,三是了解长征路上的现存困难,帮助老区解决一些新问题。

在今天的出征仪式上,面对猎猎彩旗上写满"发扬长征精神,推动老区发展",面对双双充满热切期望的老区人民眼睛,罗开富有些激动。他深情地说,来自闽西的这支部队,在长征中有时走在部队前头,担当先头部队重任,立下赫赫战功;有时掩护大部队,充当为主力断后的重任,写下悲壮诗篇。红三十四师等部队在湘江战役中壮烈牺牲6000多人。历史是不能忘记的,特别不能忘记为长征和中国革命作出巨大牺牲的老区人民,特别不能忘记为长征和新中国成立作出巨大贡献的长征经过的沿线地区。

龙岩市副市长林兴禄说,长汀是中央苏区的重要组成部分,是毛泽东缔造的中华苏维埃共和国唯一的苏区市"汀州市"，因经济活跃特产丰富作为经济中心，被誉为"红色小上海"。长汀是红军创立军团建制的地方，周边的上杭更是建党建军纲领性文件《古田会议决议》的诞生地。会议举办地中复村，又名钟屋村，是红九军团长征出发地。时间是1934年的9月30日上午。从地理距离上看，中复村是红军长征出发地中离终点陕北吴起镇最远的一个出发地。红九军团是我军有着优良传统和强大战斗力的部队，在中国革命历史和长征历史上是一支具有重要地位的部队。

罗开富同志满含着热泪，讲述了20世纪他重走长征路的历程，深情地回忆了当年沿线人民对红军的怀念之情，回忆了老区人民讲述的一个个红军故事，讲述了他此次行动的初衷："二万五千里长征路上凝聚着民族精神，充满着不屈的力量，我们在向前走的时候，需要回头看看。从这条路上，我们可以看到革命先辈们百折不挠、自强不息的品格，看到他们遇到困难和挑战愈挫愈勇的精神，看到艰苦奋斗、勇往直前的智慧和力量。这些品格、精神、智慧，过去是，直至今天仍是中国主旋律、最强音，成为中华民族生生不息、傲然屹立的不竭源泉。25年前，我感受到了这种伟大精神带来的感动。今天，我重走二万五千里，就是要再次去追寻这种精神，重温那份感动"。

在红军出发地零公里界碑处，罗开富开始了新的征程。老红军的后代奏起了《十送红军》曲，革命基点村老接头户家属献上了红鸡蛋，祝愿罗开富重返长征路像红军一样圆满成功，一把把花生塞到口袋里，祝福罗开富此行取得丰硕成果，写出好文章，写出新变化，写出老区人民心里话，写出长征沿线人民对党和政府的深情。

（原载2009年4月13日中国经济网，有删节）

下手越快，鱼越活泛
—— 范总为我让版面

我是《人民日报》的一位忠实读者，也是一位长期作者。与《人民日报》交朋友，与《人民日报》记者做朋友，是我人生中一件重要的快事乐事。

最难忘，25年前与总编辑的一段往事。

1993年10月25日早上，同学告诉我，《人民日报》的《今日谈》登了我的署名文章《建设功臣剪彩好》，而且中央人民广播电台的《新闻和报纸摘要》节目也播了。

这是我根据10月23日央视新闻写的一篇评论，大意是：杨浦大桥通车典礼剪彩的，不是国务院领导，也不是上海市领导，而是工程师、工人等。弘扬了建设者的主人翁精神，体现了工人阶级的领导地位，彰显了党尊重知识、尊重劳动、尊重劳动者的优良传统，体现了领导干部的优良作风。

下午，中国社科院研究生院新闻系主任特地跟我们说，今天总编辑表扬我们了，说新闻系的学生思维敏锐，出手准，下手快！这一评论正好配合24日开幕的中国工会十二大新闻，是《人民日报》当天头版的点睛之文。

过了几天，评论部的李德民老师给我们讲了背后的故事。24日是周末，他在去菜市场时来办公室取零钱，发现门下有我头天晚上送去的一篇文章，觉得不错，就编了，送到总编室。

晚上范敬宜总编值班，觉得一版是会议消息和照片，比较沉。如果能有一篇活泼一点的评论就好看多了。他看了看头天的新闻,也觉得杨浦大桥剪彩有点意思,就开始配一篇短文。

写到一半的时候,夜班请示其他稿子,老范顺便来到夜班室看看,在评论部的格子里看到了这篇稿子。

没想到,老范一看,跟在场的夜班编辑说:"这一篇不错,你们看,是新闻系的学生写的,下手真快啊!写得短小精悍,内容实,有干货,主题符合中央精神,言当其时,我看可以。"

夜班主任说:"老范,你不是开工了吗?"

老范笑着把自己的稿子扔进篓子里说:"总不能跟学生争版面吧?!"

李德民说,于是就有了殷陆君这篇文章的发表。

听完这些,同学们都议论纷纷特别感慨,对报人的品格和大气有了更深的理解,而在我心里掀起了一波又一波涟漪:老范到底是什么样的一个人,让大家都激动不已呢?

第三天吃午餐的时候,我在排队时发现老范也在前面排队。那个时候无论是正部还是副部,无论是普通记者还是新闻系学生都是同吃一锅饭,同排一个队。

我找到老范,满脸通红地说:"我是前天抢您版面的殷陆君。"老范开始一愣,后来马上明白了。笑着说:"新闻系的学生就是下手快,道歉也比别人快半步!"

老范把这件事写进他每天的《总编辑手记》中,成为《人民日报》的美谈。

这件事和老范经常说的"离基层越近,离真理就越近;离群众越近,也离新闻越近"深深地影响了一名新闻学子,激励着我努力成为一名党和人民信赖的中央新闻单位记者。

25年,我对《人民日报》有了更多认识。在重大关头,《人民日报》评论独立潮头发时代新声,举旗定向起到导向定音鼓作用;在关键时刻,《人民日报》理论深入浅出阐述政策方针道理,解疑释惑起到舆论压舱石作用;在日常生活中,《人民日报》新闻生动鲜活记录时代,上接天气下接地气中间充满勃勃生气。我也形成了每天都看《人民日报》的习惯,厚厚的剪报本时伴左右;有了网络版后就早上看电子版后再上班,下午下班后再看看报纸,遇上有思想、有温度、有品质的文章再作文档保存,《人民日报》重要文章成为思想宝库和智力源泉。

在中国记协工作的五年,我跟《人民日报》有了更多接触。《人民日报》大力支持我们举办的"三项学习教育""走转改"等活动,高度重视宣传记协和"三教办"举办的各项活动,认真创新做好每一次报道,体现了大报风范、党报品格。《人民日报》的记者们积极参加"中国新闻奖""长江韬奋奖""好记者讲好故事"等评选活动,展示了一流水平、优良品德。我保持了每年为《人民日报》写评论理论和副刊文章的习惯,研究如何在知与行、理论与实践的结合中讲好中国故事、传播好中国声音、推动中外交流,在交流交心中,很多记者、编辑成为良师益友和精神知音。

作为"娘家人",更好地服务全国记者,是我们的光荣责任。新时代,落实习近平总书记的要求建设好"记者之家",是我们的光荣使命。

未来,我们携手同心,共同努力!

(原载人民网,本文据作者2018年6月在《人民日报》创办70周年座谈会上的讲话整理)

用真善美，拨动心弦
—— 用好故事感染每个心灵

不是士兵，却要时刻保持冲锋姿态，奋战在突发事件一线；不是医生，却始终满怀赤子仁心，让模糊的视线重又清晰；不是教师，却要用镜头和文字，打开一扇扇心灵的窗户……第十七个记者节来临之际，中央电视台播出特别节目《好记者讲好故事》，让人们近距离感受到新闻工作幕后的酸甜苦辣，也生动诠释新闻职业的独特魅力。

记录并推动社会进步，堪称新闻记者的天职。最近一段时间以来，从庆祝中国共产党成立95周年到成功举办G20杭州峰会，从隆重纪念红军长征胜利80周年到党的十八届六中全会召开，这些举国关注的大事背后，无一不凝结着新闻工作者的智慧、心血和汗水。参与和见证这些时代盛事，新闻工作者撰写了一大批催人奋进、鼓舞人心的新闻作品，更留下了"新闻人"敬业乐业忠诚奉献的动人故事。

在这个风云变幻、思想活跃的时代，新闻工作者是幸运的，因为无数的新闻素材正在涌流。地方卫视通过老船长朴实地讲述了三沙古老的"更路簿"故事，用6种语言传播"南海自古以来就是中国的"这一确凿史实；4位女记者重走长征路，重现了红军的纪律发展史，得出"自律者自信、自信者才有未来"的朴素心得；"90后"记者在采访3位基层干部后感慨，"他们的共同名字是共产党员，他们的党龄比我的年龄还长"，从而更坚定地踏上了新的长征路……无论是气势恢宏的主题叙述,还是春风化雨的轻声絮语,都散发着时代的温度,映照着永不褪色的家国情怀。

在这个改革急流勇进、传媒日新月异的时代,新闻工作者是快乐的,因为无数的故事正通过自己的指尖传播。一位年轻的网络媒体记者,为"挂在悬崖边上的小山村"鸿雁传书,竟然收到了总书记的网络视频回信,有了"从田埂上的话题找角度"的独到体会;一位长期扎根社区的老记者,挖掘出劳动局局长"潜伏"打工为农民工贴心服务的感人故事,让人们眼眶湿润……于微末中寻真章、在朴素处见真情,贴近广阔的社会生活,就不难迸发出解读时代最有力的语言。

在这个梦想与挑战同在、发展时不我待的时代,新闻工作者是幸福的,因为无数的温暖正在被传递。省电视台主播把直播间搬进大凉山,通过系列报道助力小山村弥补教育短板,为孩子们种下梦想的种子;脱口秀栏目主持人让节目走进青藏高原,组织医疗队为 5000 多名孩子恢复视力……透过镜头、借助话筒,一次次拿起采访本,新闻工作者让改变悄然发生,使温暖自然传递。而现实生活所发生的积极变化,正是对这个职业最崇高的褒奖。

讲故事是记者的本职,讲好故事是记者的本事。"好记者讲好故事"活动开展 3 年来深受记者欢迎、广受社会好评,有观众感慨看到了故事之真、记者之善、人性之美。好记者拨动每个人的心弦,好故事则能感染每个人的心灵。广大新闻工作者只有把根深深扎入基层的土壤,用心把中国故事讲述得更加精彩,才能始终挺立于时代潮头,不辱使命、不负担当。

(原载 2016 年 11 月 9 日《人民日报》第 4 版,原标题为《用好故事感染每个心灵》)

扎根越深，力道越足
—— 增强"四力"讲故事

近日落幕的第6届"好记者讲好故事"活动引人关注。一个个扣人心弦、感人至深的好故事，一个个具有高尚职业精神的好记者，让我们对美好的新时代充满信心和力量，对创造美好生活的优秀人物充满感激和敬意。新闻工作者的脚力、眼力、脑力、笔力，也在深入基层一线的匆匆步履中、快速发展的观察比较中、全面立体的深入思考中、恰到好处的精彩呈现中不断增强。

10年记者生涯，一半时间把脚印留在了农村，走进了80多个县。一个人脚下沾有多少泥土，心中就沉淀多少真情。这位扎根脱贫主战场的女记者，她的步伐无疑是矫健的，她的故事自然流淌着深沉的情感。

在威武雄壮的阅兵仪式背后，在整齐划一的队伍机阵背后，敏锐观察到"备份"官兵的付出，细致发现两个"备份"的差异："备份"男机长是实力最强、保险系数最高的，"备份"女兵是逐步向后位移的。一个是主动"备份"，一个是被动"备份"，背后都是对国家的忠诚、对国防事业的奉献、对亲人的热爱。一个人有多独到的眼光，就有多敏锐的观察力。这位经常走进训练基地、边关哨所的军事记者，她的眼力无疑是深远的，她的故事娓娓道来、细腻动人。

半年追踪采访，发现一个孩子拼图拼不出父亲形象的线索，发掘一位母亲瞒着孩子父亲去世10年的故事，一路跋涉，一路探寻英雄足迹，一次次倾听军嫂心声，一次次与孩子交流情感。一个人有多深刻的思考，就有多强大的脑力。这位富有家国情怀、体悟教育传承的记者，她的脑力无疑是深邃的，她的故事具有激荡人心的穿透力。

审慎面对每个事实，客观评估每个细节，换来被采访者的尊重，也得到读者的信任。融深沉情感于笔端，集数次打磨于刻画，一个深藏功名感天动地的老英雄人物，一段跌宕起伏不同寻常的故事。一个人常有灵感又百般努力，就有强大的笔力。这位内含人文情怀、弘扬工匠精神、彰显时代重任的记者笔力千钧，他笔下的人物、镜头里的故事、千万次点击量、数万次点赞传递着震撼人心的力量。

生逢这个伟大的时代，记者无疑是幸运的。大兴机场、中国"天眼"、深潜"蛟龙"、高铁，各行各业正在创造新的奇迹，等待我们记录。教育、医疗、民生服务在新技术的支撑下越来越贴近人心，价值、理念、精神滋养在人的自由发展中发挥越来越强大的作用，新闻传播天地广阔，新闻工作者大有可为。

讲好中国故事、传播好中国声音是当代新闻工作者最重要的时代责任。传播党的政策、记录时代风云、推动社会进步、守望公平正义，需要我们把增强"四力"作为重要方法手段，把讲好故事作为重要能力素质，进一步提高全媒体报道的本领，改进作风文风，展示高尚的职业精神、职业道德。信息技术日新月异的时代，呼唤报纸、广播、电视、网络和新媒体的新闻工作者融化边界，善用互联网思维，增强"四力"，创新理念、形式、内容、手法，创造融合发展的新气象。

讲好新时代的中国故事，不仅面临新形势、新挑战，而且承担新任务、新要求，需要新的姿态和状态。只有发扬新闻工作者用心、用情、用功的优良传统，才能把增强"四力"的要求落到实处，体现到新闻作品生产中，贯穿到融合报道的全过程、各环节。

今天，我们参加"好记者讲好故事"活动，欣喜地看到好记者集平面媒体深刻思想、广电媒体视频制作技巧、新媒体跨界思维于一身,听到他们用图文、音视、漫画、全息等多手段齐发力,创制一个个公众欢迎点赞的优秀新闻作品的故事。我们深切地感受到,增强"四力"不仅是创造精品力作的必要前提,而且是锤炼记者优良作风的重要手段,更是保障新闻工作者做人做事、成长成才的核心精髓。

新时代正在发生着一个个动人的故事,呼唤着一批批有强大脚力、眼力、脑力、笔力的记者去祖国各地采撷新鲜美好,把感人肺腑的温暖思想传播开来,把正能量传递得更远更广,把主旋律唱得更加响亮,让国人的精神文化生活更加充实美好。

(原载2019年11月8日《光明日报》第16版,原标题为《增强"四力"讲故事》)

学习他人，庄严自己
—— 巡讲激励百千倍

能够来到北京，参加全国"好记者讲好故事"比赛，每个人都是成功者。因为你代表全省千名万名或者全报社广播电视台网站百名千名新闻工作者，可以说，身后有万千羡慕的目光。现在你能够参加复赛，又代表着全国百万新闻工作者。你将参与几天后的复赛，将参加12月的全国巡讲。如果说，参加全国性比赛、获得预赛胜利是1，会有一次快乐；那么参加复赛就是加个0，会有十分欣喜；而参加全国巡讲就是再加个0，会有百分收益。

这是我在每次全国比赛预赛完毕后给进入复赛的选手的动员讲话，旨在说明三层意思：一是祝贺进入复赛的同志；二是勉励大家要努力，但也不要太在乎后面的比赛；三是告诉大家，巡讲也许比进入决赛还重要，因为人生路上的比赛更长久也更重要。

某日某时某刻，你会在不经意间发现，跟别人的比赛也许是一下子、一阵子，而跟自己的比赛随时都在进行，跟自己的比赛路程更漫长，而学习别人跟我们的人生一样耐人寻味、值得回味。这样一想，跟别人的某个比赛当时备觉重要，事后看来，向别人学习才更重要。因为我们学习别人，得到的更多，日有进益，月有进步，年有进展，我们的肌肉骨头在岁月的浸染中，舒张充沛的血脉，育成坚韧的骨骼、健康的身体，我们的内心、外相在时光的洗礼中，丰盈强大的心力、累积宽广的胸怀、形成和气的面容。

从组织者形而上的方面来看,巡讲是加强主题宣传、树立先进典型、弘扬时代精神、形成教育氛围的重要形式载体。从参与者形而下的角度来看,参加全国巡讲是难得的机遇,能够锻炼在不同场合、与不同受众的交流演讲能力,培养在短时期内与新朋友和谐相处、长时间互相学习请益的团队合作能力。

可以说,一次好的巡讲体验,不但使人现场演讲表达能力提升,而且与全国不同地区的先进楷模学习交流,获益更多。更重要的是,别人学习我们,我们也向别人学习,增强了以后做好本人、尽好本职、提高本事、发挥本能的责任感、使命感。也许前者的获益是立即的、显性的,而后者的激励是长期的、隐性的,也是基础性和根本性的。

如果以巡讲为目标倒计时,我们可以发现,复赛是培训,决赛是考验,巡讲是拉练。

复赛一般安排改稿,使你对题材的重要性和在团队的必要性有一个新的考量,使你对写稿的主体性和受众的客体性有一个新的思考。参与过的选手都可能会碰到我,因为每年我和导演都要分别与参与复赛的选手谈修改稿件。我在改稿中努力注意四点:一是珍惜每个人。尊重这一活动、这一职业,就必须尊重每一位选手,尊重每一位好记者。二是质疑每个故事。谈修改稿件时,我经常问选手三个问题:是你的故事吗?请正视我三秒钟,只要是本人的真故事,就不怕质疑。除了这些,有什么没讲的好故事吗?只要是"真把式",就会有很多故事。做记者这些年,有没有最令你动心的故事?请讲一两个最令你难忘的细节,我能不能帮助你把故事写得更真实、讲得更精彩?如果发现有人呈目光游移之态,存不真诚虚妄之势,难有什么细节可讲,我就知道这不是"真把式",也难有什么好故事,感动不了我,也不可能感动更多人。三是改好每篇稿。在大众传媒时代,人人都拿麦克风,个个都有分镜头,要吸引眼球,必须抓住别人宝贵而短暂的注意力,在五分钟内解决吸引人、感染人的问题。稿件必须短而精,故事必须精而彩,人必须平而特。四是呈现好故事。一开口就必须勾人,故事题材必须有当代的意味;两三分钟吸引人,让人听得下去,就必须以细节动人;五六分钟感染人,就必须自然回应普通人视角延伸的质疑，真诚回荡特殊故事引出的特别味道，恰当回答主旋律正能量也能激荡人心的时代命题。

改稿时我要求：故事是用来讲的，必须口语化，你自己记得住、背得熟，观众听得清、听得顺；故事是电视上播的，细节必须准确，不怕观众太较真，就怕你不细心，因此每个细节都不能有违常识，不能背离人心；故事是有画面的，必须简洁化，凡是语言讲不清的用画面，凡是画面谈不深的用语言，对于每个人而言时间都是宝贵的，在电视机前键盘更是珍贵的，要使受众看着不走，按键就有，故事必须短平快，衔接必须短接速递，让人还想再看，我已经讲下一出戏了。这才是一个成功的节目，才是一个编剧和导演想要的效果。

改稿是沟通，也是涵养精神。是码字的粗活，更是人心的细活。新华社的汤计老师是位六旬老者，资深的老新闻工作者，他7点钟给我发来短信："当我看到你是5点多钟给我发的改稿意见时，我服了，决定接受你的意见，而且坚决改。"其实每个人都有自尊心，自己对稿子已经殚精竭虑，非常满意，一般不太喜欢别人改自己的稿子。但是以我做过12年记者的经验来看，正稿是改出来的，好稿是雕出来的，我的稿件从来都是欢迎每个人改，改得越好我越高兴，因为我是最大获益者：不管谁改，最后署名还是本报记者我呀。很多老师都是通过看改稿，知道记协的良苦用心，理解策划者的精益求精。是的，从国庆到录制节目前，我是没日没夜改稿，经常是半夜三更想到要改某句话、想到一个点睛之句，立即爬起来，记下来，发出去，唯恐忘记妙语、走失灵感、没有传导。怕的是，选手不去用心领会、用脑思考、用力背诵、用情讲述。喜的是，选手们理解你的良苦用心，从而激发动力，开动脑筋琢磨写稿，涌动真情体味当时情，使讲述更动人更真切。作为组织者，不怕稿子写不好，不怕记者讲不好，就怕选手不用心不用功，不能以一个圈外人的质疑心去考量细节真实，以一个普通百姓的平常心去考虑视角常识，以一个正常受众的第一感去考量流利表达。因此，改稿的初衷就是尽可能使每句话都是口语实话，但又真诚感人；故事来自平常生活，但又意味深长；细节源于特殊时刻，但又顺理成章。

决赛是考验。决赛对于参与的好记者来说是重大考验。一位播音员说，即便经常登上主持台，一旦面对央视春晚的巨大舞台，四周的空旷会使人油然而生失去自我的感觉。一位报社记者说，面对强烈的灯光照射和迎面成群的观众，心里难免有点慌。每次在录制现场，我都会对选手说两句话：一是"成功了算你们的，没讲好算我的，不要怕，即便没讲完没讲好，我们还是可以重录的"。二是"不要怕不要怵，我就在摄像机下坐，大家看我就好了"。好记者确实了不起，四年间重录的人比例非常低，很多人都是一次过关，确保现场成功。第一届的林懿琳，第二届的黄虹、汤计，第三届的穆克非、凌朔，第四届的叶茸、邹维荣，等等，都是了不起的好记者。有的稿子是推倒重来，有的是改了很多次一直未定稿，有的在正式录制前一天晚上还有较大修改，需要在很短的时间内把稿子记牢背熟，真不容易；对于年纪大的记者更是不容易，对于善于写而不善于讲的记者来说，更是非常不容易。我听说，叶茸、邹维荣在车上背、在路上背，连从节目录制地到驻地数百米的路途上都在抓紧背，认真体会大家的即时建议。每次也是特别巧，往往是并不占优势的报纸记者一次成功者居多，往往是没有舞台经验的普通记者更不易"掉链子"，往往是并不起眼的老同志成为出众出彩的"定盘星"。

巡讲是拉练，更是修炼。走到全国各地，面对不同受众，面对不同的场面，必须有所变化、有所应对、有所继承、有所创新。更重要的是，一个组是一个团队，每个人各有所长、相得益彰；只要是正常心态，就会学人之长补己之短；只要是积极向上，就会学到演讲写稿的诀窍、做人做事的学问。《工人日报》记者吴迪说："在全国巡讲期间，我与其他9位同行成了朋友，更深入地交流，不仅感受到业务方面各有所长，看到自己的不足和今后努力的方向，还看到各位同行对工作的热情、对百姓的热心。这种力量也激励着我，有了更坚定的信心，在新时代书写新篇章。"中国邮政报社的老总说，我们的这位选手参加巡讲后像变了一个人，以前安排他去采访，如果不是分内的事，肯定会推脱或者与领导理论一番。现在可不一样，分内分外的事都没怨言，而且能吃苦，次次都干得不错。问他原因，他回答说，看到同行的老记者名记者,知道只有吃得苦中苦才能成为好记者,只有做得多、做得好才能积累好故事,只有愉快做、真心投入才能写出好作品。现在报社一些重大采访活动都安排他去,他得到的锻炼越多,成长得越快。

是的,长骨头的时候都在夜晚,长肉的地方都在暗处,岁月都在春夏秋冬四季寻常更替中不平常地留下个人的特别印记,日子也会记录他的心路历程绘就成长心灵画卷,作品创作更会把他的人品水平刻画在别人心上。一位记者说,以前上台就脸红,一见台下人就发怵,现在一上台就知道先深呼吸就能定神,再多人也不怕,讲完才能拉倒,讲好才能下来,而且看不同的对象,就知道要讲什么、怎么讲更好一些。一位记者说:"巡讲让我看到了人,让我明白了报道背后一定得有人,才有意义;只有真正观察到别人看不到的细节,文章才有意思;只有拥有讲故事的艺术,才能写出新闻后面的来龙去脉和多方位多层次的千变万化。"

巡讲结束了,不少巡讲小分队团队仍然存在,活动仍然开展,有的成为业务交流平台,有的成为心灵交融窗口,有的成为弘扬职业精神、坚持职业操守、奋发职业道德的重要桥梁纽带。一位记者说,做记者难免会遇到稿子发不出来的烦事、好稿写不来的难事、异地采访找不到人的焦虑事,现在通过这些纽带,全国各地都能找到有共同理想共同信念的小伙伴、老伙计,寒冬时抱团取暖,酷暑时送来清凉,关键时给予帮助,平常处带来温馨,真是感觉到记者职业的不同寻常,感受到新闻工作的特别魅力。

举办比赛、录制节目、组织巡讲,我们认识这么多优秀选手,听到这么多精彩故事,我们感受到他们身上正人正心的强大能量、干事创业的豪情力量,我们品味到中国故事的道路芬芳、中国精神的力量铿锵,我们学习到新闻舆论工作者特有的气场担当、格外的正义刚强。这是今天中国最需要的道路自信、时代方向!

(原载《报林》2018 年第 2 期,原标题为《巡讲激励百千倍》,有删节)

是真把式，上来就有
—— 为什么是他们仨进十强

接到江苏三教办编写《江苏好记者讲好故事》的作序要求，我欣然答应。因为"好记者讲好故事"成为全国各条战线落实习近平总书记"讲好中国故事、传播好中国声音"指示的亮丽品牌，成为新闻界凝聚正能量、传播主旋律、树立好形象的重要活动，成为中国记协建设"记者之家"的重要成果，江苏新闻界作了重要贡献。前4届活动，江苏贡献了3位参加中国记者节特别节目录制的十佳选手和6位参加全国巡讲的选手。

为什么他们仨获选十佳？为什么江苏能培养好选手？

为什么江苏能出这么多好记者？江苏现象值得关注。

郑晋鸣、顾园园、胡俭，作为江苏记者的优秀代表，分别获评2014、2015、2016年全国"好记者讲好故事"十佳选手。每年全国有万名新闻工作者参加选拔，为什么他们能脱颖而出？为什么江苏记者能连续三年获胜决赛？作这个序，我首先思考这个问题。

为什么是他们仨？理由复杂，也很简单。各种原因不少，主要原因却不多。一是他们是"真把式"，是真正的好记者。郑晋鸣作为《光明日报》驻江苏记者站记者，一辈子写好人、一辈子写好稿，是长江新闻奖获得者。顾园园和胡俭是地市报的一线记者，胡俭写义工、写打工仔，获得过中国新闻奖一等奖，顾园园作纪念抗战胜利70周年报道、记录老兵的故事，出新出彩。

共同的特点是长期扎根基层,工作作风优良,作品反响良好。二是他们有好故事。郑晋鸣为孔繁森、邱光华、景荣春写过好报道,见证小岛夫妻王继才、王仕花守护国旗28年风霜雪雨。顾园园走近70位老兵,了解他们的事理解他们的心。胡俭从通讯员到记者、从写义工到做义工、从写好稿到做好人,走过了曲折真切的心路历程。三是他们能讲好故事。郑晋鸣是"一等一"的讲故事高手,上来就有,留下不走,走下台来,余音绕梁。顾园园、胡俭平实中亲切、朴实中动人,长相平常让人信、故事普通让人想,越是平常越显奇崛,越是普通越见特殊。他们的主题可谓重大,内容都是主旋律,但是因为切口小、故事真、讲得巧、听得妙,不但年轻人不烦恼、中年人不欺生,而且正能量自带流量、好故事恰成亮点。虽然他们普通话不是特别标准,长相也不是特别标致,但是业内记者叫好、受众观众叫座,专家业者点评、广大受众点赞,这是好故事的魅力,也是好记者的实力,更是讲故事的能力使然。

作为这一活动的总策划,我始终考虑三件事,一是选出好选手,二是选拔公正公平,三是组织好活动、打造好节目。目的如果简单地说,也是三条,讲出好故事,感动你我他;树立好形象,提升精气神;搞好广交流,形成正能量。一句话,就是把新闻队伍的精气神提起来、把好记者的形象树起来、把好故事传开来。但是正如名厨也需好料,我们开展这一项活动最基础的是要有好选手和好故事。有东西可讲、有本事能讲、有故事出彩是三要素。

每年我都要与参与复赛的选手谈修改稿件。我努力注意四点,一是珍惜每个人。满目青山空念远,不如怜取眼前人。尊敬这一活动这一职业,就必须尊重每一位选手,尊敬每一位好记者。二是质疑每个故事。谈稿件时我经常向选手问三个问题:是你的故事吗?请正视我的眼睛三秒钟。只要是本人的真故事,就不怕质疑。除了这些,有什么没讲的好故事吗?只要是"真把式",就会有很多故事。做记者这些年,有没有最令你动心的故事?请讲一两个最令你难忘的细节,我能不能帮助你把故事写得更真实、让你讲得更精彩?如果发现有人呈目光游移之态,存不真诚虚妄之势,难有什么细节可讲,我就知道这不是"真把式",难说好故事,感动不了我,也不可能感动更多人。三是改好每篇稿。因为在大众传媒时代,人人都拿麦克风,个个都有分镜头,要吸引眼球,必须抓住人家的宝贵而短暂的注意力,在五分钟内解决吸引人、感染人的问题,稿件必须短而精,故事必须精而彩,人必须平而特。四是呈现好故事。一开口就必须勾人,故事题材必须有当代的意味;两三分钟吸引人,让人听得下去,就必须有细节动人;五六分钟感染人,就必须自然回应普通人视角延伸的自然质疑,真诚回荡特殊故事引出的特别味道,恰当回答主旋律正能量也能激荡人心的时代命题。改稿时,我是没日没夜,经常是半夜三更想到要改某句话、想到一句点睛之句,立即爬起来记下来发出去,唯恐忘记妙语、走失灵感、没有传导。怕的是,选手偷懒掉链,不去用心领会、用脑思考、用力背诵、用情讲述。喜的是,选手理解你,知道你为他操心半夜不睡激发动力,开动脑筋琢磨写得好、涌动真情体味当时情,讲述更动人更真切。作为组织者,不怕稿子写不好,不怕记者讲不好,就怕选手不用心不用功,不能以一个圈外人的质疑心去考量细节真实,以一个普通百姓的平常心去考虑视角常识,以一个正常受众的第一感觉去考量流利表达,因此改稿的初衷就是尽可能使每句话都是口语实话,但又真诚感人;故事来自平常生活,但又意味深长;细节源于特殊时刻,但又顺理成章。改稿是沟通,也是修炼;是码字的粗活,更是人心的细活。

记者好,记协才好。故事讲得好,节目才好。好故事传得开,好形象才留得下。这是一个自然逻辑,但也是深刻道理。因为我是记者的"娘家人",邻望邻好,自家更想好上加好,没有人比"记者之家"的服务者更希望家里人好;因为我是记者过来人,深刻认识到记者形象好,弱者才有希望,社会才有正人正心正能量,没有人比"记者之家"的操持者更希望记者形象更好;因为我是活动策划人,没有人比"记者之家"的传承者更希望这个记者这些好故事这个好节目有人说好。胡俭曾经说过一句贴心的话:我们参加节目的人都看出来也感受到,中国记协的同事是为了大家好,为了全国记者好,大家都愿意付出;但是要理解别人好,只有自己做更好,这并不容易,需要深入理解,更需要常常坚持。在改稿和做节目时,我始终保持一颗普通观众的常识、第一次听故事的初心,看记者的初稿,同时也更加珍惜好记者的感人点滴,从理解观众的角度出发感受受众的心理波动,有些故事我看多少次仍然热泪盈眶。我至今仍记得郑晋鸣的故事题目"半生流泪终不悔",其中的金句记忆犹新:"家就是岛,岛就是国,守岛就是卫国""艰苦的地方更需要人哪"。我至今仍想到顾园园被选上时的表情:"没想到,我的题材比不过大单位,怎么会选上?!"她提到有同学说"一个今天依然崇敬英雄的民族才是一个对未来充满希望的民族",这句提神的话不是她的话时露出的真诚笑意,"她不知道我的背后是中国记协的高人指点"。我至今仍能回忆胡俭在餐厅跟我初次见面的情景:"我是来打酱油的,我的故事不值一提""我的扬州话都讲得不地道,普通话更是讲不太好,我是来学习的""你给每个人改稿,身体受得了吗?"他的诚实、朴实、老实,让人充满信任;他的真诚、真切、真挚,让我仔细打量憨厚的他,看他的稿子,倾听他的故事……

　　做一个成功人士,不一定走过千山万水,但一定经历过千辛万苦。做一个优秀节目,不一定走过千里百里,但一定经历百般纠结和千般努力。每次选手参加预赛,从省区市脱颖而出;参加复赛,从全国的层面浮出水面,很不容易。参加决赛,录制节目更是掉层皮,很不简单。改稿,颠三倒四肯定否定好几次,还得几天定下神来、放下心来、讲得出来;录制,导演虐你十遍不能厌,路上车上背稿百遍怕掉链,镜头前定下心神灯光耀眼也不见,走上中央台一号大厅还得有"我的舞台我作主"的"嚣张"气焰。我轻轻走近他们,常常理解他们,也深深地爱上新闻职业,由衷地对他们满怀敬意。他们感谢我,我更感谢他们,始终对选手们满怀着感恩之心,因为他们托起了中国记者的高大形象,树立了"好记者讲好故事"的记协品牌,更是以引领者、示范者、亲历者践行了总书记的指示精神,把精彩感人的中国故事、把亲切动人的中国声音传播到五洲四海。

　　四年,举办比赛、录制节目、组织巡讲,我真诚感谢各地党委宣传部和记协的同事们,让我们认识这么多优秀选手、听到这么多精彩故事,让我们感受到他们身上正人正心的强大能量、干事创业的豪情力量,让我们品味到中国故事的道路芬芳、中国精神的力量铿锵,让我们学习到新闻舆论工作者特有的气场担当、格外的正义刚强。这是今天中国最需要的道路自信、理论自信、制度自信、文化自信!自律者自由,自信者远行,他们代表着时代方向!

四年,作为组织者、策划者、观察者,我感谢江苏的同事们,第一个建立"好记者讲好故事"省级优秀选手库,第一批组织全省优秀记者巡讲,今天又结集出版56位选手的演讲作品集。令人感动的还有省委常委、宣传部部长为他们颁奖、与他们座谈,到地方调研后不忘亲自走访他们所在的新闻单位,鼓励更多的好记者涌现出来。这一切的一切,都是为江苏立传、为记者立身、为新闻工作立心、为新闻职业立命,更是为全国新闻界开展这一活动作出的良好示范。

如此看来,为什么是他们仨?为什么江苏连夺三次全国十佳?可谓意料之外、情理之中。江苏屡出好记者,常有好故事,总出讲好中国故事、讲好中国记者故事的优秀选手,是因为有十万多平方公里的大地滋养,有几千年文化的熏陶给养,更有各级党委特别是宣传部和记协的领导培养、各地新闻单位前贤先进的榜样激励。

是为序。

(本文原为《江苏好记者讲好故事》的序言)

眼中有人,笔下含情
—— 讲好新时代的中国记者故事

今年11月8日是新中国第18个记者节。今年的记者节可谓三喜临门。习近平总书记专致贺信,祝贺中国记协成立80周年;中央领导同志在人民大会堂为第27届中国新闻奖获奖者和从事记协工作10年以上的代表颁奖;《好记者讲好故事》——中国记者节特别节目在8日晚央视黄金时间播出。广大新闻工作者深受鼓舞、备感自豪。

今年的中国记者节特别节目不但有好记者讲述好故事,亲历、亲见、亲闻、亲为、亲说,而且有报道好记者的记者,讲年轻记者眼中的老记者,说他写他想他赞他,思考前辈为人,思考自己做人,如何把握今天期待明天,过一个有意义的人生。更有"娘家"记协走到了镜头前:谈"青记"创立,道昨天历史;说现实今天,谈未来发展;说人生境遇,诉记者衷肠;谈新闻理想,叹不同命运;说事业发展,谈媒体融合;讲工作心得,道身体健康。围绕中心、服务大局、砥砺奋进,记者服务社会、为了人民,贯穿其中的主线是新闻事业天天传承,是记者情怀时时初心不忘,是职业精神人人永恒追随。

好记者永远心怀人民,人民也永远欢迎好记者。曾抒写时代风云的穆青,就是一名记录人间冷暖的好记者。他俯下身、沉下心、眼向下、动真情,把普通人物焦裕禄、潘从正写活了写实了,让他们成为时代楷模。穆青走后,老百姓仍在为他修路,等待他再来,很多得到他具体关照和精神感召的人至今仍在念叨他。心里总是装着党的好政策、装着老百姓生活的范敬宜,写尽人生春秋,记录时代变迁:走在路上有的士司机的故事,睡在公社值班室有干部作风的故事,吃个油条有物价的故事……不管传播格局、传播手段、受众对象、阅读习惯如何变化,党的新闻舆论工作优良传统不能丢,新闻工作者的为民情怀不能忘,真实记录、真诚表达的本质不能变。

好记者讲述了哪些好故事?这里有波澜壮阔的"一带一路"故事:"中国制造"升级为"中国智造",帮助亚洲和非洲人民改变落后交通面貌,帮助埃塞俄比亚人民摆脱饥饿,尼日利亚的人们在成为中国高铁常客的同时也成了中国产品的"铁粉"。这些实实在在的变化,让更多人看到了中国倡议给他们带来的实惠,让更多人见证了在"构建人类命运共同体"中的中国智慧。这里有激情跌宕的重大装备科技攻关成功的故事:24次高强度试验背后是精益求精、不懈追求的工匠精神,每天和功勋轧机并肩作战8个小时、每5秒就要手脚并用操作一次钢板轧制体现的是努力超越、追求卓越的精工精神,在"鸟巢"建设、大飞机和航母研发制造中,特殊钢材研制填补了新材料、新工艺、新产品的空白。中国制造和中国创造融合撑起了国家的脊梁,中国产品、中国品牌跃升撑起了国人的骄傲,更抒写了新时代的大国工匠精神,展示了从富起来到强起来的中国脚步。这里有荡气回肠的军营故事:从朱日和阅兵现场到海疆边关,军事新闻记者的深入采访不断地书写了中国军人的"风花雪月",风是铁马秋风,花是战地黄花,雪是楼船夜雪,月是边关冷月,也书写了有血性担当、对胜利充满无限渴望的军魂,更折射了追寻强国强军梦想路上的长足进步。这里还有感人至深、催人奋进的扶贫脱贫故事:"人民记者"推动山区修路和发展种养业致富,央视记者带领贫困农民网上销售苹果脱贫,以及基层党员干部为精准扶贫的艰辛努力、为精准脱贫的殚精竭虑,都在一篇篇报道、一幅幅照片和一段段音视频中得到真实反映。这里更有婉转深情的民族团结故事:从库尔班大叔到航母女兵茹克亚,不同时代不同背景的四代维吾尔族家庭,却有着分别与两位党的领袖鸿雁传书的传奇故事,传承着这个家庭爱党、爱国、爱疆的情怀,更传承着党群心连心、各族人民根连根、民族团结亲如一家的大海深情。

好记者讲述的好故事记录了世事沧桑人间温情：一张小饼、满城大爱，微博直播赢得万人捐助，解决病弱救助之难；一张CD、坚持25年，广播传情制作特殊教材，提高盲人文化素质——这些凡人小事以小切口、大主题，小人物、大帮扶取胜，以新闻长流水不断线的持续报道、坚持做不放弃的持续推动，以饱满的感情、生动的语言、丰富的细节、朴实的话语，体现出记者对人民群众的满腔热爱，发挥了媒体的公信力和新媒体传播优势，来唤起身边千百好人共襄义举，展示出广大人民群众乐善好施、践行社会主义核心价值观的大爱形象，也记录了新闻推动时代进步、守望公平正义的正人正心。好记者讲述的好故事传递了青年一代对时代变化的思考和声音：派驻中东的青年记者，在纷繁战乱中思考中国之治、感恩强大祖国给每个海外游子的磅礴力量；连续3年参加抗战胜利70周年、建党95周年和建军90周年等重大主题采访的青年记者，在走近历史和观照现实中思考中国共产党、中国人民解放军和新中国从哪里走来，将向哪里去，从而懂得要不忘初心、牢记使命，坚定信仰、坚持方向，才能高举旗帜、奋勇前进。

好记者满怀激情，好故事拨动心弦。躬逢伟大新时代，中国记者要始终与以习近平同志为核心的党中央保持高度一致，时刻与人民心连着心，用心去采访，用心去感受，用心去记录，用心去传播，还将写出更多有思想、有温度、有品质的时代华章，讲出更多展示新时代、新思想、新目标的精彩故事。

（原载2017年11月9日《经济日报》第3版，原标题为《讲好新时代的中国记者故事》）

明理精工，才能成功
—— 如何策划高水平的故事会

2013年，习近平总书记在全国宣传思想工作会议上提出，要"讲好中国故事、传播好中国声音"，对开展马克思主义新闻观教育、加强队伍建设作出重要指示。2014年以来，在中宣部、中央网信办、国家新闻出版广电总局、中国记协领导的大力支持下，中国记协国内部连续策划和认真组织了三届全国新闻战线"好记者讲好故事"活动。这项活动致力于推动新闻战线贯彻落实习近平总书记系列重要讲话精神，组织广大新闻工作者讲亲历故事、谈采访过程、说内心感受，引导和激励他们牢固树立马克思主义新闻观，增强政治意识、大局意识、核心意识、看齐意识，在讲好中国故事中反映中国道路、中国精神、中国力量，在讲述好故事传承好作风中展示新闻的力量，成为传播中国声音、引导社会舆论、树立记者形象、推动队伍建设的创新平台。

一、"好记者讲好故事"引导记者传播正能量

按照"广泛覆盖、分级选拔、社会参与、全程宣传"的原则，各省区市和新疆生产建设兵团党委宣传部、记协，中央主要新闻单位、全国性行业类媒体和中国产业报（行业报）协会分别组织本地本单位开展"好记者讲好故事"演讲比赛初赛，每年约有上万名新闻工作者参加。各地各单位推选出130

多位优秀记者赴北京参加全国选拔赛。来自新闻宣传管理部门、人民团体、新闻院校和研究机构的评委组成评委会，依据比赛规则和评分标准认真打分，按照得分排名评选出优胜演讲人参加决赛。主办单位组织优胜选手集中培训后，通过决赛选出10名记者，参加在中央电视台演播厅举行的记者节专题节目录制。每年11月8日晚上，中央电视台都在黄金时段播出记者节特别节目《好记者讲好故事》。中宣部、中国记协每年选出30名左右演讲人组成巡讲团，先后赴北京、湖北、浙江、贵州等19个省区市，在各地新闻单位和新闻院校共举行40多场报告会，11000多名编辑记者和院校师生代表参加，使整个活动的覆盖面和影响力进一步拓展提升。中国记协网、双微开辟"好记者讲好故事"专题专栏，以每周一名好记者好故事的频率，配发"纪君评"文章，点评好记者特点、好故事亮点、好精神彩点，进行长流水、不断线的宣传。全国新闻单位、商业网站对"好记者讲好故事"活动进行大力宣传，使这项活动在新闻界及社会各界引起强烈反响，取得了重要的阶段性成果。

1. 成功打造开展马克思主义新闻观教育的新载体。"好记者讲好故事"活动的目的是打造一个主题突出、形式生动的教育平台。通过每年从全国范围内选拔一批践行马克思主义新闻观表现突出、得到新闻界和社会各界广泛好评的优秀记者，讲述他们围绕中心、服务大局的精彩故事，诠释践行马克思主义新闻观的思路方法，展示走基层转作风改文风的成绩效果，给广大新闻工作者以启迪和思考，达到自我教育、自我净化、自我完善、自我提高的效果。新华社总编室记者郝方甲说："通过优秀记者讲述精彩新闻背后的故事，我们对坚持正确导向、党性与人民性的统一有了更清晰的认识，对坚持马克思主义新闻观有了更深刻的理解。"《贵阳日报》记者佘佐杰、陕西广播电视台记者马佳等同志表示，巡讲团成员讲述的都是普通人的故事，点点滴滴都是正能量，"我们要以这些优秀同行为榜样，像珍爱眼睛一样坚守新闻理想，恪守新闻职业道德，写出老百姓喜欢的新闻报道"。

2. 成功打造新闻工作者成长成才成名成家的新平台。媒体发展的关键是人才。科学完善的人才选拔机制，是新闻事业健康发展的重要保障。不少在比赛中脱颖而出的记者编辑,在活动中得到更广泛的历练,工作成绩得到更广泛的认可,由此走向更加广阔的发展舞台。人民日报社国际部记者焦翔讲述了他在国外战争和政治动荡中坚守 1200 天的国际报道经历,新华社记者汤计介绍自己用 9 年时间报道推动"呼格案"沉冤昭雪……一个个感人至深的故事从幕后走向台前,引发听众的强烈共鸣和社会各界的普遍认同。在参加"好记者讲好故事"活动后,人民日报社焦翔被评为"全国优秀共产党员",荣获"中国青年五四奖章";新华社孙铁翔荣获"中国青年五四奖章",2016 年 2 月 19 日作为新闻工作者代表向习近平总书记汇报基层采访情况;新华社汤计荣获"全国优秀新闻工作者""全国十大法治人物"称号,新疆人民广播电台赵萌荣获"全国三八红旗手"称号,湖南《今日女报》记者谭里和家庭被评为全国"最美家庭",贵州广播电视台李盼盼被评为"全国民族团结先进个人",哈尔滨日报社陈南荣获"2015 年中国摄影年度人物"称号,《内蒙古日报》包萨茹拉荣获"内蒙古自治区有为青年"称号,江苏省宿迁晚报社顾园园荣获"宿迁市十大杰出青年"称号。

　　3. 成功打造新闻媒体和新闻院校合作共建的新项目。新闻院校是开展新闻传播理论研究、培养新闻舆论工作人才的重要基地。"好记者讲好故事"活动不仅面向新闻界,更联结新闻院校。在活动评选中,来自新闻院校的评委们深受感染,清华大学新闻与传播学院常务副院长陈昌凤、中国传媒大学电视学院副院长曾祥敏,热情邀请优秀记者进新闻院校演讲。在全国巡讲过程中,很多新闻院校的负责人表示真诚感谢,邀请巡讲团成员常来学校讲课交流。郑州大学新闻与传播学院教师郑素侠认为,当前高校新闻专业教学与专业实践在一定程度上相脱节,建议在教学中把优秀记者请进课堂,结合他们的工作经历讲述新闻选题、采访、写作等,为新闻专业教学补充鲜活案例。复旦大学新闻学院 2014 级硕士生曹沙说,"好记者讲好故事"活动让更多身在校园的学子被感染、被感动,"在我们因为喧嚣的都市生活而迷失和动摇时,前辈的亲身经历和肺腑之言是最好的教科书,是心灵的净化器。他们让我看到坚持新闻理想的重要价值"。

4. 成功打造新闻界与社会各界密切联系沟通的新桥梁。"开门办报"是党的新闻工作的优良传统。新闻媒体只有走进群众、拉近距离、增进感情,才能得到人民群众的真心支持。每年一度的中国记者节特别节目在央视首播后,次日通过各省级电视台转播。在地方举办比赛时,湖南、上海等地通过录播直播、邀请群众现场观看等方式,提高演讲活动的社会影响力和参与度。通过新闻媒体的集中报道,一名名优秀记者的姓名为人们熟知。通过他们的先进事迹,新闻工作者群体的光辉形象得到充分展示。百度搜索"好记者讲好故事",约有48万个网页、4.6万篇新闻报道。网友"昆阳森林之约"说:"演讲活动让我们看到,有一群看似平凡却坚毅的记者,克服种种障碍,顽强地工作和生活着,他们内心的强大让人敬佩。"网友"远村部落"说:"这些记者把责任当生命,把生命奉献给国家和事业,是一群可敬可爱有信仰的人。"面对这些个性十足的优秀记者,不同背景、不同年龄的群众都能找到喜欢和认可的对象,形成对这些记者所在栏目和媒体的认同,成为新闻媒体的忠诚"粉丝",使"好记者讲好故事"活动成为推广媒体品牌和记者品牌的新途径,成为联系沟通新闻界和社会各界的新桥梁。

二、协同推动"好记者讲好故事"活动出新出彩

"好记者讲好故事"活动能够取得丰硕成果,是中央领导同志亲切关怀、领导的结果,是主办单位紧密协作、精心组织的结果,是各地新闻管理部门和新闻媒体积极参与、大力支持的结果,是社会方方面面广泛关注、互动联动的结果。这些宝贵经验,值得长期坚持、大力发扬。

1. 深入学习习近平总书记关于新闻舆论工作的重要讲话精神,是这一活动取得成功的根本前提。习近平总书记对讲好中国故事高度重视,在全国宣传思想工作会议、党的新闻舆论工作座谈会、会见中国记协第九届理事会全体代表时的重要讲话中,都强调要加强马克思主义新闻观教育,讲好中国故事、传播好中国声音,讲好中国故事、传播中国文化。这些重要讲话精

神和工作要求,为组织好这项活动指明了努力方向、明确了工作思路、提供了重要遵循。举办"好记者讲好故事"活动,目的就是深入贯彻落实习近平总书记重要指示精神,通过讲故事这种生动活泼的形式,用通俗易懂的语言和形象鲜活的情景,展示优秀记者践行马克思主义新闻观的先进事迹和弘扬职业精神、职业道德的成功经验。

2. 各相关部门的大力支持,是这一活动取得成功的有力保障。中央领导同志、中宣部领导同志、新闻战线"三项学习教育活动"领导小组成员单位负责同志对活动多次提出指导意见和工作要求,每年参与节目录制,新闻战线"三项学习教育活动"领导小组组长发表现场讲话,给优秀记者和工作团队热情鼓励,给全国新闻界致以节日亲切问候。中宣部新闻局、中国记协国内部就活动方案多次进行协商完善,就具体工作事项进行谋划部署。中央网信办网络新闻信息传播局、国家新闻出版广电总局报刊司等密切配合、加强协调。中国记协、中央电视台组建特别节目团队,发扬连续奋战、攻坚克难的精神,精工雕琢文稿故事,精心编辑节目,精益求精安排每一场活动。主办单位和协办单位的通力协作,为活动成功举办提供了有力的组织保障。

3. 全国新闻工作者的广泛参与,是这一活动取得成功的基础条件。各省区市和新疆生产建设兵团党委宣传部、记协认真组织新闻单位进行比赛。中央新闻单位组织采编部门、记者站采编人员积极开展活动,中国行业报协会组织会员单位先后举行两轮比赛。据不完全统计,每年参与活动的新闻工作者达1万多人。在比赛和培训中,选手们态度端正、克服困难、积极参与,聚精会神参与演讲的准备工作,努力发挥最佳的演讲水平。有的选手在承担紧急采访任务的同时仍坚持参加比赛,做到工作、比赛两不误;有的选手为了精益求精,在短短两天时间里对演讲稿和PPT等辅助材料数易其稿,改稿、背稿通宵达旦。

4. 多角度全方位的宣传报道,是这一活动取得成功的重要支撑。《人民日报》、新华社、《光明日报》《经济日报》、中央人民广播电台、中央电视台等中央主要新闻媒体,人民网、新华网等中央主要新闻网站,红网等地方重点新闻网站以及新浪、搜狐、网易等大型门户网站,都对演讲活动进行了全方位的报道和展示。个人微博、微信对活动的转发和网友评论也非常踊跃。中国记协开通"好记者讲好故事"双微,截至2017年4月底,阅读量超过1700万次。

5. 科学严谨有效的选拔机制,是这一活动取得成功的关键因素。为提高活动质量水平,中国记协国内部精心制定比赛规则、评分标准,明确规定:"评选出的优秀演讲人要积极践行马克思主义新闻观,在弘扬职业精神、恪守职业道德方面表现良好,在社会各界得到广泛认可。"通过媒体对进入选拔赛和决赛的优秀选手进行逐级公示,接受社会监督。相关部委的司局级领导、新闻院校和研究机构的负责人和教授担任评委,严格遵照评分标准,公平、公开、公正地为每位演讲人评判打分,力求选出最好的演讲人。组织中央电视台著名节目主持人、中国传媒大学播音与主持学院资深教授,对选拔出的优秀演讲人进行为期一周的专业培训,对演讲内容、表达技巧等提出指导性意见,提升了演讲的表现力、感染力,使活动呈现出精彩纷呈的效果。

三、把"好记者讲好故事"培育成为新闻界亮丽品牌

"好记者讲好故事"活动开展三年有如此影响,很不容易。作为中国记者节特别节目成为新闻界的"春晚",成为珍贵的节日礼物,成功树立了新闻工作者的高尚形象,振奋了新闻界的精气神,值得珍惜。作为主要承办者,中国记协国内部在总结梳理活动经验成效的基础上,广泛咨询各有关主办部门、承办单位、参与单位和新闻工作者,深入研究加强和创新活动组织的思路和方法,努力推动各地各部门共同支持这项活动真正成为引导记者传播正能量的亮丽品牌。

1. 进一步提高思想认识,明确目标。习近平总书记对新闻工作者高看一眼、厚爱一层、关心三分,对广大新闻工作者提出"四向四做"要求,为全国新闻工作者树立了新的职业标杆,必将成为新闻工作者履行职责使命的座

右铭。中央领导同志指出,当代新闻工作者最重要的责任就是讲好中国故事、弘扬中国精神、传播中国声音,为进一步提高这项活动的质量水平指明了努力方向。全国新闻媒体和新闻工作者要进一步深化对办好"好记者讲好故事"活动的思想认识,争取在新闻舆论工作中发挥新的更大作用。一是聚焦时代主题,突出舆论主调、新闻主线,活动聚焦每年重大新闻事件,讲述新闻背后的精彩故事,既让广大新闻工作者充分交流采编业务、新闻理念、融合实践,又扩大重大新闻报道的延伸度、覆盖面、影响力,体现政治坚定、引领时代、业务精湛、作风优良、党和人民信赖的新闻职业形象,展示新闻舆论工作的丰硕成果。二是服务国家大局,弘扬主旋律、展示正能量。活动围绕发展大势,讲述时代幕后的精彩故事,既讲记者故事又讲社会故事,既把当代中国发展进步的主流展示好又把中国人民蓬勃向上的主貌展示好,体现党的政策主张的传播者、时代风云的记录者、社会进步的推动者、公平正义的守护者的新闻职业形象,展示新闻舆论工作的核心价值。三是瞄准工作主体,统筹回顾历史、立足现在、着眼未来。活动聚焦新闻舆论工作的主体对象,讲述新闻工作者的故事,既讲述亲历亲见又讲述亲为亲感,既服务新闻工作者又吸引未来新闻人参与,体现弘扬新闻职业精神、高扬新闻职业理想、昂扬新闻职业道德的专业形象,展示新闻舆论工作的独特魅力。四是把握时代脉搏,传播精准化、分众化、现代化。活动围绕扩大效应做亮品牌,共同讲述新闻传播界的故事,贴近媒体融合转型、新闻从业换代、社会广泛传播的时代变化,既覆盖不同年龄、不同媒体的优秀记者又吸引其他专业参与现代传播的优秀人才,既突出新闻界业内传播又推动社会广泛传播,加强全媒体推送、多层次报道、专业化推荐,展示分众化、移动化、互动化、视频化传播的新闻工作特征,展示新闻舆论工作的时代特色。

2. 进一步健全工作机制,精心组织。既照顾全面又把握重点,在运转机制、工作制度、评价标准等方面进行创新。一是严格好记者选拔标准。把习近平总书记关于新闻工作者"四向四做"的新概括作为第一位的选拔标准。二是完善初赛工作机制。各省区市和新疆生产建设兵团建立省市县三级选拔机制,中央新闻单位建立社(台)、所属部门和直属机构两级选拔机制。三是扩大初赛覆盖面。采取有效措施,使更多年轻的新闻工作者参加各种层次的比赛,强化活动的自我教育性。四是建立社会参与机制。邀请社会代表担任评委和现场听众、参加网络投票,组织面向广大群众的专场演讲,加强新闻媒体和社会各界的互动交流,增进社会对新闻界的了解理解。

3. 进一步发掘活动价值,转化成果。提高好记者、好故事的知名度美誉度,传播更远更广,使活动成果更好转化。一是出版系列著作。精心编辑优秀记者的演讲稿和演讲光盘,结集出版系列传记和作品集。作为新闻教育的辅助教材,向在校师生推介使用。有可能的情况下,可以翻译成多个语种,作为对外讲好中国故事的文化产品。二是开展理论研究。推动新闻院校和研究机构研究优秀记者的先进事迹、优美故事,建立各级新闻教研科研机构的马克思主义新闻观教育案例库。三是加强新闻报道。组织新闻媒体和新兴媒体特别是重点商业网站和有影响力的自媒体,对活动进展、优秀记者事迹和社会反应,进行更有效更生动的报道。

4. 进一步培养优秀记者,树立标杆。一是推动优秀记者成为新闻骨干。支持新闻媒体为优秀记者建立工作室、聘任首席记者等,使他们成为新闻舆论工作的骨干力量和形象代言人。二是建立"好记者培养项目"。推动财政和社会各方进行资助,对优秀记者的培养深造、课题研究、任职交流等进行扶持。三是完善激励机制。推动优秀记者参与申报国家社科基金课题、入选"四个一批"人才培养工程,与先进表彰、业务考核、职称评定等方面直接挂钩。

5. 进一步推动部校共建,深化合作。一是扩大部校共建范围。鼓励理论基础扎实、采编经验丰富的优秀记者兼任新闻院校教师,围绕马克思主义新闻观、职业精神职业道德、新闻实践等开设专业课程。二是推动优秀案例进教材。建设好记者讲好故事案例库,成为马克思主义新闻观教育案例库的重要组成部分,推动新闻院校教材的更新升级。三是建立双向交流机制。鼓励优秀记者与新闻院校老师结对子,帮助他们了解新闻实践情况;支持优秀记者担任辅助导师，与在校学生建立"一带一""一带多"的指导关系。四是建立工作考核机制。为优秀记者进校园、进课堂情况建立考核指标，作为新闻媒体进行业务考核的重要依据，鼓励新闻单位支持新闻院校师资等建设。

6. 进一步推动国际传播，讲好中国故事。一是加大外宣记者选拔力度。选拔一批外语水平高、有丰富对外报道经验、工作业绩突出的优秀记者，作为讲好中国故事、传播中国声音的重要资源。二是组织优秀记者"走出去"。组织优秀记者特别是外语水平高的记者参加中国新闻代表团，与各国新闻界代表进行面对面互动交流，把中国为世界担当国际责任作出的重要贡献展示好，体现真实、客观、敬业、担当的中国新闻工作者专业有为形象。

（原载《报林》2017年第2期，原标题为《努力创新创造、更加出色出彩，把"好记者讲好故事"打造成传播正能量的亮丽品牌》，赵菲、张洪超、周聪睿对本文有贡献，有删节）

用心做过,情深味浓
—— 敢讲还得学会讲

一位80后记者眼中的老县长,对理想信念"执拗"、对工作要求"严苛",《有志就是这么"任性"》叙述了最美基层干部心中的核心价值观;《火火旺旺农家乐》描述了农家生态文明观;《"大国方略"课为何走红校园》用中西比较的方法道出了不同国家表达方式的差异韵味;《浙江百姓传家训重家风》叙述了同一片蓝天下文化特色传承。这是12月15日开始的"行进中国·精彩故事"大型主题采访活动中好记者讲的好故事。有味道的故事,有温度的新闻,一个个呈现在我们眼前,如一阵阵清风扑面而来。真实记录,真情撰写,真挚讲述,真诚传播,让我们感受到讲好故事的魅力。

动人的故事源自真实具体的事例、有血有肉的人物、引人入胜的情节、富于时代感现实感的新闻语言和细腻鲜活的表达方式。动人的故事源于新闻记者走在路上,走在人民群众中间,才能讲出走心的故事,新闻记者行进中国,抒写精彩故事,走得越深,转得越实,文风越朴实,故事越激荡人心。

但是我们也发现,仍然有不少人有些迟疑。有的认为身边就是些平常人平凡事,没有多少嚼头。有的自认不会讲,怕讲不好,就尽量不讲。

认为身边无故事,或找不到故事,不能肯定说是没去找,但可以说没有用心找。生活中不缺少美,独缺发现美的眼睛。采访中也不缺少故事,但缺发现故事的眼睛。有心处处有,无心处处无。

大有之路

　　故事的眼在哪里？源于对真善美的追寻，对假恶丑的剖析。美源于善，善就是心充满阳光，眼睛就充满阳光；心充满感恩，对别人的优点就会心向往之口赞美之。你若爱，世界就充满爱。善源于真，真就是真实记录，真切发现，真诚感悟，真意传播。求真，就会有这份责任，就会"众里寻他千百度"，发现真实的美好。求真，就会有这份体贴，就会"情到深处味更浓"，就会挖掘真情的动人。求真，就会有发人深省的现实思考，就会有面向未来的哲学沉思。表面的背后是内涵，个体的背后是整体。真相的背后是故事，个性的背后是共性。真情的背后是关怀，个人的背后是社会。真实，如此一来，中国故事，多矣！精彩故事，多矣！

　　世事洞明皆学问，源自处处留心；人情练达即文章，始于时时发现。有触摸温度的手，有体会真情的心，有体念感动的情。有触动就有故事，有思考就有故事。对人民有深情，对生活有热爱，就会有发现美的眼睛，倾听故事的心情，传递故事的冲动，感动你我的温馨。这种处处留心，这种时空移位，这种角色换位，应该成为记者的职业历练。

　　身边有故事，但不知如何讲，担心讲不好。要正确认识，讲故事是本职，会讲故事是本事。讲故事是记者的责任，是心中有党、胸怀大局的重要体现。会讲故事是本事，是笔下有情、眼中有人的重要体现。要擦亮发现美的眼睛，寻找真的追求，体味善的初心。要明确态度，什么样的故事才符合时代的主题，需要带着问题来，奔着问题去。问题是时代的声音，是人民的关切，是社会的期待。回应关切，回应声音，就必须把真相弄明白、把问题讲清楚。问题想明白了弄清了，故事的主题也就水落石出。

　　有了讲故事的态度，有了明确的主题，有了强烈的愿望，就会追求讲故事的道和术。事有因果方至此，人有反复才到今。我们认真观察、比较鉴别讲得好的人和耐人寻味的故事，都有这样几个特征：一是真实，与时代同步，逼真地还原生活，故事就是我们身边有、人人口中无。二是具体，人物具体、细节具体，有小事、有数据，让人不得不信。三是生动，语言准确，有生活气、有人间味，大家听了感到亲切。四是选择，故事不长，话语不多，但文约意丰，句句讲到点子上，字字扣心弦。五是精准，回应社会是实应而非虚应，回答问题是切实而非空切，答对答好，听了有收获、管用。六是丰富，文字如此，故事也是如此。拨动当代人的心灵之弦，既要把握时代的脉搏，又要体念人心之柔软。感动现代人的心灵鸡汤，既要有情节起承转合，又要有内涵意味深长情意绵长。总之，讲故事，受教育；听故事，受启发。讲故事的方法千条万条，完全在创造组合，运用之妙存乎一心。会讲故事的人是用心讲，而不是仅靠一张嘴巴。

讲好中国故事，传播中国声音。据了解，各行各业受此启发，也精心策划、周密安排本行业的故事会，好警察讲好故事、好老师讲好故事等等。生动讲述当代中国发展成就、发展道路、发展理念，展示中国社会发展进步的主流，展示中国人民蓬勃向上的风貌。

2015年是新的一年，改革攻坚，法治推进，人民希望生活更加美好。把中国故事讲得愈来愈精彩，让中国声音愈来愈洪亮，激励广大干部群众继续沿着中国道路前进的信心和勇气，加深国际社会对中国的认识。各级领导干部既要当追梦寻梦创造故事的人，也要当会讲、讲好中国故事的人。只要深入生活，深入人心，就一定会发现更加精彩的中国故事。我们也相信，随着讲故事、写故事能力的提高，一批会讲、讲好中国故事的人会不断涌现在我们面前。

（原载2015年1月13日《中国新闻出版广电报》，原标题为《让中国故事讲得更精彩》，有删节）

温馨如家，梦想开花
——照亮新闻人的精神家园

深情描摹"家"的场景，用心讲述"家人"的故事，通过一个个细节品读职业、传递感动……细心的人不难发现，在今年的"好记者讲好故事"活动中，记者们不仅乐于分享新闻工作的责任坚守、酸甜苦辣，也对记协这个"记者之家"寄托着特殊的情感与希冀。

"茫茫九脉流中国，纵横当有凌云笔。"新闻工作记录时代风云、引领舆论方向，新闻事业使命光荣、责任重大，新闻从业者始终奋进在时代前沿。对于优秀的新闻记者来说，"一支笔胜过三千毛瑟枪"。但个体的作用总是有限的，团结起来力量大。做党的政策主张的传播者、时代风云的记录者、社会进步的推动者、公平正义的守望者，新闻人一旦携起手来，便能凝聚推动时代发展的强大正能量。

今年记者节，适逢中华全国新闻工作者协会八十华诞。回溯历史，中国记协的前身，是诞生于抗战烽火中的中国青年新闻记者协会。"青记"源于周恩来同志的倡导和支持，由范长江、恽逸群、杨潮、夏衍等老一辈新闻工作者在上海创立，一面世就掀起风雷。"青记"通过机关刊物《新闻记者》团结和鼓舞会员，其创刊号以刊登大家签名方式，坚定了抗战的决心，反击了投降派的活动。八十载峥嵘岁月，中国记协鞭挞假恶丑、弘扬真善美，唱响主旋律、释放正能量，坚持讴歌时代、礼赞人民，日益成为记者的心灵归宿与精神家园。

范长江曾为"青记"会员们写道:"作为一个新闻记者,一是必须绝对忠实,必须以最客观之态度,从事新闻工作;二是必须生活于自己正当收入的工作中,绝不拿任何方面的一个铜板的津贴。"这两句话,后来成为许多记者一生的座右铭。"记者之家",既能为新闻工作者提供家的温暖、家的味道,更能让人濡染职业风尚,为人指引人生方向。在这里,共同的志趣,让人感受着共担的事业、共通的情怀、共融的发展。在这里,共同的梦想,激励人在时代的激流中,以文载道、成风化人、奋勇向前。

一个人无论走得多远,家永远都是深情回望的方向,永远都是前进力量的源泉。一年前,习近平总书记对中国记协提出建设"记者之家"的总目标,情真意切、语重心长。亲切而又实在的叮嘱,映照着领导人对记协的殷切期望,饱含着对新闻工作者的深沉厚爱。建设好、维护好全体新闻工作者的大家庭,让新闻人时刻体会到"有家的感觉真好",这是新时代记协工作的价值所在,也是中国记者的幸之所在。

"坚持正确舆论导向,高度重视传播手段建设和创新,提高新闻舆论传播力、引导力、影响力、公信力。"党的十九大报告为加强和创新新闻舆论工作进一步指明了方向,为新闻工作者提出了新的时代要求。站在新的历史起点上,新闻舆论工作天地广阔,新闻工作者任重道远。携手共建新闻人的美好园地,引领大家多从精神家园汲取力量,记协作为"记者之家",必将凝聚更多正能量,激荡起百万新闻工作者为人民书写、为新时代放歌的豪情壮志。

(原载2017年11月8日《人民日报》第4版,原标题为《照亮新闻人的精神家园》)

若真求是，必常出新
—— 书写新时代的荣光

新中国七十华诞，广大新闻工作者纵挥凌云笔，独运工匠心，活用新语言，善用新媒体，为庆祝中华人民共和国成立70周年的宣传报道交上一份精彩答卷，书写出新闻工作者的新时代荣光。

"为党和人民作出更大贡献，做党和人民信赖的新闻工作者。"新闻舆论战线与人民同呼吸、与时代共进步，新闻工作者铁肩担道义，妙手著文章。今年以来，新闻舆论工作主旋律昂扬、正能量强劲，一批批精彩记录时代变迁、弘扬时代精神的精品力作，一个个传得开、叫得响的优秀产品，展示了新颖的传播理念、新鲜的现代表达手法、新意盎然的呈现方式，体现了新闻工作者增强"四力"的新要求和创新做好融合报道的新风采。这是一个需要重磅新闻作品、产生重磅新闻作品的时代，广大新闻工作者守正创新、主动作为、尽职尽责，没有辜负今天的新时代。

当前，宣传思想战线进入了守正创新的重要阶段。宣传思想工作要承担起统一思想、凝聚力量的重要职责，新闻工作者自身必须增强"四个意识"、坚定"四个自信"、做到"两个维护"。守正就要坚持正确政治导向，把立场和担当体现在新闻生产的全流程、全要素，体现在新闻作品的方方面面。坚守与党和国家同心同德、同向同行的光荣传统，坚守植根人民、服务人民、与人民同甘共苦的不变初心，坚守担当历史使命、与时代同前进的社会责任，这是新时代对新闻工作者的呼唤,也是推动宣传思想工作不断强起来的方向所在、力量所在。

创新对当代新闻工作者而言,是一个重大命题。当前,传播格局、舆论生态、媒体形态正在发生巨变,新闻媒体面临技术迭代升级、经营管理模式变革、传播载体创新的巨大挑战,新闻工作者也需要从新闻理念、形式、方法、手段、内容、体裁、业态、体制、机制等方面迎接创新。令人欣喜的是,越来越多的媒体加快重塑传播格局、媒体业态、新闻理念,把信息技术裂变带来的严峻挑战转变为信息传播发展的难得机遇、媒体融合发展的强大动力,极大推动了新闻采集、生产、传播、分发等全链条创新。锐意改革创新,勇于担当作为,必能为新闻事业开辟更为广阔的蓝海。

知常明变者赢,守正创新者胜。抓住用好媒体融合发展的战略机遇,坚持守正,创新才有方向和依归;不断创新,守正才有活力和基础。新闻媒体只有以内容为王、导向为魂、移动为先、创新为要、人才为根,发挥权威、客观、全面的专业优势,才能高扬主旋律、传播正能量,打赢融合发展的硬仗。新闻工作者肩负着为党、为人民、为社会主义服务的光荣使命,必须努力做具有强烈互联网思维、复合知识结构、专业本领能力的全媒体人才,多创作有思想、有温度、有品质的高水平融合作品,让重大主题宣传出新,重要活动报道出色,重点工作新闻出彩。

在第二十个中国记者节到来之际,新闻工作者不忘初心、牢记使命,以守正创新唱响奋进凯歌,以担当作为凝聚团结力量,必将为实现中华民族伟大复兴的中国梦不断作出新的贡献。

(原载 2019 年 11 月 8 日《人民日报》第 7 版,原标题为《守正创新,书写新时代荣光 —— 写在第二十个中国记者节》)

于无声处，歌动地诗
—— 记者应为民族精神铸魂

在纪念中国人民抗日战争暨世界反法西斯战争胜利 70 周年之际，在七七事变爆发 78 周年之际，我们保定市方志馆建立抗战报道第一人方大曾纪念室，有着不同寻常的意义。

感谢保定，为我们中国新闻界的先驱方大曾先生建立纪念室，使中国的新闻工作者有一个瞻仰前辈、学习事迹、激励前行的地方。方大曾先生为了报道抗战历史、为了民族的救亡事业、为了救国家于危难，深入战地采访报道而不幸失踪，他在中国的新闻史上有着重要的地位，在中国的抗战史上也有着重要意义。他的足迹遍及很多地方，保定特地为这位优秀的新闻界前辈建设一个充满人文关怀、显示历史深度、突显保定地位的纪念室，虽然房子不大，但小房子有大乾坤；虽然内容还可以更丰富，但小角度有大内涵；虽然是 78 年后才建，但有百年记忆分量。我相信，保定所做的这一切，在以后的日子里，一定会因为历史长河的流淌而显现出更加深远的意义。

感谢同人，为寻找方大曾先生所作的长期努力。新闻界的记者、新闻院校的学者、中国新闻史专家从不同角度，聚焦一点，共讲一个 15 年的故事：七七事变抗战报道第一人和还原第一人历史真相的追寻故事。

两个月前，我们中国记协在北京举办了冯雪松追踪采访方大曾事迹座谈会。以史为镜，我们发现：两个记者的故事，追寻的是同一种精神。一个是不顾个人安危、冒着枪林弹雨,在卢沟桥等地采访拍摄"中国抗战第一照",成为七七事变报道第一人的方大曾;一个是不计个人得失、坚持深入采访,十五年如一日在全国各地搜集资料还原历史真相、拍摄方大曾事迹专题片和出版专著的中央电视台记者冯雪松。一个是历史上留在我们心中让我们时常忆起的记者,一个是今天坐在我们身边让我们充满敬意的记者。这种不可磨灭、不屈不挠至今仍生生不息的精神就是我们中国新闻工作者宝贵的新闻职业精神,这种精神使我们中国记者始终面向现实,求真务实,不畏艰难困苦,忠实记录时代,时刻牢记为民族为国家为人民鼓与呼,奉献自己的力量。

  昨天的新闻,今天的历史。不少新闻往往只有一日之辉煌,但是因为传承着一种精神,一些记录重大历史事件的新闻就不会因时光流逝而过时。这些记天下风云者记天地浩气者记家国情怀者,也不会因为风吹雨打被人忘记。

  以人为鉴,我们会发现:他们的身上,正体现着我们这个时代需要的精神。现在媒体格局正在发生深刻变化,传统媒体和新兴媒体融合发展,部分新闻从业人员存在新闻职业理想缺失,使命感、责任感、归属感降低等问题,需要补精神之钙,补理想之神。在民族危难的关键时刻,方大曾为中国新闻史留下了珍贵的历史照片和新闻记录,为当代新闻工作者树立了永远的丰碑。在浮躁的和平年代,冯雪松用15年时间历经艰难采写记录方大曾,耐得住寂寞守得了自我,从历史故纸堆里还原一个新闻人物,填补了中国新闻史的空白。

  以史为镜,可以知兴替,可以知永恒。以人为镜,可以明得失,可以明追求。从方大曾和冯雪松身上,我们可以学到这个时代需要而经常缺失、人们需要而时显不足的东西:坚守新闻理想,当好崇高新闻理想和高尚职业精神的坚守者;坚持服务人民、面对现实,自觉与人民同呼吸、共命运、心连心,在扎根人民、感悟中国、提升自我中,培养良好的职业习惯;坚持讲好中国故事,当好身体力行优良作风的践行者,既讲好国家民族的大故事,又讲好百姓身边的小故事，在提高新闻报道水平和质量中树立新闻工作者的高大形象。这种精气神，不但艰难困苦的时候需要，而且和平发展的时候也需要，在我们追求中华民族伟大复兴梦时更需要。

前事不忘，后事之师。抗战新闻史是抗战历史的重要组成部分。方大曾作为七七事变报道第一人，他有关卢沟桥和抗日军事活动的一大批新闻照片，是对伟大的全面抗战的忠实记录，体现了抗日军民同仇敌忾的民族精神，具有重要的历史文献价值。冯雪松对方大曾事迹的发掘和呈现，是对中国新闻史人物研究和中国战地新闻摄影史研究的重要贡献。我们纪念方大曾，就是要在做好纪念抗战胜利70周年新闻报道中增强使命意识、大局意识、责任意识，弘扬以爱国主义为核心的民族精神，弘扬伟大抗战精神，激励更多的人为国为民族凝聚强大力量。

方大曾失踪时年仅25岁，他可能从没想过78年之后，我们在这里开一个座谈会纪念他。但是我们知道，历史的夜空，总会闪烁着灿烂的星辰；史诗的碑廓，总是镌刻着不朽的名字。

不管时代如何变化，用生命追寻新闻理想，用责任弘扬职业精神，用品格彰显时代使命，用我们的笔、用我们的镜头，真实记录人民的追求，记录民族的历史，记录社会的发展，永远是我们的光荣使命。

新时代，我们既要保持定力，又要学习智慧，更要激发动力，以坚定的政治品格、崇高的新闻理想和专业的新闻素养，校正自己的人生坐标，把个人的理想追求与人民事业紧密联系起来，把实现个人价值与促进社会进步有机融合起来，把新闻报道的社会效果和时代责任真实结合起来，做一名无愧时代的新闻工作者，为弘扬社会正能量提供强大的精神动力。

我相信，新闻界一定记录好今天，记住你们为中国新闻界传承新闻职业精神、传播核心价值观、传递正能量、传播主旋律所做的一切。

（原载保定市地方志网，原标题为《追寻一个记者，弘扬一种精神》）

职务要求,职业追求
—— 忠诚履职当记者

近年来,新闻从业人员滥用职务行为信息的现象时有出现,干扰了正常的新闻传播秩序,损害了党和国家利益。为此,2014年国家新闻出版广电总局制定了《新闻从业人员职务行为信息管理办法》(以下简称《办法》),对有关行为进行了明确界定,提供了管理约束依据。《办法》的出台对于加强新闻从业人员职务行为信息管理意义重大,有利于进一步净化优化新闻从业环境。

特色鲜明,特点突出

《办法》的出台恰当其时,有中国特色,有时代特点。一是指导思想明确。加强新闻从业人员职务行为信息的管理,规范新闻传播秩序,确保新闻从业人员职务行为信息使用科学合理、规范有序。二是工作目标准确。引导新闻单位的记者、编辑、播音员、主持人等新闻采编人员,及提供技术支持等辅助活动的其他新闻从业人员,在从事新闻工作包括采访、参加会议、听取传达、阅读文件等职务活动中,对获取的各类信息、素材以及所采制的新闻作品,包含国家秘密、商业秘密、未公开披露的信息等要进行有效管理。三是依法依规管理。《办法》是根据《保守国家秘密法》《劳动合同法》《著作权法》等有关法律法规制定的,既体现其自身的针对性、特殊性,又保证了与现有相关法律条文相一致、相衔接。四是借鉴中外经验。《办法》借鉴了国外新闻行业有益经验和有效办法,国外不少媒体都对下属工作人员的职务行为信息进行管理,或立法或立规,明确职务行为信息权限归属,禁止擅用、乱用、私用这些信息进行各种报道。五是中国特色鲜明。《办法》具有中国特色社会主义新闻管理的鲜明特色,既体现《中华人民共和国宪法》等法律法规的明确要求,又体现社会主义新闻事业的发展特色和中国新闻工作者的职业特点;既维护新闻工作者的合法权益,又要求新闻工作者必须守法守规,坚定地履行社会责任。只有在行为上把住守法合规底线,才有可能在道德上成为社会标杆,真正地引领社会方向。

意义重要,举措重大

《办法》的出台具有重要的意义。一是《办法》对加强新闻从业人员职务行为信息管理意义重大。新闻从业人员接触党和国家的政策导向等重要信息,对这些信息进行有效管理既必要又重要。要做好管理就必须有规有矩,《办法》提供了具体标准和执行依据。二是《办法》对加强新闻队伍建设影响深远。近年来,有关部门为加强新闻行业治理、促进新闻行业自律做了大量工作,开展了专项治理行动。新闻行业治理牵涉到方方面面,《办法》的出台为规范新闻从业人员职务行为提供了明确的条文依据,有利于进一步加强新闻队伍建设。三是《办法》对推进依法治国有重要的实践意义。新闻行业治理是一项重要而复杂的工作,《办法》充分考虑了新时期新闻工作的新特点和新闻队伍的新情况,顺应依法治国大势,具有突出的实践意义。四是《办法》对新闻从业人员管理提供了基本指导。《办法》明确了新闻从业人员上岗应当经过保密教育培训并签署协议,保密协议须分类明确新闻从业人员职务行为信息的权利归属、使用信息规范、离岗离职后的义务和违约责任等。五是《办法》为中华全国新闻工作者协会推动和加强新闻行业自律工作提供了有效抓手。《办法》适用于广大新闻从业者,具有行政效力和震慑作用,是引导新闻工作人员规范职务行为的重要依据,是促进新闻行业自律的有效抓手,对开展新闻行业自律工作大有帮助。

适应时代,引导传播

当前,互联网不断地对新闻媒体带来深刻变化,新闻报道方式、内容呈现形式、信息传播渠道等都发生了巨大变化,新闻报道体现出明显的多样化、分众化、移动化特征,传统媒体和新兴媒体进入深度融合发展阶段。这些情况使新闻记者的工作呈现出新的特点。一是全媒体记者成为方向。记者不但要求"笔头、口头、镜头"能力过硬,而且要求知规律、懂技术、善融合,在传统媒体与新兴媒体融合上敢于探索新路径、追求新境界,在结合实际上善做妙手文章、把握好时和度,在统筹内外上做好中国故事的国际传播。二是记者社会责任成为追求。媒体要有公信力,记者必须有强烈的社会责任感。不扎实的采访、不真实的报道带来不正确的导向,误导受众和社会,记者最终会失去人民信任,市场也会对媒体失去信心。三是记者的道德感成为动力。记者岗位特殊,责任重大,要成为社会主义核心价值观的践行者、推动者和引领者,必须有更高的道德感、使命感和责任感。必须坚持方向、确保导向,坚持正义、确保正声,必须守法尚德,必须行为世范。

适应新时代,引导新传播。记者在从事新闻报道和信息传播工作中要注重强化三种思维。一是在媒体融合中强化创新思维。在互联网传播时代,注重学习网络采编新技术,了解网络生成传播规律,善用网络改进报道工作,使新闻采访更接地气,使新闻报道更有新意。二是在行为规范中强化法治思维。新闻采访报道要懂法守规,强化法治思维,采访过程、报道内容要经得起时间、实践和人民的检验,更要承担起社会责任和法律责任。三是在舆论导向中强化道德思维。要引导社会正义、时代正能,传递社会正气、时代正声,传导向上向善、求真求实的理念,传播社会主义核心价值观。以优秀文章优美表达高尚精神，以鲜活语言鲜明观点引导舆论，以优秀人物优秀品格引领风尚，以中国故事中国特色讲出精彩，以现代传播真诚讲述中国味道，以中国道路中华文化彰显中国自信，使新闻更受欢迎，使记者更受尊重，使中国媒体传播力、品牌力、公信力的国际地位不断提升。

合法使用，依规管理

新闻工作者要知法守法，要遵章守纪，做到按章办事，依法依规采访，严禁违规使用和乱用滥用记者证。目前，在新闻工作中存在六种现象。一是存在记者证转借的现象。个别媒体在未取得记者证的情况下借用其他媒体的记者证违规进行采访工作。二是存在新闻敲诈的现象。极个别人把记者证当成"摇钱树"，以各种形式变化手法实施新闻敲诈，影响恶劣。三是存在有偿新闻的现象。个别媒体记者在工作中搞有偿新闻或有偿不闻。四是存在失实报道的现象。新闻报道不同程度地违反新闻真实性原则，或微观真实宏观不真实以偏概全带来导向失误，或微观不真实造成群众不信任，或失实误导失去社会公信力。五是存在虚假新闻的现象。个别媒体为了追求经济利益，崇尚"眼球新闻"，片面追逐点击量，忽视或放弃了媒体的社会责任，凭空捏造虚假"有卖点"的新闻报道。六是存在滥用职务行为信息的现象。持证记者工作中接触或掌握自身媒体单位的工作内容信息、纠纷案件信息或国家机密信息，有的记者违规使用这些信息进行相关报道，造成职务行为信息的乱用滥用。

网络媒体，把好五关

目前，新闻网站在新闻媒体中的地位越来越重要，新闻网站的从业人员获得记者证的将越来越多，但是内部管理欠规范、单位文化缺积淀、从业人员缺培训等问题也将暴露得更明显。一方面我们要确保记者依法依规享有其各项权益,另一方面新闻单位要依法依规加强管理,高度重视记者证的使用管理工作。一是严把"入口关"。要从源头做起,提高对持证采访人员的各项要求,记者证要管住管好,记者权益才能用好用实。二是加强"培训关"。加强新持证记者的法治思维,提高法律纪律意识,提高法律素养和职业道德修养。三是守好"内部关"。建立有效约束机制,单位内部加强管理,规范约束记者采访行为,定期开展违规行为预防警示工作。四是提升"精神关"。新闻网站从业人员普遍年轻,单位成立时间短,缺乏文化沉淀,缺乏职业精神锤炼,缺乏职业道德滋养,要固本培元,必须加强马克思主义新闻观教育,必须加强以社会责任为引导的新闻道德教育,必须加强以中华文化精神为内核的社会主义核心价值观教育,从而确保网络媒体的新闻采访方向正确、导向正确,成为弘扬正能量、唱响主旋律的重要阵地。五是把好"自律关"。网络媒体的新闻记者要注意加强自律,切实认识到正确使用记者证的重要性,认真学习、全面知晓记者证及记者采访的相关法律规章,做到知法律、知法规、懂规矩、无盲区。自觉加强马克思主义新闻观教育,提升进行新闻采访工作的职业荣誉感和使命感,充分认识到新闻敲诈、有偿新闻、虚假报道的现实危害性,做到依法依规进行采访。加强业务学习,认真研究新闻采访写作的方法艺术,确保采访报道内容、主题经得起时间、实践和群众检验,报道的形式、效果受到更多受众的欢迎认可,使网络新闻传播的时、度、效做得更好。

(原载《传媒》2014年11月第21期,原标题为《加强职务行为信息管理 净化优化新闻从业环境》)

胸怀全局，笔惊风雷
—— 努力做一名优秀的驻地记者

新中国建立60周年，新闻宣传工作一直作为党的重要工作受到中央主要领导的亲切关怀和亲自指导。毛泽东同志提出"政治家办报"，把党性原则提到第一性的高度。邓小平同志、江泽民同志一以贯之，明确其是党委和政府喉舌的定位，强调导向正确与否事关人民祸福的作用。

胡锦涛同志把新闻宣传工作提到一个新高度。2008年他在视察人民日报社时提出，要把提高舆论引导能力放在突出位置，进行深入研究，拿出切实措施，取得新的成效。既体现了政治家办报的原则性，又体现了尊重新闻规律办报的规律性；既有对新时代新媒体新竞争新形势把握的时代性，又展示了党的领导人指导新闻事业科学发展的创造性。

庆祝新中国成立60周年，我们不时深情回望共和国历史和新闻史。深入开展"三项学习教育"，使我们不断地深化和提升对党的新闻事业的认识。新形势下，新闻宣传工作要高举旗帜、围绕大局、服务人民、改革创新，坚持正确舆论导向，提高舆论引导能力，营造良好舆论环境，更好地发挥宣传党的主张、弘扬社会正气、通达社情民意、引导社会热点、疏导公众情绪、搞好舆论监督的重要作用。

作为《经济日报》的一名驻地记者，我一直在思考如何进一步提高舆论引导能力，如何与我们的现实工作切实结合起来，以不断取得新的工作成效来回报关心和支持《经济日报》成长的领导和读者。

我在地方党委宣传部门工作八年，在《经济日报》记者站工作也有八年。前八年干的是新闻管理和新闻报道工作，后八年干的是新闻报道和记者站管理工作。我对中央主要新闻单位的全局定位和重要职责，对中央主要新闻单位的严谨细致和高度责任意识，认识有了新的提高。一条明确的思路也在我心中和脑海里沉淀升华，那就是：要做好中央党报的记者，必须心中有大局，胸中有全局，脑中有政治，眼里有人民，笔下有感情。

心中有大局

党报姓党，报人要时刻绷紧"政治家办报"这根弦。中央主要新闻单位对党的宣传工作要有高度的政治责任感。舆论导向非常重要。导向正确，党和人民之福；导向错误，党和人民之祸。尤其是作为国务院举办的中央党报，经济政策要从这里发表，意图吹风要从这里发出，国内外广泛关注。随着中国改革开放不断深化，经济和政治地位提高，中国的经济发展更是广受国内外关注，出差错是不行的，丝毫马虎不得。在《经济日报》训练八年，我深刻感觉到工作必须高度严谨，否则将对党和政府的工作带来不可估量的损失，对自己更是带来难以磨灭的伤痕。因此，我们写稿必须围绕党和国家大局，不能发生政策偏差；写稿必须对路，不能发生事实错误；校稿必须细致，不能让错误从这里留下。

2003年4月17日，中央政治局开会部署抗击非典的新举措。接到报社的明传电报时，我正搜集分析来自香港重灾区淘大花园66名疑似"非典"患者在厦门救治的线索。在"非典"肆虐时刻，我不顾安危，毅然深入医院和隔离病房，写出记录厦门市委市政府领导、全市人民成功抗击"非典"的长篇通讯《为了六十六个兄弟姐妹》，这是我们报纸最早自采的长篇通讯，新华社、中央人民广播电台、《北京晚报》等全国数十家新闻媒体都转载。那两天，在厦门收音机放的是这篇文章，电视播的是这篇文章和画面，街头百姓谈的也是这篇文章和记述的领导及医生形象。我深深地感到，有时一篇好的文章，能引起更多人的关注，确实能起到非常重要的激励群众和凝聚人心作用。大局是什么？就是党的中心工作，就是从这一工作中找到我们新闻宣传的着力点和切入点。我深深地感到，宣传思想工作确实是经济工作和一切工作的生命线。绷得最紧的弦要弹出时代最强音，就必须高举"政治家办报、大局下行动"的旗帜。

胸中有全局

作为全国性综合大报，服务全国全局是视野，是要求，是定位。新闻宣传工作是否大气？胸怀境界最关键。是否全面？最重要的是全局意识。围绕全局来站位，胸怀全局、立足全局、围绕全局、服务全局。任何地方的发展只有在全局中找定位、尽责任、作贡献，才能发挥优势、拓展思路。在全局中找宣传工作的位置，在全局中找自己的位置。《经济日报》作为中央的一张重要的报纸，服务中央是主旨，服务经济建设是主要任务，解析经济政策、透视经济生活、聚集经济热点。作为中央新闻单位的记者，必须善于根据中央政策，找到本地区在全局中的位置，从而全面总结典型经验、解剖具有全国意义的个别案例和经验做法。

以前，我在地方工作，虽然也曾学过这些东西，但是没有在全局中找位置的自觉性，也没有从方法上解决时刻树立全局意识的问题。很多时候还是限于从本部门本地区出发，从本单位领导的角度出发，没有从宏观上考虑问题的习惯，自然没有把全国大局把握好。一段时期，稿子发得不理想。想来想去，就是因为不了解全局精神，稿子发不出来；不在全局和地方工作特点中找结合点，文章发不大；不在全局和中央精神中找最佳结合点，文章发出来没有影响。福建作为最早开放的省份，厦门作为最早开放的特区，工作有自己的特色，地情有自己的特点，我们注重将其和中央经济工作大局的精神结合起来，把海西的建设、经济特区体制机制创新、老区的发展、海峡两岸的交流与合作宣传得有声有色，使我们在工作中形成了在全局中找位置的习惯和能力。在记者站7年多，我的全局意识成为习惯，全国观念成为常态，发的文章也多起来了，连续7年发稿量排全国驻地记者前列。在地方担任政协委员，脑海里经常有中央政策和全国的数据，结合地方工作总是有话可说，谈得有的放矢，横向比较成为我们的优势。2008年，厦门市的领导同志要求我担任经济顾问，还让我担任一般由地方专职同志担任的经济委员会主任，对我表示充分肯定。我心里说，感谢这几年《经济日报》这种历练，全国观念、全局意识正在成为我的优势。

脑中有政治

作为中央级党报，我们"在坚持党性原则上，不允许有任何的含糊和动摇"。"党报党刊一定要无条件地宣传党的主张。"在我们的脑海里，坚持四项基本原则是党的新闻事业的"定海神针"，成为"全国安定团结的思想上的中心"是我们的神圣任务，党性原则是社会主义新闻宣传事业的根本原则，是马克思主义新闻观的重要支柱。我们理直气壮地谈、实事求是地做的政治，不是空谈口号、自欺欺人，也不是书本说教、形而上学，而是与党的基本路线方针政策、与党的新时期工作举措思路紧密联系的科学发展观，是中国特色社会主义理论体系、马克思主义新闻观、职业精神职业道德与我们新时期新闻事业融合创新的实践。

党性体现在实事求是，体现在新闻宣传按规律办事，体现在让人民群众喜闻乐见。党报让人民群众愿看乐看爱看，指导我们的实践走上科学发展和国富民强的道路，这才是最大的政治。

宣传思想工作落实科学发展观，本身就必须讲求科学规律性。新闻宣传是有规律的，以前我们总认为新闻无学，谁上都干得了。其实不然，是有传播规律的。关键是立场要对，事实要真，质量要高，标准要严，作风要实。有了科学指导，就会讲规律、求实、依法，就会提高宣传工作的针对性和实效性,对人民群众就会有吸引力、感染力和说服力。

眼里有人民

新闻的源泉是实践,党报的生命在于人民,党报的力量源于读者。因此,我们只有眼里有人民,才能真正履行新闻工作者的职责,才能真正完成为人民服务的使命。

科学发展观教育开展以来,我们也对过去的发展思路进行反思,自然也包括我们新闻报道工作的反思。现在,一些读者特别是青年人不太愿意看我们的新闻报道,不太愿意看我们的理论文章,不太愿意听我们的讲话报告,并不是我们讲的不正确,而是长期以来形成的相对固定的表达方式和语言风格跟不上时代的发展变化,显得老套和陈旧。宣传思想工作要取得成效,必须面向现实面向基层面向群众,找到科学宣传的规律。

这几年,我们驻地记者不时听到不少读者对报纸改版的称赞,不时听到不少网民对中国经济网的肯定。有的人说,《经济日报》信得过,错不了。有的人说,《经济日报》策划有优势,大报道跟得紧做得活。有的人说,《经济日报》有人才,专家型的记者不少。无疑,人民群众的眼睛是雪亮的,读者的口碑是最大的奖赏。今年报社领导对中国经济网的改革,不断取得新的成功,报网互动频度明显加快,本报的自采稿件上本网头条,地方的稿件最快上网,充分发挥我们中央级党报的网络优势和广泛接触人民群众及广大企业的优势。

作为《经济日报》的记者,我们的报纸应该反映丰富多彩的经济现象,也应该反映与人民群众距离很近的经济变化。参加报社"又好又快新看点"报道后,我在写作中总结出,文风要实,事例要细,贴近时代;语言活泼,故事可读,贴近群众;表达灵活,语言流动,贴近传播。我们的经济报道,很多都写得非常生动,既符合人们的接受规律和传播规律,又起到引导舆论的作用。2006年和2007年,我写的中国彩电反倾销、节能灯反倾销系列报道和点评,既快又实，既有报道曲折的真实故事，又有锐利的言论点评，在机电行业和节能灯行业，引起热烈反响，受到欢迎。同时让一些不断给中国企业出影响市场公平竞争难题的跨国公司有所敬畏，认识到中国有遵守国际贸易规则的企业家，也有通晓中西规则的专家型记者，就是这个道理。

宣传工作要创新方式和载体，来确保主流舆论占领主阵地，关键是打好主动仗，善于引导善于挖掘人民群众的需求，符合人民群众的真实需要。现在网上宣传已成为主要阵地，传播的速度决定了阵地的推进速度，新技术的应用成为占领主阵地最重要的支撑和中心环节。因此必须拓展阵地，占领制高点，把握主动权。

笔下有感情

作为一名记者，文字是我们传递情感的工具，笔头是我们观点流露的触角。作为《经济日报》记者，反映经济生活，描述经济现象，如果没有感情，就只是数据罗列，模型堆砌，现象反照，那就没有什么存在的意义。

我们的报道应该是以事实说话，以故事引人，以人物传神，以精神动人，以真实感动生活，以真诚感动人民。2004年，我被厦门市民海选为"十大感动人物"之一，原社长武春河总结说，"一个是热爱，爱这项工作；一个是敬业，对得起这项工作"。我也在工作中总结出，要感动他人，首先要感动自己；文章要感人，关键是笔下有感情。

我觉得，经济不是简单的经济，而是与人类情感密切相关、与社会紧密相连、与人民群众生活息息相关的经济生活。

描写经济生活，研究生活经济。我们的情感对接的应该是普遍人民的经济生活，经济报道应该是满足人民群众需求的。这几年来，我更加注重研究热点问题，多写通讯，提炼出一些重要经验，为地方总结，给全国借鉴。比如更加关注社会事业发展，愿意多留个心眼给社会难点，乐意多留个心思给弱势群体。我瞄准厦门解决看病难问题，深入分析厦门推动医疗信息化实践,描绘"人人有电子病历,个个可顺利看病"的新图景。我走进社区贫困家庭,深入报道爱心超市的实践,描述"慈善平台与捐赠尊严"的新心理。我接触城区面临住房难问题的群众,深入采访厦门推进保障房建设,描述"家家有房住,慢慢渡难关"的新实践。

  作为驻地记者,我们要奋勇向前。我们要时刻想着,党的宣传工作要有奉献意识,要有人民情感,《经济日报》需要我们在基层与人民群众打成一片,需要我们在基层与读者紧密联系,需要我们在基层与企业同呼吸共命运。我们的形象与报社紧密相连!

  作为驻地记者,我们将坚持讲政治、讲正气、讲学习,围绕大局、服务全局、在大局下行动,与时代同步伐、与祖国共命运、与人民齐奋斗,把我们《经济日报》的事业发展得更好更快。

  (本文获 2009 年新闻战线及经济日报社庆祝新中国成立 60 周年新闻论文奖,原标题为《努力提高舆论引导能力,做好〈经济日报〉记者工作》,有删节)

青春飞扬，梦想远航
—— 致敬未来新闻人

首届红枫大学生记者节很有意义。借用千年学府三副对联来说说我的三个感受，表达对大学生记者、未来新闻人的祝福。

第一副对联是：三湘隽士讲研地，四海学人向往中。这次记者节有三个数据令人印象深刻：评出十佳校园先锋记者、有28所高校参加、收到作品1000多件。说明这次比赛覆盖范围广、参与度高、专业性强，同学们给这个冬天增添了明媚的春光和红枫的激情。不少作品创意十足，文采十足，展现对国家的忧乐关情、对社会的真切关心、对人民的特别关爱，同学们给这个冬天增添了精神的力量和人文的温暖。

第二副对联是：唯楚有才，于斯为盛。今天我们会聚这里，倍感三湘人杰地灵，四水精英云集。各知名大学、中央主要新闻单位和湖南各大新闻单位都来了代表，众人拾柴火焰高。全国大学办记者节有不少，红枫大学生记者节办出了特色，办出了水平，办出了成效，我们看到了；良好的社会反响，热烈的校园欢呼，十足的动感活力，我们听到了。向承办者湖南大学新闻传播与影视艺术学院的老师和同学们学习！

第三副对联是：是非审之于己，毁誉听之于人，得失安之于数，陟岳麓峰头，朗月清风，太极悠然可会；君亲恩何以酬，民物命何以立，圣贤道何以传，登赫曦台上，衡云湘水，斯文定有攸归。

任何一项活动的举办都离不开承办者和主体参与,更离不开主办者的支持与领导,湖南省委宣传部、省记协、《湖南日报》、湖南广播电视台和湖南大学的领导高度重视,给我们继续前进的动力。

君亲恩何以酬?我想,唯有常怀感恩之心,常思报效之情,牢记我们身上的这份沉甸责任,牢记我们脚下的这片深情土地,牢记我们的初心所为何来,牢记我们的未来所为何去。

我是谁?将来我是一名记者,现在我是一名准记者,今天我还是一位学习新闻知识的大学生。

记者是一个崇高的职业,铁肩担道义,妙手著文章,为人民服务,为党为国分忧。记者是一个伟大的职业,为时代放歌,为历史佐证,记录社会,昭示未来。记者是一个神圣的职业,为天地立心,为人民立命,体现良知,彰显正义。记者是一个快乐的职业,走在乡间、转在田边、改在大地,镜头记录人间冷暖,笔触储备社会万象。

大学生是一个光荣的称谓,是一个年轮的符号,是一种快乐的代言,是一种未来的向往。习近平总书记说,青年是可爱、可信、可贵、可为的,广大青年要坚定理想信念,练就过硬本领,勇于创新创造,矢志艰苦奋斗,锤炼高尚品格,这为青年的健康成长指明了前进方向。

而大学生记者不但可爱可信、可贵可为,而且由于你们在红枫记者节上的创造创新创业,更是可敬可佩。你们代表着中国记者的未来,代表着中国记者的希望。

站在今天,我们回望昨天,向往未来。我想提三点希望,与未来新闻人共勉:

一是坚定理想,敢于梦想,用中国梦保证"青春同心",凝聚理想正能量。今天,我们离中华民族的伟大复兴梦如此之近,2014年中国GDP将近60万亿元,占世界经济的份额将超过12%以上。今天,我们正在按照深化改革、依法治国的要求,建设富强、民主、文明、和谐的法治中国。在历史的长河中,每个人都是渺小的,只有把人生理想融入为国争光、为民族添彩的事业中,才能最终成就一番事业。青年是做梦的年纪，我们要勇于追梦、善于做梦、乐于圆梦，在实现我的中国梦过程中，成长成熟，成为中国特色社会主义的建设者。

二是努力学习，用心学习，用新闻梦实现"青春飞扬"，凝聚青春正能量。在我看来，记者职业总有一种青春态，每天的新闻和每天的太阳一样都是新的；记者职业总有一种魅力来，每天的版面画面和前一天都会不一样；记者职业总有一种快乐在，每天的悲喜萦怀和百姓生活同在。这种青春、这份快乐、这一魅力都源自我们内心深深的热爱。这是我今年举办首届"好记者讲好故事"活动的体会，也是我对全国记者开展这一项活动，提振新形象、提升正能量的体验。

我们不仅爱记者的荣耀，而且爱那荣耀背后的艰辛，爱记者的起早贪黑，爱记者的风雨无阻，爱记者的呕心沥血，爱记者的赤子情怀。拥有这些，就必须以知识为底色，以才学为底线，打好法律政策、新闻业务、专业知识、传统文化等根底。向书本学习、向身边学习、向老师学习，必须低头、低调，必须沉下心、沉下力、沉下身，在书海中泛舟，在学海中畅游，在心海里沉思。

三是志存高远，胸怀远方，用青年梦同享"青春出彩"，彰显成长正能量。为了远方，我们需要眺望；为了高山，我们需要攀登；为了未来，我们需要信仰。在两个大局中，我们需要蓄积世界眼光，更需要坚定信仰；在两个磁场中，我们需要合璧东西，更需要坚守信念；在两种时空中，我们需要思考未来，更需要坚定信心。

这种信仰信念信心，来自今天我们践行社会主义核心价值观的自觉、弘扬中华传统文化的自发、传播中国特色社会主义的自信。这种志向志气志趣，来自今天我们脚下这片土地的深厚积淀、这种文化的深深关怀、这种价值的深切崇尚。

这片深厚积淀的土地，它激发我们内心的强大正能，时刻准备着听从党的召唤，时刻准备着听从人民的呼唤。哪里需要，就将足迹印到哪里；哪里需要，就将声音传播到哪里。这种深深关怀的文化，它激荡我们血液里的巨大潜能,时刻回望五千年的历史、中华文明的基因、中国语言的优美。这种深切崇尚的价值,它激活我们心灵深处的博大本能,让我们时刻感受新闻的力量、中国精神的铿锵,让我们时刻感受社会的方向、中国道路的宽阔,让我们时刻感受时代的立场、中国精神的昂扬。希望你们健康地成长,成长着你们的思想,成长着你们的人格,成长着你们的职业良心和操守,成长着你们的文字,成长着你们的声音,成长着你们的图像,成为中国风范、中国味道、中国品格。

讲好中国故事,是我们当代新闻工作者的光荣职责,也是你们的未来本职;传播中国声音,是我们当代新闻工作者的真正考验,也是你们的未来考量。

包括你们,广大新闻工作者,在社会主义核心价值观的传播中,应当肩负起职业传播者的责任。记者手中的笔和镜头是向社会传播新闻的"体",而社会主义核心价值观则是"魂"。有魂才会灵,有灵才会活,有活才有力,有力才有量,有量才有体。我们要做铸中华魂、健中国体的先行者。

包括你们,广大新闻工作者,在弘扬中华传统文化的传递中,应当肩负起职业弘扬者的使命。只有从传统文化中找到底蕴,从中华历史长河中挖掘新内涵,对古人神交已久,对传统心领神会,对古典咀嚼回味,对文化意味深长,你才会有正确导向正确行动。记者笔下有是非曲直,记者笔下有财产万千,记者笔下有毁誉忠奸,记者笔下有人命关天。记者的使命要求我们既要政治坚定、头脑清醒,又要明确导向、价值取向,更要有精神品格、责任担当。我们要做中华文化和中国精神、社会主义核心价值观的践行者、引领者、示范者。

各位同学,本届记者节的主题很好——"自媒体时代的新闻理想"。人生有梦最美,有爱最真,大学生记者有梦想、有理想,应该怀揣时代的使命感和责任感,善于发现、乐于关注、勤于思考、勇于担当、敢于创新,树立正确的世界观、人生观和价值观,坚定崇高理想,恪守职业道德,努力践行马克思主义新闻观。

各位同事,大学生记者节的前景美好,"红枫"这个名字寄托着激扬文字、指点江山,也意味着意气风发、韵味绵长,寄托着我们对中华民族伟大复兴梦的坚定追求。

我们应该为大学生记者多鼓与呼、多帮与助,政界和民间共同努力,高校与媒体一起携手,将红枫大学生记者节打造成响当当的校园文化品牌。

也许有一天,它会成为全国大学生记者共同的家园,成为更加广阔的校园媒体交流平台,成为检阅高校准新闻人的窗口。

我期待着,有一天,从这里,从你们中间,也许就能够走出明天的邹韬奋、范长江。

(本文为作者2014年11月在首届红枫大学生记者节上的演讲,发表于湖南大学网站)

行与记

行千里路，读万卷书，是为记者。记天下风云，记人间冷暖，是为记者。记世事沧桑，记悲喜萦怀，是为记者。先天下之忧而忧，后天下之乐而乐，是为记者。思治社会之已病，思考社会之未病，是为记者。

千江有水千江月，万里无云万里天。每个记者眼中的人和事是不一样的，每个时代的温度也是不一样的。记者的作品就是报纸上的文字、广播里的声音、电视里的镜头，流淌其间的是他的情感，散发其中的是他的正气，充溢其内的是他的精神。他发出时代的声音，也推动社会的前进。

2018年，我到中央党校学习，学习科学理论，深入思考"我是谁""从哪里来""到哪里去"的哲学命题。体悟学员生活，真正深入校园，了解中央党校的前生今世，细品她的深厚积淀，感念她的优秀传承。

校园最生动的是人。学员最敬佩的是高人，先生之风山高水长；学员最亲密的是学人，同窗之谊情深似海。中央党校有最好的马列主义研究专家，培养优秀学生，共同的信仰、共同的价值观使信念追求之河源远流长，教学相长、学学相长使真理探索之海无比宽广。

学习让我想到更久的过去，更远的未来……

人勤春来早,北国气象新
—— 大有之春

  大有的春天来得特别早。

  北山远望亭顶的残雪尚未消融,南边停留湖底的深冰还没化开。就在这一半冰湖一半绿水间,在小天鹅展翅欲飞天真的欢叫声中,在小鸭子嬉戏漾开的碧波里,大有的春天来了。

  北京的春天自有节奏。柳条的颜色就像日历翻过一页是一页,一天一天不一样。大有的春天更是如此,各种花卉次第开放。最早开放的是黄色的迎春花,在荷池边,在餐厅前,不管你注不注意,已静静地绽开花蕾;或许还能看到同样花色但开始落瓣的蜡梅,恋恋不舍地挽留着冬天。大有的花总是让人期待,四月的玉兰、五月的连翘、六月的紫藤、七月的荷花……

  最入眼的是一湖绿水,天上喜鹊掠过,水下金鱼追食,荡起圈圈涟漪。而看似干枯的树下正在发生着令人难以发觉的变化,遥看草色近却无,明天忽然青长成,调皮的小松鼠倏地掠过嫩嫩的二月兰,且惊且喜。

  时序是节令。今年春节与立春巧合重叠,雨水时节连降瑞雪。节日的欢愉、吉祥的重合提示着好好休息好好计划来年。元宵之后惊蛰、春分、清明、谷雨接踵而来,立夏、小满后面是芒种……在对美好生活的无限向往里,时光的车轮飞速向前。与时序不断交错的是我们的心态。想在前面的人,走在时间前面。去年冬天走在大有的路上我跟苍南的同学说,北京的冬天树木萧疏,比不过南方的四季常绿。他突然示意我摸摸一棵树,说:"你看,表面上它是枯的,其实枝头已长了蕾,正蓄积着明年春天的力量。"

冬去春来,新报到的同学匆匆行走,赶往大礼堂。从党校礼堂走出来的年轻人亦如今年的春天,更见阳光朝气,洋溢着更热烈的生命激情,散发着蓬勃向上的盎然生气。

三月的第一天,习近平同志来到大有,为中青年学员上第一课。党中央殷殷垂注这些"70后""80后",因为培养人才是百年大计,中青年是国家的未来。领袖的话语,像春风拂面,如春雨滋润心田;慈祥的长辈,亲切看过来,叮咛年轻晚辈形端表正,走好明天的路。他面带微笑,轻言细语,谆谆教诲,常学常新、加强理论修养,真学真信、坚定理念信念;是导师提点,醍醐灌顶、提纲挈领,殷殷期许,学思践悟、牢记初心,细照笃行、修炼自我,知行合一、担当作为。习近平同志在担任中央党校校长期间来讲过19次课。党的十八大以来,总书记年年来,向省部级主要领导干部传授理念方略、跟县委书记座谈基层心得体会、与中青年学员作开学第一课,讲得最多的就是党校姓党、学员要学,好学上进、与时俱进,党和国家才会气象一新。

学习是时代前进的动力。一个人读多少书够用一辈子?有人回答:农耕时代,读几年书应该可以;工业时代,读十几年或许可以;知识经济时代,必须学习一辈子才能跟得上时代。也有人研究过,18世纪以前,知识更新速度为90年左右翻一番;20世纪90年代,知识更新的速度加速到三五年翻一番。也有人说,近50年人类社会创造的知识比过去几千年的总和还多,一天不学习自己知道,三天不学习同事知道,不好好学习,现在真赶不上趟啊!

学习在党史上留下重重标记。每遇重要时刻,党都要部署一次大学习。七届二中全会号召革命干部学习管理城市建设新中国,十一届三中全会号召全党干部学理论学经济学科学,服务社会主义现代化建设。别有意味的是,1978年12月24日的《人民日报》在头版发布十一届三中全会公报,在第二版刊登中央党校老师执笔的评论《伟大转变和重新学习》,这表明党校与学习密不可分，党校教育和宣传思想工作一样一直在最紧密地为大局服务。党的十八大以来，习近平同志在多个场合号召，新时代坚持和发展中国特色社会主义，全党要开展大学习。前几天，他为第五批全国干部学习培训教材作序。6年前和今年的3月1日，习近平同志在中央党校分别发表重要讲话。历史不是简单重复，而是铭刻一个有千钧之重却常说常新的真理：中国共产党依靠学习创造了历史，更要依靠学习走向未来。

培训也许是中国共产党的秘密武器，中央党校是中高级干部的摇篮。党校最生动的是学员，课堂听讲认真，课下讨论热烈，宿舍读书自觉。对标中央要求，对标领袖教诲，每个人都需要谦虚低头、发愤学习。比比知识学养，比比党性修养，比比理论素养，我们都会发现自己的不足，尺有所短，寸有所长。面对新时代，适应新形势，完成新任务，必须好好学。学习知识、吐故纳新，思考问题、转化能力，总结经验、提升境界。更冷静地思考此前得失，更全面客观地总结经验，静则生明养心有主，温而能断临事无疑。在学习中统一思想、提高水平、提升素质，队伍整齐了，人心凝聚了，行动一致了，党的执政能力和战斗力与日俱增。

常来党校，大有益处。学校小社会，党校大世界。喜读有字之书，把握现在；常读无字之书，思考未来。书本之外，大有文章。党校是有86年历史的老校，党性修养是在鉴往知今中深思细养的。校门之外，大有气象。中关村科技园区澎湃着新兴科技的律动，追求科学、遵循规律在追寻时代中锻炼形成。天高地迥襟怀阔，中通西知视野宽。检视自己、学习他人，经典固本、理论培元，格局境界修养升，好好学习为人人。

人才是国家兴旺之象。建设党校大有气象，办好党校大有文章。名师众多，学员更多。人才云集，大有深意。识才生慧眼、爱才怀诚意、用才长胆识、容才蓄雅量、聚才生良方，国家重视人才，集聚优秀人才，是党和民族发达之象。人人渴望成才、人人努力成才、人人皆可成才、人人尽展其才，让各类人才的创造活力竞相迸发，让每个国人的聪明才智充分涌流，中华民族复兴之路自然就会在我们的脚下一步一步延伸。

上进是社会生机之所在。家长爱学习,孩子爱学习,向上向善,家庭兴旺发达。党员热爱学习,学员追求上进,积极进取,党和国家繁荣兴盛。聚天下英才,同心共筑梦,社会生机蓬勃。今年是关键一年,前行的压力依然大,国际风险问题依然多,但我在大有闻到春天不同寻常的气息,信念信任让我们信心百倍。在一场接一场与时间赛跑的接力赛中,在高质量发展的长跑中,我们一定会赢得最终的胜利。

（原载2019年3月5日《中国铁道建筑报》第A4版,原标题为《大有之春》）

书山勤有路，学海乐无涯
—— 大有之路

走路，是最好的运动，也是人生常态。在党校走路不同寻常，不仅追求健康的体态，还得有更加积极的心态。

走党校路，我们去学习。从"好干部"转入"真学员"，温习马列经典，学习创新理论，了解科技新知，生活有新的规律。走在路上，我们思索。从"热运行"进入"冷思考"，升华思想理念，开阔世界眼光，舒展人文境界，学习有新的启迪。这一年，我们在路上。从"快节奏"到"慢运动"，观察身边风景，体会情怀格局，感悟历史沧桑，人生有新的意趣。

在路上，身边常有故事。曾记得春天，走过春风绿满的小径，我们在认识柳尖吐芯黄花迎春中，知道"形色"这款 app，尝试用小程序去破解花名、了解树种、研究林相，新同学帮我打开了一扇扇校园生活的新窗户！曾记得初夏，我们深情瞩目中央党校和国家行政学院合并挂牌，仰望蓝天，意外地发现身边的两棵梧桐有些不一样，学会了辨别办公楼下的一球、二球悬铃木与梧桐之微异，观察综合楼前的紫藤与葫芦叶之显别，发现七叶树也偶有六叶状的异变。人人是我师，个个是我友，生活中有学问有诸多美好，需要停步驻足细思量，同学各有高招，我得谦恭地低头当下。在体会散步是人生的乐趣、健康是运动的动力的同时，也深切地体会教学相长、学学相长的真实意义，体悟用功在平时、学习在经常的生活真谛。

大有之路

在路上，眼里自有世界。如果说一花一世界只是小意微观，那么在校园里走过春夏秋冬，跋山涉水，登亭跨桥，胸有丘壑天地自阔。踞西北、处京郊，南有邻、颐和园，千亩校园、好水妙地，远望西山层林染，眺观园中昆明湖。俯瞰掠燕红船渡，静踱方步画中行。环校而行，六千步也，大路小径走过，探究规划源流，深感前人用心。总体规划格局宏大，寓于京郊山水，主要建筑气势雄强，蕴藏园林之中，戴师念慈设计，风格意韵深长。沿路而寻，两百日余，人声笑谈中，了解前生今世，备感当代精心。绿萝绕廊配以现代雕塑，广场绿地更见开阔，银杏林立辅之鲜花缀路，区域特色更加鲜明。大树参天小鸟依人，生命律动如此活跃；东南西北高低错落，思想境界纵深开合。而三湖相连，少有落差，不见泉涌，然则四季烂漫，几无异味，想到看不见的"战线"，不由击掌：水系畅达之下必有深处沟通。掠燕湖中锦鳞游泳岸影沉璧，方舟湖边天鹅嬉戏，水木园翠鸟捕鱼，水质上佳可见流动性之好，水位平衡当知调控力之强。水为表象，林为景象，尤得动静皆宜之妙。景观物象，人间气象，颇有人造天成之味。是的，山川形胜，乐在意趣，规划建设，高在理念。古朴参天自有典雅，茂林修竹自在天趣，校园气象自有文章，人文精神自得其乐，这是过去设计者的心愿，也是今天建设者的心曲。曾对党校水好鱼多人杂为何没有垂钓者表示好奇。餐厅小哥说了一个故事：此前曾有一翁钓过，也有人劝过，不改。后有一智者温言，党校是大家的党校，能不能为了大家的景象、共同的美好放下一点个人的爱好？老翁从此不再来。人言生态恢复不易，绿色发展更难，党校之建设何尝不是如此？我在走路时体会仁人之心，在小意微观中发现宏观大气，感念今人之意，在观察表象时揣测机理奥妙。此中有真意，问谁领会得来？人与人的和谐在心心念念时，人与自然的和谐在时时呵护中，人与社会的和谐在于点滴动情处。就在对这一抹难得绿色的珍惜中、对这一方可爱天地的更多爱恋中，生态从脚下延伸至远方，文明从心间点染满校园。

在路上，心中才有时代。历史总是在一些重要的时间节点留下印迹，伟人常和人民一起抒写壮丽诗篇。沿中轴线而行，仿佛徜徉在时光的河流综合楼前迎风飘扬的五星红旗告诉我们，85年间，中央党校从瑞金老区的艰难困苦中走来，从延安的艰苦奋斗中走来，从西柏坡的战火硝烟中走来。办公楼顶的四角浮雕提示我们，经过了多少仁人志士的热血牺牲，中华人民共和国才屹立东方；用建筑人民英雄纪念碑的重要余料建设党校，提醒我们始终与人民在一起，才走到今天。好钢用在刀刃上，好材熔铸重器中。开国元勋的决策，既是喻示——人才是立国之本，也是厚望——党校培养的中高级干部是共和国大厦的重要基石，更是提醒我们：精料不唯装饰四壁，还要接受时光洗礼和实践淬炼的。伟大战友马克思和恩格斯一坐一立，思考着人类历史从哪里来、将向何处去，他们选择了最能为人类福利而劳动的职业：为人类求解放。近百年来，中国共产党人一直在沿着他们深情瞩目的方向探索前进：为中国人民谋幸福，为中华民族谋复兴。75年前毛泽东的演说至今振聋发聩，马克思列宁主义的普遍真理一经和中国革命的具体实践相结合，就使中国革命的面目为之一新。邓小平随风飘动的衣角启示我们，改革开放，只有实干，中华民族才能屹立于世界民族之林。老校长十九讲谆谆教诲我们，改造学习永远在路上，保持优良作风、文风改进永远在路上。党校校训始终启示我们，实事求是，永远是我们面向现实、面向未来的指南针，也是我们与人民始终在一起的试金石。为人民服务，不但刻在坚固的大理石上，更要刻在我们的心上，刻在我们时时刻刻的实践中。如此，我们才能不断战胜一个接一个的困难，走向一个又一个新的胜利。

（原载2018年10月26日《学习时报》第A4版，原标题为《大有之路》）

天高任鸟飞，物美襟怀阔
——大有之秋

人说，北京的秋天最美。没想到，大有的秋天更美。

大有的秋天是明净的。一觉醒来，月亮还挂在树上，抬头望去，天边如此遥远，蓝得如此纯净，空气中散发着树木的清香，沁人心脾。

大有的早晨来得特别早。5点多天就亮了，阳光穿过树梢，温暖地照在地上，草是绿的，树也是绿的，色彩不深，也不浅，恰到好处。走进密林深处，间或看到小鸟啄食，时有小松鼠突然从脚边蹿出，你的心仿佛会跳出来，脚步也轻快起来。

大有的秋天是静谧的。安静的掠燕湖，岸芷汀兰，郁郁青青，修竹绕墙，细水长流，让人静静地思量，北京西郊竟有如此佳处。远看山近有水，外有园内有湖，房屋不密，人声不嚣。林静鸟谈天，水清鱼读月，这是古人的意境，也是今日的美景。

心静了，你会发现生活中更多的美好。漫步石径小道，金风时而袭来，湖面漾起层层涟漪。远处，几只天鹅嬉戏，小天鹅跟着父母振翅掠水，向往天空的翱翔；脚边，鱼翔浅底，锦鳞游泳，戏水摆尾，悠然自得。垂柳拂水，倒立水中，更见妩媚多姿。红花点点已经低垂紫薇枝头，形态各异的葫芦瓜吊在弯曲的廊道，俏皮地挡住前行的路，开始有点发黄的银杏似乎在提醒我，最美的时候还未到来。

心清了，你也会发现学习中的更多乐趣。人到中年重入校，再进课堂当学生。对于校园，读书人有一种天生的欣喜；走进课堂，总有一种自觉和端庄；手捧书香，就有一种难得的美味思量。想到同学的长处，生发没本领的恐慌，暗暗自加压力，晚上更加发愤图强；听到老师的高论，补上新知识的短板，悄悄整理笔记，重研课件仔细揣摩。看到"三基本"曾经读过不少，心里踏实许多；研读创新理论，又有新收获，自然会心微笑。

重读经典，如绿柳拂枝生发新意。在伟大的时代，在特别的地方重读经典，得到意外的惊喜。

今年是伟人马克思诞辰200周年，我们难得地读到如此多追随者的体会，看到沉心研究的高手佳作。我曾经看过《马克思靠谱》，看到网言新解，不禁佩服年轻学者生动解读的能力：一个晚上就能读完，通俗易懂风趣幽默，让人爱上马克思！买了三本，一本送同学，一本给孩子。我曾经看过或长或短的视频《读懂马克思·院长名家谈》，隔着时空对话，高手就是高手，深入浅出讲道理，让人对我们的信仰充满热爱。伟大也要人懂。在党的最高学府听研究共产主义最深的学者讲马列，导读如仙人指路拨云见日，串讲如庖丁解牛提纲挈领，在想读书、愿思考的中年，我们大有收获。向伟人表示敬意，是因为知道学习越多，不知道的越多，是因为过去曾经浅薄，今天更知珍惜。过去为了考试，《共产党宣言》读一遍都感觉累，现在一个周末读了三遍也没有觉得烦，因为好像读懂了，再读又发现不懂了。清心所以虚心，虚心所以知心。为学深知书有味，观心澄觉室生光。今日始知，人读百遍并非虚言，"书读百遍，其义自见"是切实的体会，也是真实的故事。蘸满墨水的粽子因为信仰的味道格外甜，浸染风霜的经典因为真理的分量特别重，过来的足迹因为后来者的脚印而更加深刻。

大有的秋天是高远的。课后步出教室，辽阔蓝天中不时飘着些白云，南飞的雁成群结队，从远处飞来，又振着有力的翅膀以不变的节奏向前飞翔。我问过来自西北的同学长风万里送秋雁的宏伟场景，也问过来自东北的同学沙场秋点兵的大漠豪气。大家更喜欢今日阳光灿烂的北京，格外欢喜白云头顶飘、蓝天时常有的大有。大有的天空是辽阔而深邃的,知识的海洋是无涯而深沉的。我们遨游知识海洋,耕耘学习园地,坚守意识形态阵地,攀登科学理论高地,参观党性锻炼圣地,畅想美好的未来。是的,春有百花秋有月,夏有凉风冬有雪,在党校快乐学习,便是人生好时节。

热爱生活的人喜欢今天,生活让我们珍惜生命之树常青。热爱学习的人期待明天,学习让我们知道天空的高远。历史使人见解深刻的同时,也让我们更加感恩科学之叶茂盛。科学理论让我们清醒地看见未来,创新理论使我们亲切地感知思想的伟力。有人说,在大有住过的人会更加清醒而自信。因为静影沉璧,亭台楼阁,烟波暮霭,曾记往昔兴替。楹联悄挂,石雕画舫,刻画掌故,更知历史深沉。看过红船远航,读过党史开篇,理论更加清醒,精神更有定力:不忘本来,吸收外来,才有未来;不忘初心,坚定信心,更有决心。

在大有,需要仰望星空的情怀,需要志存高远的意趣,更需要实事求是的坚守。在大有,生活如四季时序一样有规律,更让我知道读书如登梯,需要一步一个脚印、步伐坚定;学如逆水行舟,必须一竿一竿撑进、奋力接续。在懂得爱的年纪,有缘相识;在知道珍惜的时光,有幸相学。人生路上,向老师学习、向同学学习也许是一段一段的,在一起的日子并不会太久,就像秋天刚来就可能很快会离去一样,师生情、同学谊和知识一样需要好好珍惜。而向书本学习、向身边学习、向实践学习,学思践悟是一辈子的事。大有之外,没有学长督促,没有老师指点,更需要把学习当作一种习惯自觉遵守、一种修炼常常躬行、一种品格时时保持、一种精神始终弘扬。

(原载 2018 年 9 月 17 日《学习时报》第 A4 版,原标题为《大有之秋》)

此中有真意,问谁能领会
—— 大有之亭

大有亭多。

东有欲晓亭,南有赏雨茅屋,西有六合亭,北有远望亭。掠燕湖上湖心亭,湖东静观亭,湖西有恒亭,湖南秋月亭,湖北后山上有敷山亭。即便竹林深处的停留湖边,亦有听雨轩,更有清风亭高倚,静静地俯视这一汪绿水,和两只黑天鹅一道守候着书屋。

此处为何多亭?大有地处北京西北,南邻颐和园,东接圆明园,史载乾隆帝在此歇脚,大有庄始得其名。古人建房子是有学问的,亭台楼阁、家居院落,常循《营造法式》,须与自然地理相匹配,还得与人文环境相应和。新中国成立之初,大有被确定为中央党校所在地,我看过规划图和现有格局,并无大的变化,中轴线明显,对称意盎然。戴师念慈精心设计学校格局之时,想必已有吻合当地山川形胜、适乎人文地理之意。此地远有香山、玉泉山、万寿山,近有昆明湖和五园,读书人胸怀天下,身边少不了头顶一轮明月,脚下一湖乾坤。建设者筑后山、扩池塘、疏小溪、浚河源,但是地盘毕竟有限,如何增加纵深感和层次美?唯有依山筑亭阁,在这隔而未隔、似隔非隔间显现气象万千;沿水修廊桥,在这界而未界、似界非界间展示风物丰美,所谓由浅入深自然开阔,高低错落妙造境界。党校自有学校范,院落方方正正,名师出高徒,小亭辅大楼,阴晴皆抚悦,大小总相宜。地理建筑间,理论通气场,相得益彰意，学习心舒畅。大有看亭，风景别有韵味。大有之亭，春夏秋冬，各有气象。我喜欢拿着一本经典坐在夏天的赏雨茅屋，读累了，放眼四顾，看着芦苇渐起，绿荷飘荡水面，小鱼抢食，蝌蚪游动，回味清晨多彩一池，黄昏蛙声一片。秋天的六合亭美得让人心醉，如镜的湖面荡漾着倒影，一棵白蜡树环抱着亭子伸向湖心，虬枝苍劲衬托金叶更加透亮，碧波里似乎能看到水底，但又看不太清，像蒙了层薄薄的绸缎，脚边落叶一地金黄延伸向远方。这座亭是有故事的，两层六柱环抱，三层斗拱飞檐，两层回廊彩绘精美，据说是隔壁园中移来，垂挂对联气象非凡，白石老人篆书"诗思夜深无厌苦，画名年老不嫌低"让人浮想联翩。静观亭独占掠燕湖东南一角，天上春燕双飞，湖边桃花半露，大路木槿吐绿，小道迎春缀黄。

如果天公作美，同学们喜欢漫步春天的湖边，细数着柳树一天天绿了，眼看着小天鹅和小鸭子争相展翅起飞，搅动一湖风生水起。湖心亭上高挂对联"朗月照人如鉴临水，时雨润物自叶流根"，滋润着求学者的感恩之心；"天高地迥襟怀豁，岳峙渊渟气象恬"，抒发着读书人的家国情怀。13位参加过一大的探索者，伫立亭侧，静静地看着这一方山水，提醒来者不忘初心，方得始终，不忘本来，方有未来。撑向历史深处的乌篷船，让我们每个人来到这里头脑更加清醒，形端表正才能走得稳，信念坚定才能走得远。

大有之亭，依山傍水，各有特色。细细读来，别有意趣。南有朴素茅屋，西有六合雅致，东有清风徐来，北有远望爽气。这是一种气场，也是一种文化。如果认真细察，就会发现，大有之亭，东西风格迥然不同。西部多为传统建筑，如六合等为从别处移来的古建筑，红柱绿琉璃、飞檐连斗拱，雕梁画栋精美绝伦，向我们展示着传统文化的优雅风韵；东部多为新修自建，体现着简约务实的时代气象。在树木萧疏的冬天，更能看出自建亭的共同特征：设计简洁，简柱素顶，没有烦琐的窗格，也没有精细的雕花；色彩稳重，灰色的盔顶，灰色的檐脊；材料朴素，坐凳踏实，实柱稳固，有着特别的担当。赏雨茅屋的四柱都是实木，凹凸不平，纹路斑驳，树结丛生，摸着厚实，靠着贴身，头顶亭架都是木头的，没有雕琢也没有漆饰，更显天然之象；青色的砖瓦一层压着一层，与灰色的檐脊折出小角度，颇有古朴之意。清风亭，建在石头之上，连着竹林蹊径，嵌在书屋一角，木廊石座，读书意味，相映成趣。江山无限景，都聚一亭中。两种亭的风格暗含着继承优秀传统文化和弘扬革命文化之意，是偶然还是有意为之，不得而知。

古人建亭，初为官员的驿站。交通不便，旅途劳顿，适当休息，以备远行。官员的箱子，几层放衣服，几层放书籍，这是标准行李。天地间有亭，是人生漫步的风景，也是读书安心之所在。今日党校多亭，或许暗合此意。长时间工作，劳逸须结合。基层热运行，更需冷思考。党校就是这一方好驿站，小亭更是学习的好去处。我经常在亭间，看到同学读书，或啃马列，或学科技，或读外语，或看管理。领导干部工作久了，到党校的亭子来坐一坐，繁忙暂时停一停，具体事务放一放，知识学一学，理论补一补，思考问题、转化能力，吐故纳新、提升境界，冷静思考此前得失，全面客观总结经验，静则生明养心有主，温而能断临事无疑，将来面对复杂情况，底气就不一样。党校是休息室更是加油站，大有亭是调适处更是充电站。

我曾站在远望亭上饱览附近风物，此地名为大有，为丰收之谓，乾隆帝赐名意在祈福。好山一望始开怀，妙地引人徐入胜。城北上风上水，青山绿水绕城，自然是京人最好去处。但是三百年来，封建王朝波澜曲折，相邻的圆明园断壁残垣，记录着岁月沧桑；石碑古墙，刻画着历史兴衰。党校修筑在此处，是否有警示后来者之意，不得而知。执政者不能忘记"生于忧患，死于安乐"，不能不经常提醒自己：政者，兴于勤奋，息于懈怠，进于革新，失于保守。对于新时代的中国共产党人，有改革开放的大格局，才能治理好天下；有民族复兴的大情怀，才能守护好中华；紧贴民心民意，才能闯出一片新天地。

（原载2019年1月25日《学习时报》第A4版，原标题为《大有之亭》）

血脉连气韵，文化壮筋骨
—— 大有文章

我喜欢读报，每天浏览很多种报纸，《人民日报》《经济日报》《光明日报》不必说，各省的报纸我也会有选择地看几种。报纸是一个地方的政治风向标，也是经济晴雨表，还是文化气象图。

作为一名新时代党的干部，《学习时报》乃是必读之报。《学习时报》栏目设计突出学习之意，体现学术之味，拓展理论研究广度。报眼之处，"重点言论"高屋建瓴、画龙点睛，指引方向、推动前进。"大有专论"对一个时期的重大话题进行全面深刻的权威综述；"学习评论"对重要观点的阐发鲜明准确充满力量。"思想理论""市场经济"聚焦理论热点，从学理上讲政治、讲经济，剖析深入浅出；"科技前沿""军事国防"传播新知、开阔视野；"党史党建"经常结合时代需要，讲经述典，重温故事，把历史深处的味道进行再阐释生发，让人深省。"读书治学""学习文苑"常有独特经历的学人讲故事，耐人寻味……

党校办报确实办得不错。毛泽东说："报纸的作用和力量，就在它能使党的纲领路线，方针政策，工作任务和工作方法，最迅速最广泛地同群众见面。"习近平同志提出，做好舆论引导工作，一定要把握好时、度、效。每次中央召开重要的会议，《学习时报》的反应都非常快。记得全国宣传思想工作会议刚闭幕，该报就连发四篇评论员文章，述评宣传工作者要有好的脚力、眼力、脑力、笔力，我心下感叹，下手真快，为之点赞！这张报纸是办给领导干部看的，必然要有高度，尤其是理论宣传上更得有深度，要从政治上看问题，从政策上把方向，从言论上作引导。"大有专论"常发表有时代深意又有工作指导价值的文章，"思想理论"常发一些辨析思潮、探讨问题的文章，见解独到，剖析入微，道理深刻，值得精看回味。

当今国际形势正逢百年未遇之大变局，技术革命推动知识快速革新之时，一个执政党要驾驭时代，必须推动全体干部加大学习力度，深入学习，深化思考，把党的理论创新成果与实践躬行结合起来，使之变成推动发展的有效举措。办报纸少不了贵人相助、编者努力，贵人就是作者和读者。细读《学习时报》，确实大有文章，有大批优秀作者爱写并经常写出思想新意、有基层温度、含人文情怀的文章。

我们班有从基层一路上来的老宣传，也有一直奋战在三尺讲台上的理论老骨干，大家爱读报、研究问题。每天下课后，回宿舍前总要到一楼取《学习时报》。微信公众号也总是在清晨把重要文章推送给大家，大家也时常第一时间为同学们发表的文章点赞。这种大有情意，不仅体现在读者之间，而且在编辑与作者往来间时常流淌。曾经有位编辑周末与我联系改稿，改了三稿才过关。还有位编辑与我短信对表查错，我在知错改错间学到了知识，对编辑强烈的责任意识心生敬意。我曾经在报社工作多年，深知白纸黑字错不起，出彩是追求高线，无错是我们的底线。《学习时报》的编辑或年轻或年长，他们精心工作，对文字精益求精，让我对这家报纸更多了一份新的期待。

一张报纸的气象，栏目是格局，文章是血肉，文风是贯穿其中的气韵。一张报纸的张力，评论是旗帜，理论是骨架，语言是延绵其间的文化。今日之《学习时报》大有新意，栏目设计有宽度，是因为大有格局；学术文章有政治，是因为大有高度；理论文章有见解，是因为大有深度；党史经济有纵深，是因为研究有广度；学习研修有成果，是因为学习有力度。

《学习时报》的位置，随着时代前进，随着全面加强党的建设的风向标不断前移,缘于它是全党唯一以思想理论宣传为主旨的中央级报纸,宣传中央的声音,也缘于她的读者作者编者队伍,传递人民的期盼。时代给我们更多期待,学到真知,体悟真理,不是为了文章而文章。学习的目的全在于应用,理论的真谛全在于实践,只有把事业写在大地上,写在让人民越来越好的幸福生活里,写在生机勃勃的中华民族伟大复兴的路上,才是我们的大有文章。

(原载 2018 年 12 月 5 日《学习时报》第 A4 版,原标题为《大有文章》)

心有明镜台,常常拂尘埃
—— 大有气象

《学习时报》成立20周年,可喜可贺。新时代,《学习时报》以鲜明的理论色彩、有力的理论宣传、深刻的理论阐释构筑了学习习近平新时代中国特色社会主义思想的理论高地,成就了中央理论大报的新地位,展示了中央党校构筑国家高端智库的新气象。《学习时报》的理论特色、党史专长、文化味道,充分体现了党校姓党、党报姓党的强烈意识。"党员热读大有文章""干部悦读学习时报"现象背后是主办者强烈的党性观念、鲜明的党报意识、特别的党校情怀,折射了全党办报、全校办报、开门办报的可贵精神。无论是栏目设置还是版面语言,无论是重大策划还是日常选题,都体现了《学习时报》跟着党中央走、贴着新时代走的思想自觉。她以全方位、重分量、多角度、宽领域、高层次的理论文章,以有深度、有温度、有厚度的党史故事,以校园文化、教学质量、队伍建设的丰硕成果建设了贯通党校内外、教师与学员、社科与文化界的学习园地。她勇敢地回应思想问题,促进凝心聚力;坚定地做好理论武装,汇聚民意心声;创新地开展融合宣传,引领时代新声,有力地巩固了理论研究、阐释、宣传、普及的舆论阵地。《学习时报》在干部心中的地位更高,在读者心中的印象更深,在社会的影响更广,是新时代推陈出新的结果,更是实实在在干出来的。这是党的创新理论的科学伟力,也是《学习时报》融合发展的崭新气象。

《学习时报》成立20周年,且鼓且歌。在中央党校当学员,阅读《学习时报》是提高学习能力的好办法,能帮助我们提升理论素养。崇尚学习是一个党的兴旺之象,学习理论是领导干部的必修课,写理论文章是培养理论思维的重要方法。首先是过好语言关。有严谨的语言阐释、严格的逻辑推理、严肃的实践检验,才有科学的理论。掌握马克思主义基本立场、观点、方法,把握好理论工作的原点,深入贯通原文原著原理。其次是思维关。做理论工作要求严谨,写理论文章更要严谨。做观点论证要严谨细致,搞阐释解析要严丝合缝,内在逻辑更要严格推敲。在党校上课,培养严谨的逻辑思维;为报纸写文章,厘清具体的科学理论,二者相得益彰。再次是表达关。马克思主义的哲学是人民的哲学,我们的理论是为人民谋幸福的理论。因为我们是宣传人民的理论,必须作人民喜闻乐见的表达。为理论作宣传、向人民作解释,让人民愿意看、乐意听、喜欢传播,这才是艺术的理论宣传。政治的清醒源于理论的坚定,理论的坚定源于对科学理论的准确理解、深刻理解,有这个作基础,我们才能过好语言关、思维关、表达关,想得明白、说得清楚、写得到位。

《学习时报》成立20周年,可歌可祝。20年峥嵘岁月,事非经过不知难。办报不容易,办理论大报更不容易。20年风华正茂,承担重任更向前。新时代给了《学习时报》新机遇,新机遇成就了今天的《学习时报》。习近平新时代中国特色社会主义思想是当代中国马克思主义,是21世纪马克思主义,我们有责任学习好、宣传好。让党的理论创新成果"飞入寻常百姓家",《学习时报》坚强地把这一任务扛起来,创造性地开展党的理论研究、宣传、阐释工作,推动习近平新时代中国特色社会主义思想深入人心,为广大干部群众的思想武装作出特殊贡献。良好的文风,是优良作风的体现。活泼的文字能更好地反映开放包容的社会,优美的文字更能表达优雅的气度,准确的文字更宜彰显深刻的思想,清新的文字更易宣传科学的理论。让人民乐于接受的理论文章应该有新时代的风貌,展示改革开放新气象,体现新时代的精神,展示复兴路上人民心声。《学习时报》的读者、作者、编者一起来努力:理直气壮传真理、深入浅出说理论、生动活泼讲故事、准确鲜明报新闻、解疑释惑聚热点、真诚实在为人民,共同培育新时代需要的更好文风。

(原载 2019 年 9 月 18 日《学习时报》第 A10 版,原标题为《理论宣传的生动兴旺之象》)

水深鱼读月,林静鸟谈天
——大有情意

作为新闻工作者的"娘家人",为新闻单位服务、当新闻工作者的服务员是我们记协人的分内职责。《学习时报》是一家全国性的重要新闻单位,我一直关注着。20年来,《学习时报》从校内走向校外,理论大报地位彰显,党的舆论阵地稳固,社会影响更加广泛,不断取得新的进步,现已成为中央新闻单位的一支重要方面军,成为党的创新理论的宣传主力军之一,我为之高兴。

作为一名党校学员,学习《学习时报》是必修的功课。20年前,初识她时像一张校报。2011年,我第一次上中央党校中央直属机关分校,感觉她已经初有"小报大样子"的基因,报如其名:双X专注学习核心向度,特如其标:一双耳朵机灵关注社会,两只眼睛敏锐观察世界。2018年我在党校参加第一期"习近平新时代中国特色社会主义思想"理论研修班学习,天天阅读《学习时报》,学习党的创新理论,了解理论研究新进展,研读党史研究新成果,得以近距离地了解她,观察办报特色,体悟报人精神。阅读《学习时报》,我收获知识和快乐,也看到了报纸的新变化。可以说,《学习时报》成长我成长。

老百姓常说,这个干部靠谱、有板有眼,赞赏其做事有法、做人有度,朴素话语的背后是真切道理,"法"就是便于捕捉、可以感受的逻辑脉络,"度"就是有自然蕴含、巧妙嵌入的理论思维。在这个快速发展的时代,如何把握昨天今天明天？在这个利益多元的社会，如何把握为人处世做官？在这个挑战日益增多的世界，如何把握国际和国内、全局和局部、静态和动态平衡？在纷繁复杂的关系中，如何把经济建设、政治建设、文化建设、社会建设、生态文明建设五者妥帖拿捏？需要全面了解情况，需要审慎正确应对，更需要科学理论指导。我们比以往任何时候都更加需要学习，也更加希望身边多一个有理论功底的朋友——《学习时报》就是这样的朋友。有她在，我们就能做个政治上的明白人；有一根思想上的指南针，就多了位感情上的真朋友。无论是讲话还是做事，懂规矩有章法，是一个好坐标，也是高参谋，无形中会帮我们省不少心力。

新时代，学习理论是一个领导干部的日常功课。全面、准确理解党的理论，成为每个党员的重要任务。学懂弄通、深刻理解21世纪马克思主义，成为每个党员干部的本领刚需。

可以说，是新时代给了《学习时报》新机遇，也可以说是新机遇成就了今天的《学习时报》。无论是权威的纪实访谈《习近平的七年知青岁月》《习近平在正定》《习近平在宁德》《习近平在厦门》，还是及时独到的"热点透析""思想通信"，无论是活泼常蘸感情的"学习文苑""重读经典"，还是泼辣时有锋芒的"学习评论""读书治学"，抑或厚重深刻的"大有专论""党史党建"，都表现出增强"四个意识"、坚定"四个自信"、做到"两个维护"的行动自觉。这种自觉是长期党性修养练就的，也是长年学术理论学养熏陶出来的。版面流露的气息背后是中华优秀传统文化和社会主义先进文化的水乳交融，是一代代不断继承发展、努力守正创新的学习时报人的风骨精神。

读《学习时报》，天天需要；经常与报人打交道，十分必要。在我看来，为报社写文章有益，和报人打交道有情，同中央党校（国家行政学院）的老师们交心有智，教学相长、学学相长有趣，二十年其乐融融。与《学习时报》同人交流，编读往来间成为好友，这是一份共同从事一种事业的工作缘分，也是一种多次个别交流产生思想共鸣的难得感情，不由倍加珍惜。曾经多次主动向《学习时报》投稿，报社同人总是热情地伸出双手，给我们一份编者给予作者的尊贵礼遇。也曾数回在周末接收到编辑精心编排的版面,老师们温馨提示,给我们一次再斟酌的机会。更多的时候是收到老师们的短信、微信,征求对一两个字句的修改意见,提醒几处存在的出处疑问。我曾经羞愧于自己的错别字,也曾汗颜于个人的马虎大意,还因自己的担心吓出一身冷汗。新闻圈内有句俗话"希望出彩,但求无错"。《学习时报》的编辑高人一筹,把关把得严把得好,稿子交给他们,使人高兴、让人放心。记得几位老师都说过一句话"千万要再看一下,确保万无一失",这是提醒,也是叮咛,更是对我们的真正体贴和爱护。他们把理论工作者的伟岸尊严、新闻工作者的光荣使命、党校工作者的崇高师德印在教学交流里、刻在编读往来中,也写在每天的版面上!

因此祝福《学习时报》,不是客套,而是一首源自心底的歌:学习我们越来越需要,愿《学习时报》越办越好!

(原载 2019 年 10 月 4 日《学习时报》第 A4 版,原标题为《越来越需要〈学习时报〉》)

山高人为峰,有格品自高
—— 英雄丰碑

曾在淅淅沥沥的雨后,爬上从茨坪拔地而起的北岩峰,凝视翠柏青松环抱的井冈山革命烈士纪念碑。

曾在太阳初升的早晨,走进人潮涌动的天安门广场,神情肃穆地瞻仰人民英雄纪念碑。

也曾走近厦门革命烈士纪念碑,献上一簇鲜花,仰视白鹭从蓝天中飞过,回望身后不远的海峡两岸,浮想联翩。

一

纪念碑在中国,是一个特别的存在。因为她深藏历史,如果你细细地读,读碑文一遍两遍,你会发现不同寻常的记忆;细细咀嚼其名其历,你会品出难以忘怀的味道,因为很多奇妙的联系就在碑文中、就在其构造设计里。如果你有灵动的联想翅膀,有强大的数据记忆,你会得到常人难知的结论、难以抵达的高度,观点因为深刻而力透纸背,认识也会因为高远而启迪智慧。

革命烈士纪念碑就是一个特别的存在。不仅因为她深藏历史的符号,而且因为珍藏中华人民共和国诞生、成长的特殊记忆。这种记忆,也许是因为烈士有名,使纪念碑被人们在内心深处时常惦念着,也许是因为无数故事使这座座屹立时空的纪念碑鲜亮如新，也许是因为信仰的价值而被后来者不断接续高高地举过头顶。

为了建设一个全新的世界，为了创造一个美好的未来，为了实现一个伟大的梦想，中国共产党自成立以来，就一直努力奋斗着。成千上万的先进分子，为了人民的幸福、民族的复兴，贡献心血智慧和力量，甚至奉献生命。为之立碑，是后来者的纪念，也是对先烈的尊崇，更是对先贤的深情缅怀，对使命的庄严宣誓。因此，中国共产党人总有一种特别的深情，时常肃立碑前，注目致敬英雄，成为一种常见常新的仪式。中国共产党人有一种特别的告白，纪念烈士，缅怀历史，报告今天，继往开来。从五十多人到九千多万人，党的队伍不断发展壮大，逝者可追，来者绵长，不变的是传递烈士们念兹在兹的初心，是今天共产党人仍然心心念念并时刻践行的使命。

丰碑永恒，一座座革命烈士纪念碑巍然高耸的背后是绵远流长的中国文化。建造者不同一般，铭文者非同寻常，低调地藏身纪念碑之后，更加衬托出革命烈士的高大高尚。此中有真意，谁解其中味？第一次看到《学习时报》"为了新中国——革命烈士纪念碑碑文敬读"的专栏，以碑文为切入，讲述纪念碑的前生今世，介绍地方的历史掌故，别开生面，不由点赞。从做新闻的角度来看，这确实是策划高招。以烈士志士为主角，以碑文史事为主体，穿插立碑故事，内容更见丰满，表现更见精神；图文并茂，形式活泼，轻松阅读，适合更多受众，赢得悦读体验。从党史知识传播的角度来看，这更是一个巧妙的切入。从人们常见而易忽略的纪念碑文进入，贯穿中华人民共和国成立70周年这条主线，把革命精神、奋斗精神融入其间，让深藏各地党史馆的革命烈士历史资料重新组合，让遗存在纪念馆、博物馆的文物史料鲜活起来，延伸中国革命史的脉络，更加充满绿枝新意。我们重读之，补上过去忽略的新知；深读之，体会历史深处的奥妙；反刍之，挖掘内在联系的关键；反思之，总结应该汲取的经验。读碑文、掌碑故、学党史、强党性。正本清源，胸中更有信心；固本培元，脚下更有力量。

二

丰碑有格,为谁立、谁来立、怎么立有道道。古往今来,立碑立牌楼,为国家立心为民族立魂为人民立命,可为;为伟大目标凝心聚力,为社会共识提气塑魂,可为;记录大事,弘扬大德,可为。执政者赞同,大众支持,无形丰碑盼有形,可为。怎么立?如果你驻足细看,会发现其中道理。建革命烈士纪念碑的地方非同一般。青山壮丽是难得的风景,置身其间,易生人生豪迈之情。天地广阔是特别的遐想,身临情境,常起意气风发之兴。选址于此,青山托高格,广场映宽怀,宽台竖高碑,环境配雅意,纪念碑更见庄重大方。建的人也不一般,设计者用心用情,建设者匠心精益。千年石万年玉,以石为碑,选材设计意在不变传承源远流长。千古气贯古今,勒石为文,宗旨依归寄托道德精神感召日月。一个有希望的民族不能没有英雄,一个有前途的国家不能没有先锋。革命烈士纪念碑常伴烈士陵园,让英烈魂有依归,也让生者不忘历史,更加敬重英烈、崇尚英雄,对提振民族精神、促人砥砺奋进,意义重大。

读碑文,让我们时常感佩的是中国语言的丰富优美。纪念碑面积不大,必须简约得体。写作碑文,是一项艰难挑战,既须文约意丰全面周到,又须言简意赅句子精到。浙江舟山的大鱼山战斗革命烈士纪念碑碑文只有不到200个字,述说经历过程,简明扼要,印象深刻。沈阳抗美援朝烈士纪念碑碑文有400多个字,6段内容意蕴深远、逻辑严密。辽沈战役革命烈士纪念碑碑文600多个字,简要概括脉络,巧妙揭示意义,语言细腻动人。人民英雄纪念碑碑文更是典范,短短一百来个字就精准浓缩了中国近现代史,记录了中国人民和中华民族站起来的艰苦历程和辉煌征程,富有简洁之美、博大气象、如虹气势让人备感雄浑之美,从今上溯、通贯百年的倒叙方式令人回味无穷。

观碑意,让我们常常感慨的是中国文化的博大精深。让人印象深刻的纪念碑往往设计精美、内容精深、制作精良。一般而言,碑底有座,沉稳支撑;碑周有廊,守护有力。地势地貌,形胜吻合;内容形式,刚柔相济。碑中有文化,建筑有艺术,人民英雄纪念碑就是汇聚了建筑学家梁思成和林徽因、文史学家郑振铎、美术家吴作人等人的集体智慧,淮海战役烈士纪念塔由建筑学家杨廷宝主要设计……碑文有辞章,题写有书法,中国共产党内不乏优秀的书法家。周恩来秀美隽永的精美书法,使人民英雄纪念碑更生英气卓然,展示着中国政治家的博大胸怀和军事家的儒雅风范。也有书法家书写的碑文,楷书庄重,隶书大方,魏碑稳当,行楷灵动,生气勃勃,各有千秋。设计有美学,暗含数字,蕴含寓意,巧妙中见深刻,联系中知逻辑。中央红军长征出发纪念碑高 19.34 米,底座边长 10.18 米,象征 1934 年 10 月 18 日中央红军从江西于都出发,开始了举世闻名的二万五千里长征。延安"四八"烈士纪念碑高 19.46 米,寓意烈士遇难的年份,碑身后有 4 层阶梯,其下有 8 级台阶,象征着遇难时间 4 月 8 日。顶部雕有党徽镰刀锤子,象征着中国共产党,最高一层四面刻着五角星,代表着中国人民的革命事业奔向未来远方。

品碑铭,让我们常常感动的是流淌其间的战友深情、同志厚谊,贯通其中的信仰理想、信念力量。毛泽东起草的人民英雄纪念碑碑文不长,但三段都写上了"人民英雄们永垂不朽",不同寻常的重复是强调中国共产党以人民为中心的理念,彰显对人民英雄的深切缅怀,更洋溢着对逝去战友的深沉情感和无限敬意。新四军"刘老庄连"八十二烈士碑碑文朴素,最后一段写得沉郁顿挫,"淮阴现在是胜利的和平了,八十二烈士的英魂是应该安息了;但是不会忘记的,烈士们的亲密的同伴,还在山海关的长城外为中国人民的事业奋斗,他们也更不会忘记这 82 名烈士,因为这就是他们最好的榜样","我不能不回忆生者,更不能不悼念逝者。向 82 位烈士,我致布尔什维克的敬礼"!碑中有真情。很多纪念碑成为"三绝"之碑,均因为写者动情、书者含情、刻者融情。

三

以史教化,是传承文化的重要手段,也是弘扬价值的重要办法。用力倾注挖掘史料，用情融入采访写作，用功表达追求新意，抵达更多受众心灵，才能真正实现以文化人。《学习时报》"为了新中国——革命烈士纪念碑碑文敬读"专栏化旧为新，推陈出新，新视角、新角度、新策划、新表达，为党史解读，为党建宣传，为初心而歌，为使命而著，可以说，一定程度上达到了新高度，实现了新效果。丰碑有形，铸魂为碑，勒石为文，大师精设，大气示德，为我们今天的传承打下了坚实的基础。而无形的丰碑，需要后来者不忘本来，同样需要有责任、有水平、有情怀的新闻工作者和党史工作者一道给予今天的人们以精神滋养，以艺术的准确表达和巧妙的精准传播使伟大精神更好传承，把丰碑刻在今人心上。

读碑文、品碑意，我们发现中华民族最闪亮的坐标，对历史更生敬意，对烈士更生敬爱。识碑铭、扬碑志，我们发现内心最深层的情感，激发身上最强大的力量，对今天更加热爱，对明天更多信心。

今天，中国正在发生日新月异的变化，我们比历史上任何时期都更加接近实现中华民族伟大复兴的目标。学习烈士、瞻仰英雄，从我做起，让更多人践行，英雄精神一定会在新长征中散发更加灿烂的时代光彩。

（原载 2019 年 8 月 2 日《学习时报》第 A4 版，原标题为《英雄丰碑》）

果然真名士，自得极风流
—— 也谈潇洒

随着港台歌星数度来大陆开办演唱会，某些歌星走穴成风，经一些小报的新闻爆炒，"月朗星稀"的天空仿佛一夜之间即成"繁星闪烁"。炒爱玩愁的歌曲流行，一些少男少女如痴如醉，形成了所谓追星族。年初"何不潇洒走一回"更是风靡一时，于是歌星演潇洒，追星族学潇洒，大亨、"大腕"、大款玩潇洒，不少人被"潇洒"风卷得晕头转向，潇洒得不能更潇洒了。

稍归纳一下，流行的所谓"潇洒"不外乎高档化、星化、怪异化。高档化即请客必到星级酒店豪门宴，饭菜满汉全席加点金箔，乐须泡名妞金蛇狂舞。星化即什么皆唯星是瞻，举手投足，东施效颦，一哭一笑，惟妙惟肖；爱穿仿制星服，对星之罗曼蒂克、吃喝玩乐津津乐道。歌星廉价飞吻引无数美女竞折腰，甚而冲破重重突围，在大庭广众之下扑上星颈，只为一吻，下台后，美在其中，竟有数人讨教个中滋味。

比起怪异化，上述不过雕虫小技耳。且说先富"贵族"之潇洒，吃要吃别人之未尝，虎口伸到珍稀动物，虽罚款亦颇为自豪；至于玩，钞票作爆竹折飞机贺喜，可一掷千金赌斗于酒吧只为争口气，可不问价钱不皱眉头为藏娇购裘皮兽毛，不辨真伪不经卫生检疫牵走假作真时真亦假的洋狗；一夜之间挥霍半生积蓄，只因围城里赢要赢得痛快，输要输得潇洒；少数见人发财就心痒的有权者，为争取潇洒面前人人平等，竟不择手段，大肆侵吞国有财产，假公济私,以权谋利,等等。再说星级潇洒,以装腔作势为星,以光怪陆离为追求,以表现原始冲动为极致。唱不像唱,说不像说,台风奔放过度,身体巴不得每个关节都抖动……

潇洒得变了味,变得越神经质越潇洒,越忘记自我越潇洒;越打幌子赚昧心钱搞些义演不义的越潇洒;越是玩世不恭蛮不讲理越俗痞越粗鄙越排斥文化越潇洒;越刮公家油偷漏税款越潇洒,玩得叫人心跳惊讶莫名、叫人不知"潇洒"为何物越潇洒!

何为潇洒?《辞海》解释道:清高洒脱,不同凡俗。普通词典上更作了通俗易懂的解释:(神情、举止、风貌等)自然大方,有韵致,不拘束。由此可见,潇洒确实为脱俗高雅、达观超然的人生境界,是一个很有风度和魅力的词。

看来,今日之流行潇洒怕是与之挨不上边了。纵情奢侈放荡享乐穷吃胀喝,把吃喝玩乐当作人生目的,把金钱当作衡量一切的标准,自以为得意,殊不知"如果一个人只会吃喝享乐,而缺乏创造,没有思想,和禽兽又何异"?讲排场,摆阔气,腐化堕落,实是一种人耻,与改革时代风貌相差甚远,何来潇洒?

鄙弃民族文化优秀传统,跟着商业文化卷得晕头转向丧失自我,被有哗众取宠之意少求高求雅之心的歌星一阵邪风牵鼻而动,没有高尚风格让人回味,没有高尚作品留给后人欣赏的短暂效应,何来潇洒?

文艺是国民精神所发的火花,同时也是引导国民精神前途的灯火。文艺应符合时代精神。我们正在进行建设有中国特色的社会主义,伟大的创业实践需要与之相匹配的伟大文艺去讴歌,需要高标准高格调的蕴含传统底蕴的文化去感染,需要激人向上、催人奋进的文艺鼓舞人们努力创造,为伟大目标不懈奋斗!

不少学者对流行的"潇洒"文化深表忧虑,流行文化中许多缺少力度与深度,与传统隔离,并不利于青年一代的人格和正确价值观形成。流行文化毕竟只是快餐,量大却吃不饱且营养不全面,在当前拜金主义、享乐主义、虚无主义沉渣泛起,在社会改革极其需要奋发图强的形势下,迫切需要提倡有力度、思想深刻的高尚文化。对青少年因势利导，培养其美好高尚的道德情操，养成不断求索的习惯，学习领悟中国传统文化的精髓，显得非常必要。

在中国历史上，潇洒之士应有尽有。有凌云壮志，心怀苍生，却遭流放汨罗江仍苦叹"路漫漫其修远兮，吾将上下而求索"的屈原何等脱俗！斗酒出绝唱，诗文传千古的李太白何等高雅！临风而歌"先天下之忧而忧，后天下之乐而乐"的范仲淹何等洒脱！胸中经纶百万兵，横枪立马杀得金军后撤千里的民族英雄岳飞何等风光！不为五斗米而折腰，宁肯戴月荷锄归的陶潜多么清高！用深厚国学功底铺就华彩乐章，嬉笑怒骂皆成潇洒文字的鲁迅何等俊逸！引无数英雄竞折腰，于马上急就章而成旷世佳篇的毛泽东何等潇洒！

说到潇洒，应该属于高雅脱俗，把个人美好追求和崇高使命、积极的社会效益紧密融合和谐共进的那种风范。

"我们自古以来，就有埋头苦干的人，有拼命硬干的人，有为民请命的人，有舍身求法的人……这就是中国的脊梁。"在现阶段，需要更多这样的脊梁人物为建设有中国特色的社会主义而努力奋斗，他们直面五彩人生，正视时代挑战，工作积极进取，获得有价值的人生，才是真正潇洒的内涵。

（原载 1994 年 2 月 11 日《人民日报》第 4 版）

医者有仁心,情暖千万家
—— 为了六十六个兄弟姐妹

编者按

4月1日,厦门市发现两例疑似非典型肺炎病例。经查,他们曾与其他64人一道住在香港淘大花园。3月30日晚,42人返回厦门,其余24人去向不明。这64名学员是不是"非典"病毒携带者?他们散到哪里去了?为此,厦门市发动了一场救治、查找、隔离的战役。

碧海清湖绕群山,绿地鲜花铺满路。走在厦门这座温馨城市的街道上,我们能深深地感到厦门人特有的悠闲,厦门人是幸福的。4月以来,在这座美丽的城市依然过着平静生活的人们,你可知道愉快生活的背后,正演绎着一场厦门市众志成城成功抗击非典型肺炎的动人活剧?

一

3月31日上午11点40分,厦门大学附属中山医院(以下简称"中山医院")呼吸内科来了一位小姑娘,姓王,精神非常疲倦,当值门诊的是女医生邓丽萍。小姑娘感冒好几天了,初步检查是高热发烧。但当得知小王昨晚刚从香港来时，会不会是"非典"的疑惑涌上邓医生的心头，尽管小王并没有明显症状。邓医生是一名有多年门诊经验的医生，为了印证自己的判断，同时也防止小王知道真相后情绪波动逃离医院，邓医生一方面安慰小王说"没事，可能是急性呼吸道感染，现在医院做检查的人多，我带你去查一下胸片，做一下血象"，另一方面又马上向院里做了报告，说出了自己的疑虑。

当邓医生详细查看了化验单的结果后，"觉得两腿有点发软"。检查表明，其血象偏低，白细胞有些反常，病情跟发生在广东的非典型肺炎病人的病症有些相似！

所有关于"非典"的恐怖的传言，就如电影快镜头一样，霎时变成了现实的威胁。邓医生努力使自己镇定下来，一方面让小王输液留院观察，另一方面和同事一起对症状进行进一步分析。"非典"并非小事，厦门市卫生局从春节后就一直要求各医院警惕，并且有一个详细的控制预案，牵涉到方方面面。此前其他医院也曾经报告过5例疑似病例，但都一一排除了，因此厦门市尚未发现"非典"确诊病例。虽然不能确定，但厦门市有关部门的"宁可信其有，绝不可信其无，绝不放过任何一个疑点"的告诫，使邓医生决定让小王当晚住院隔离，并进行继续检查，看病情是否有明显变化。

4月1日一早，科主任江兴堂召集全体医生根据观察期的检查变化对病情进行再分析，发现白细胞有所降低，而且肺部开始有轻微模糊阴影，可疑点增大了。江兴堂是厦门呼吸道疾病专家组成员，他马上与其他专家联系，要求会诊，同时向副院长张振清和医务科长李永忠汇报。恰好当天卫生部网上发布关于"非典"症状四个特点的通报，张振清和李永忠均认为小王的病症与此相符。情况紧急，张振清立即向领导汇报，当机立断，要求呼吸科果断采取紧急措施，同时迅速将医院收治"非典"病人向市内各家医院做了简要通报。

与此同时，厦门市卫生局也接到厦门大学附属第一医院（以下简称"第一医院"）的报告，收到类似症状的患者，厦门市卫生防疫站报告这两起病例都是同一单位同一批从香港回来的。疑点越来越大了，问题也越来越复杂了,不仅已发现有两名,而且很可能同行者正在发病,接触者更多,传染源更广了。

二

12点30分,卫生局黄局长将率由各业务院长组成的厦门市医院考察团前往台湾。突然,手机响起急促的铃声,获悉情况的黄局长立即报告市委、市政府,要求各医院迅速准备启动预案。另一方面,他安排办公室通知机场,让已经办理好登机手续的院长们退票,准备应对突发情况。

下午1点钟,仍在一所中学现场办公解决问题的厦门市政府张市长接到报告,立即和有关部门负责人召开紧急碰头会,作出七点要求:一是立即报告省政府,请求省专家确诊;二是严格隔离,不放过任何一个希望抢救患者;三是严格消毒,控制传染源,不要让任何一个医疗人员感染;四是不惜一切代价,尽快找到其他同行的人,进行检查隔离……

下午1点35分,来不及吃午餐的市委副书记吴凤章、副市长郭振家赶到卫生局,传达张市长的指示,下发《厦门市卫生局控制非典型肺炎方案》,坐镇指挥。

一场无声的战斗打响了。医疗单位建立隔离病房、做好消毒工作;卫生防疫部门建立留验点,寻找其他学员;专家继续会诊,制订切实可行的治疗方案;其他单位做好人员组织、物资调配,认真开展防治工作。

下午6点,市委召开常委会,专题听取汇报,要求全市各部门认真做好"非典"的应对工作,对公共设施和港口、机场、车站、学校等进行重点消毒和防范教育。当晚7点30分,福建省卫生厅专家组赶到,立即查看会诊,认为2位病人为高度疑似非典型肺炎病例。

晚上10点30分,市委、市政府听取省、市专家组汇报,指定厦门医学院附属第二医院(以下简称"第二医院")为下一步收治医院,确定地理位置比较偏僻的某疗养院为收留其他密切接触者集中留验观察的场所。为了使方案尽可能细致,不出一个漏洞,会议一直开到次日凌晨3点多。清晨派专人乘飞机将病人的血清标本、鼻咽拭子等分别送国家疾病预防控制中心和省卫生防疫站进行检测。

三

4月1日上午,厦门市卫生防疫站接到某公司的学员从香港打来的咨询电话,同时也接到中山医院要求专家会诊的通知。防疫站站长姚冠华立即赶往医院,同时派人去医院和公司进行深入了解。经查,这批到香港培训的学员共有66人,住在淘大花园,由于"非典"流行,学员放假。3月30日,有42人乘坐一辆大巴晚上回厦门,其余24人尚不知行程。如果这两例患者确诊是"非典",那么其他64人就极有可能被传染,其中同坐一辆大巴的42人更有可能被传染。这批人已分散到全省甚至全国各地,如果不及时采取措施,一旦感染,病源扩散后果不堪设想。

情况紧急,紧急,万分紧急!防疫站立即报告卫生局,并层层报告给上级主管部门,请求帮助协查。下午3时,郭振家副市长紧急约见该公司负责人,通报情况,要求其配合防疫站尽快通知这些学员,特别是外地学员,及时就地进行检查。

"请问是刘先生吗?我们是厦门卫生防疫站,有急事找您,请今天不要外出。"紧张的找人工作开始了。这些学员来自各地,有的是厦门人,有具体住址;有的是临时来的,无具体住址,电话也联系不上。市区防疫工作人员开始了"地毯式"上门查找,和居委会工作人员一起一栋一栋地找,一户一户地问。有一位姓柯的学员固定电话一直无人接听,晚上11点电话打通了,那人说是搬家到96号了。开元区(现为思明区)防疫站站长陈瑞进只好步行去东渡找,一下子上山,一下子又是下山,找到凌晨,才知道他是住在90号。湖里区找一位洪小姐,按地址找不到,公司通讯录上又无电话,便在找其他同事时询问有没有联系方式,当得知她的一个朋友有电话时,一打,那人又恰好手机没电了，当晚一直联系不上，直到第二天早上才联系上。各区卫生局局长带领干部职工深入各个社区进行多番查找，多名工作人员一晚都未睡。

厦门市卫生防疫站在通知厦门的学员的同时，也请求福建省卫生防疫站和兄弟省市帮助查找分散在其他地区的学员。有一位王先生，联系电话归属地和地址都是湖南洞口县，打过去，家人说没有回来。经多方查找，才知道住在厦门同学家。有一位到武汉去玩了，更是千方百计才找到⋯⋯

疫情如火情。厦门市卫生防疫站流行病学调查组人员兵分两路，立刻展开对病人的调查，了解接触者情况，指导医院严格采取隔离消毒措施；消毒杀虫组立即出动，分组对疫点和观察点进行严格消毒处理。

2日晨，防疫科医生曾水金和司机开着消毒后的汽车去接第一个学员。经电话联系，厦禾路的黄小姐成为第一个学员，帮她戴上口罩，送到疗养院。沿着台阶上到顶楼，让小黄挑好最西边的601房，放入行李，曾医生交代正等在那里的防疫人员照顾好小黄。下楼以后，可能是第一次接触这种场面，被要求也戴上口罩的服务员一直不敢作声，待在那里一动不动，曾医生笑着对手足无措的服务员说，"不要怕，上面有我们卫生局的，都消毒了。我先登记一下，以后再来一个你就登记一个。你看我们每接一个，车子消毒一次"，然后又去接第二个。

2日晚，20位在厦门的同行者全部入院，3日又有6名入住⋯⋯在附近地市的人员经过排摸、劝告，也陆续入院。最后，36名学员和3名家属都入住观察点。其他28名学员在兄弟省市防疫站的帮助下，也已找到，由当地卫生防疫部门进行医学观察。

四

这一群活蹦乱跳的年轻人与外界隔绝的半个月，在医务人员的陪伴下，经历了一场人生前所未有的考验。所幸的是，这批学员没有再发现一例"非典"病例，他们的 51 个密切接触者也没有一个被感染。4 月 15 日，39 个在某疗养院被隔离的"非典"病人的密切接触者，兴高采烈地重返工作岗位。当走出这座疗养院时，这批充满青春气息的年轻人紧紧握着医务人员的手动情地说："谢谢，太感谢了！"

记得刚来时，有人提出异议："我们又没有病，为什么要隔离？"防疫人员及时给大家讲解"非典"，并告诉大家很多人就是在不知不觉中感染的，因此需要较长时间的观察。医务人员给大家上课，一起制订"学员守则"，讲解个人防护措施，进行体格检查，随时了解临床表现，进行诊断。

年轻人好动，思想活跃，难以保持安静。为了让其安心留验，创造一个温馨的环境，志愿参加医疗的厦门市中医院呼吸内科主任白秀华和医护人员在检查间隙，耐心解答各种问题，解除其思想顾虑。有一位学员家属思想波动大，不安心留验，医师戴龙与其开展一对一谈心活动，耐心细致地做工作。渐渐地，医疗人员和学员成了朋友，大家相互信任，相互配合，心往一处想，劲往一处使，使留验过程逐渐变得愉快起来。

工作组从进入留验点，也与家人、外界隔离了，与学员在一起，用心换心，感动学员。4 月 19 日，记者来到某疗养院，除了在电梯里能闻到一些消毒水的气味，这里一如往昔。家属们说，"政府反应迅速，医院真心服务，使我们没了后顾之忧"。

五

人民生命重于泰山，患者安危牵动人心。在 20 多个日日夜夜里，小王和小柯在医护人员的陪伴下走过了艰难的历程，即将迎来康复。为迎来五一节的新生活，更为繁重的医疗救治工作开始了。根据病情变化，专家作出决定，第一医院的患者小柯转到有传染病房的第二医院海沧分院治疗，小王继续留在中山医院治疗。

中山医院是一座综合性医院，一直没有设传染病专科，这次"非典"，他们临时设置了一个高标准隔离病区。

张锦辉说,"当时由于对这种病不了解,此前外地医疗人员感染众多的传闻使大家都有些害怕。但当看到满脸稚气的小王带着倦容坐在轮椅上被推进来,职业责任感使我们立即忘记了害怕,把小王抱上床时,发现她比我们更紧张,我轻轻在她耳边说,医院是你安全的港湾,我们一定会治好这个病,你一定会好好地走出去。"

中山医院迅速组成专家组和特护组,副院长张振清每天带领医生进行严格的检查,邓丽萍作为主管医生全天候跟踪服务。经过正确治疗,11日小王病情逐步稳定,肺部病灶明显吸收,血象趋向正常。

小柯转院后,在专家特护下,病情逐步好转。主治医生陈岚兰从第一医院跟到第二医院,一直坚守在病房密切监测病人病情变化,有时一天只睡两三个小时。尽管工作人员每时每刻都存在着被感染的危险,但没有人因此而退却。第二医院副院长姜燕是一位呼吸系统疾病专家,和隔离病区的医生护士们工作、生活在一起;她爱人刚刚做完大手术,她却整整一周没能去看上一眼。

为了不让一个医疗人员因此倒下,厦门市制订了三道关把守的医院消毒和防护办法,除了进行乳酸熏蒸、紫外线照射、消毒剂消杀外,每一次为病人量体温、做其他检查,任何一次接触都严格按照要求进行消毒。领导和防疫部门对此进行严格的检查。第二医院护士长洪闽女说,每天隔离衣不离身,手套、护目镜时刻都得戴着,而且必须每4小时更换一次。对于病人的痰液、呕吐物、尿液、粪便等要随时消毒,每次消毒两小时以上,所有生活垃圾要放在专用的消毒袋中,经过专门通道专用程序消毒后焚烧。在病房里,24小时弥漫的消毒水味道更令人难受。每天吃喝拉撒睡都在这种环境下,但是医护人员没有一个人退却,也没有一个人讲价钱,更没有一个人中途退出。

护士钟清霞是护理小组内唯一的党员,小孩只有一岁半,正是最需要照顾的时候,当医院通知时,她二话没说,立即投入新的工作中。半个月过去,当小钟被允许回家探望孩子,看着可爱的女儿扑过来又被婆婆带走时那撕心裂肺的哭声,小钟眼泪禁不住夺眶而出……

六

护士们大都是20岁左右的姑娘,不少还稚气未脱。由于是应急任务,有的还来不及通知一下家人,就一同被隔离起来了,但大家首先想到的是患者,想得最多的是患者的健康。小蔡说,"小王和我们同岁,治病对她是一种考验,对我们能否完成这项任务也是一个前所未有的考验,当我们看到小王的样子就像看到我们自己生病一样,命运把我们紧紧系在一起,我们每天想的就是希望她尽快好起来"。主任张锦辉每天都要到病房,一方面是看小王病情,另一方面也是看护士们的表情。开始她还有点担心年轻的护士们承受不了如此大的压力。后来发现,护士们那种强烈的责任感早已融入对患者的关爱。

护士们既是医嘱的忠实执行者,又是患者的生活料理者,更是患者的心理导航者。小王和小柯表情上的一点点变化,都牵动着医护人员的心,一位护士在笔记中写道:"她每露出一缕缕笑容,我们都会绽放出笑脸;她每显示出一丝丝不安,我们都会为之焦虑。"张振清是一位专家,更是一位非常好的心理医生,每天早上都要去看小王,开导开导。有一次小王问张院长,这个病会不会影响以后的生活,张院长明白她的意思,大声说:"不会,这种病来得快去得也快,只要配合治疗,将来没问题,你做新娘子时可别忘了请我啊……"小王高兴地大声说:"我第一个请的就是你,你一定要到哟!"病房里,顿时充满欢快的笑声。

由于记者不能进入病房,20日记者打电话给正在值班的护士蔡杨芳,她说,"开始不知道怕,后来听别人说起来有点怕,特别是朋友与我们故意有些疏远,我们心里也觉得有点怕,但是既然接受了这个任务,不管最后怎样,我们都决心坚持下去,只有我们坚持,病人才有可能坚持,才可能战胜疾病。

现在我们和小王一样盼着早日出院,我们几个想好了,用鲜花簇拥着欢送小王,沿着平时最喜欢逛的白鹭洲走一圈"。记者从电话那头听到护士蔡杨芳的笑声,感受到介绍病人情况时的自信,还有什么能比这种柔声细语中展示的对病人的体贴关怀更能打动人呢?医和病两者的命运紧密地融在一起,有了这种充满温情和蕴含责任感的力量,还有什么不能战胜呢?

记者采访有关专家,他们认为两例"非典"患者病情趋向稳定,康复较快,待观察期过后,预计"五一"前将顺利出院。记者期盼着小王和小柯早日出院,和她们的同伴一样重新走上工作岗位,开创新的更美好的生活。

(原载 2003 年 4 月 25 日《经济日报》第 5 版,原标题为《为了六十六个兄弟姐妹——厦门追踪控制非典型肺炎传染纪实》,有删节)

评 论

厦门告诉我们

詹国枢

看完《为了六十六个兄弟姐妹》,十分激动。激动之余,不禁又想,假如厦门市委、市政府不是本着对人民高度负责的精神对此事作出如此果断迅速的决策,结果将会怎样?假如到香港学习的那些学员以自己并没有任何症状为由拒绝特殊隔离,结果又将会怎样?

且看 4 月 1 日事发当天的一组时间表:

12 点多,市卫生局局长接到报告,马上停止了即将动身的台湾之行。

1 点整,还在现场办公的市长立即召开紧急碰头会,作出七点要求。

1 点 35 分,副书记和副市长未及吃饭就赶到卫生局,部署工作,坐镇指挥。

6点整，市委召开常委会，书记主持，听取汇报，紧急动员全市防治工作。

7点30分，省卫生厅专家组赶到厦门，立即进行会诊。

10点30分，市委、市政府听取专家汇报，研究对策，直到次日凌晨3点多……

从中午12点到次日凌晨3点，书记、市长、副书记、副市长、卫生局局长，没一个马虎，没一个缺席。时间，抓得那么紧，工作，做得那么细。这是什么精神？这就是对人民高度负责的精神，这就是以实际行动贯彻落实"三个代表"的精神！

或许有人会说，厦门当时不就出现两个疑似病例嘛，书记市长亲自出马，当天又是紧急开会又是广泛动员的，有必要搞得如此兴师动众吗？

或许有人会想，到香港学习有几十个学员，不可能每人都被传染，疑似病例进医院了，其他人慢慢再说吧，有必要每一个都非得立即找到，马上隔离起来吗？

这样说，这样想，或许都有道理。但这样说、这样想的人恰恰忘了，正是这种侥幸心理和麻痹思想，常常会贻误战机，留下隐患，甚至造成不可挽回的重大损失！

要知道，"非典"当头，分秒必争，人命关天，不可复生啊！

当前，一场抗击"非典"的斗争正在全国紧急展开。这场严峻的斗争是对我们党的考验，是对我们各级政府的考验，也是对我们每一个共和国公民的考验。

厦门告诉我们："非典"并不可怕，可怕的是不以为意、满不在乎的麻痹思想。只要我们各级政府像厦门那样认真起来，只要我们每一个公民像厦门赴港学习的学员那样认真起来，我们与"非典"的这一场斗争，就一定能够取得最后胜利！

世界上怕就怕"认真"二字，我们共产党员就最讲认真。

（原载2003年4月25日《经济日报》第5版）

和谐能共生,自然方为道
—— 闽西拯虎记

12月15日,北京2008年奥运会吉祥物和残奥会吉祥物进入评选程序。在600多件作品中,福建龙岩推荐的华南虎以其俊美修长的外形、大气昂然的气度、力与美的结合赢得众多专家的好评和较高的人气。记者最近在龙岩采访,不仅领略了红色老区的今昔沧桑的风采,还听到不少有关华南虎的传说,特别是当地人为拯救这一濒危动物、发展生态旅游经济所做的努力,演绎出一段让人称奇的故事,成为当地因地制宜贯彻科学发展观的一大亮点。

常人不识虎面目,只缘生在梅花山

从龙岩市区出发,经过大约半小时的山路,就可以到达中国第一个华南虎自然保护区 —— 梅花山。黄黑相间花纹的几只华南虎在冬日的暖阳下"漫步",其憨态及不时流露出的威猛惹得游客频频拍照。华南虎又称中国虎,是现代虎八个亚种中仅产于中国的独有虎种,目前在世界上仅存80多只,是联合国公布的世界最需要保护的十大濒临灭绝动物之一,主要栖息于福建省龙岩市的梅花山自然保护区等地。

1998年,有一则新闻称在古田会议旧址附近发现华南虎的足迹,引起中外动物爱好者的强烈关注。许多国际组织的学者纷纷来到这里寻觅中国虎的足迹。梅花山被植物学家誉为"北回归线荒漠带上的绿色翡翠",一年四季绿意葱茏,生长着2000多种亚热带珍稀植物及珍禽异兽50多种,是华南虎家族最齐全、活动最频繁的区域。

龙岩有这样的"国宝",是笔难能可贵的财富。市委决定将梅花山划作自然保护区,作为中国虎的保护和栖息之地。在龙岩有一个雕塑,一位裙裾飘飘的美丽少女正在给华南虎喂食,貌似凶猛的老虎与人自然和谐相处。

此中养虎有真意,笑问谁领会得来

龙岩作为革命老区,经济基础薄弱是不争的事实。龙岩花大力气保护华南虎,有人提出疑问:老区经济困难,还养老虎?对此,市委回应说,"我们养虎是养与人类和平相处之虎,是养与自然生态和谐相处之虎"。老区生态旅游经济,需要找到一个真正的亮点来导引。以老虎作为切入点,做足华南虎文章,用好华南虎资源,成为龙岩生态保护的载体,成为龙岩发展生态旅游的名片,成为龙岩振兴老区经济的重要抓手。市委张书记提出:"关爱国宝华南虎,关注生态大自然,关心闽西家园,就是关心我们自己。"

几年下来,龙岩硬是挤出2000多万元:一是养老虎,通过从动物园购买虎种,进行繁殖,现在已有18只华南虎,进行野外驯化;二是建设中国虎博物馆,把中国虎的各种资料陈列出来,勾起所有人对中国虎的重视和保护意识;三是建设梅花山保护区,建设一条适合华南虎生存的生物链。另外,修一条数十公里长的路,使爱好者和动物基金等组织都能方便地观察中国虎。

华南虎得到了广泛的爱护。龙岩人民用老区精神谱写了一曲保护动物保护生态的新篇,像当年支援红军那样支援生态建设,家家户户把鸟铳上交集体,告别打野生动物为食的历史。老百姓还当义务监管员,同破坏保护区内动植物生态环境的行为作斗争。

华南虎效应频现，老区奋进踏歌行

闽西人拯救华南虎的初衷，已经在发展生态型经济中大见成效。从1998年至2004年，龙岩的林业生态得到恢复性保护，到处是层峦叠嶂，到处是绿意盎然，森林覆盖率达到78%，现已建成2个国家级自然保护区、2个国家级森林公园，成为海峡西岸经济区的"后花园"。

在"中国虎"这个亮丽故事照耀下，古田革命圣地等红色旅游和生态旅游密集交织成为条条玉带，舞动着龙岩经济。"神奇的山水、神秘的文化、神圣的土地"，吸引着无数游客来龙岩。旅游业成为龙岩的经济支柱，2003年旅游总收入超过12亿元，比2000年增长55%。2004年增长更为迅猛，预计旅游收入将接近15亿元。

要发展生态经济，更需要基础设施的支撑。1998年从福州到龙岩不到400公里，坐汽车要花9个小时。6年过去了，一个旅游机场已经竣工，龙广铁路通车，连接江西和闽西两个老区的赣龙铁路、厦门至龙岩高速公路都将在年底开通。高山就这样与大海连接起来了，老区与特区的手就这样牵了起来。

华南虎已经成为龙岩地方经济的抓手和出发点。龙岩市近年来悄悄地发生了巨大的变化：城乡人均纯收入进入福建前5位，人均GDP在全国11个著名老区中名列第2位。一位中央领导同志看到龙岩的喜人变化，连声说"老区变化好"。

市委张书记告诉记者，华南虎虽然长在龙岩，但它是中国的，更是世界的。华南虎具有的神威、姿容和行动特点，体现了力与美的完美结合，与"更高更快更强"的奥运精神很吻合。作为老区，人与动物、自然和谐相处，必将生长出经济更加繁荣之林、开垦出人民脱贫更加富裕之路。

看来，不管"百兽之王"能否成为北京奥运会的吉祥物，华南虎都是中国的"国宝"，龙岩人的骄傲！

（原载2004年12月29日《经济日报》第1版，丁士、陈学慧对本文有重要贡献）

老建筑的味,新音乐的美
——鼓浪屿旅游和文化的二重奏

鼓浪屿拥有众多历史悠久的特色建筑,有"万国建筑博物馆"之称。

如今,这些风格独特的建筑中有不少建成了家庭旅馆。温馨的定位、多样的创意,不仅使老房子在保护中焕发了青春,还引来络绎不绝的游客,成为鼓浪屿一道新的亮丽风景。

一个"背包族"的创业:家庭旅馆在"背包族"的祝福中成长

"一个人,一个背包,一双鞋;一个手机,一个钱包,一种心情。来到厦门,送别伤心和落寞,带回重生和从容。"

这是厦门鼓浪屿国际青年旅舍墙壁上贴着的一张卡片,是一个来这里居住过的名为娜娃的留言条,也记录了这里的常住客的基本心态。

老板阙隆鑫说,2005年前,他也是这样的一个背包族。

小阙是一名广告设计师,在福州大学厦门工艺美术学院毕业后,在上海工作。业余,他就像前面的娜娃一样,有空就会到全国各地去旅游。

2004年,曾经在杭州参加一个家庭旅馆的建设设计,做着做着,他觉得自己也能干这种活:刷地板、画画……

正好姐姐也想回家乡创业。两人商量,开一家家庭旅馆吧!

环视福建省内,想了又想,觉得鼓浪屿最好。

小阙上学的地方就在鼓浪屿,美轮美奂的外国风情的建筑,微风海涛下椰子树绿叶飘拂,岛上没有汽车声响,清晨抑或傍晚街头小巷会飘出悠扬的钢琴声。清新的空气,闲适的生活,美丽的画面,常入梦里来。

小阙决定挑选房子,2005年7月后的三个月,他一栋一栋看,综合比较,终于找到一栋"看上去比较舒服"的房子。

准备签约的那天,站在楼上,仔细打量四周。发现对面有一间像客栈的房子,他决定去看看,一看发现就是"自己想象的房子"。

有一个庭院,房子大小正适合,400多平方米,每间25平方米。而且此前是作小旅社来开的,开了半年,老板因为看不到前景,因此想转手。

这对于资金不多、胆子也不太大的创业青年来说,少花点钱正合心意。

小阙说,他对当时的前景还是比较看好的。因为"背包族"正在兴起,年轻人想旅游,但是又不想要导游,喜欢自由行,想玩就玩,累了就住。钱花得不要太多,简单地享受旅行生活,重要的是体验当地的文化和人文味儿。

小阙觉得,做事必须有个好的开头。"我想造一个属于自己的想法的'家',为'背包族'创造一个简单而又舒适的'家'。"因此,就必须在功能上完全满足"背包族"的要求才行。

这是一栋颇具鼓浪屿特色的小楼,半坡顶贴着金黄色的砖瓦。有房有院,卫生间在侧屋。如果是一家人住,是不错的。但是作为旅馆就不合适了,卫生间太少,起居不便;房间大大小小错落,不利于管理。还有块菜地,院子因此显得有点乱。

小阙想,格局要变,格调必须变,要有符合年轻人需求的东西。院子里要充满阳光,花树重新布置,厦门天气热的时候居多,在西边栽一棵凤凰树,不但可以遮阴,而且能三季开着灿烂的花。南边有一棵古松,苍翠欲滴,以其为背景,做些特色绿化。地面要暖色调,因此铺上木板,刷上一层清漆就可,木纹露出来,原生态的味道就出来了。

鼓浪屿曾经是中国最早开放的地方之一,1842年"五口通商口岸"之一就是厦门。1870年,鼓浪屿这座不到2平方公里的岛上曾有过13个领事馆,竟然比当时的上海还多5个。此后很多华侨也在这里建设不少别墅。因此岛上的很多房子是历史风貌建筑。

虽然这栋房子不是历史风貌建筑,但是小阙觉得外观要尽可能保留原貌,在这个前提下去调整功能。把楼上作为标准间,把楼下作为多人间,每间加一个整体式卫生间,老房子墙厚,放一根下水道没问题,不但解决了隔音问题,而且不影响外观,保证了这个"家"的特色。

三个月后,一个全新的家庭旅馆让人眼前一亮。菜地没有了,树木修剪一新,新加了一些花草,大小错落有致,小石子映衬着木地板,几把白色的小伞下摆着几把藤椅。最有意思的是前台是一艘量身定做的船,与横墙一样长,不但给人强烈的视觉冲击力,而且收银、信息台等功能都集中于船舱。

如何运作这家旅馆?小阙觉得自己没有经验,决定与国际青年旅舍这一全球品牌合作。小阙说,"国际青年旅舍有品牌,有强大的媒体支撑,省掉了很多推广费用。其客户多为'背包族',因此与我的旅馆设计吻合"。

开局不错,2006年,小阙的家庭旅馆住客率达到六成。周末更是相当好,达到九成。

鼓浪屿街道党工委书记丘勇才这样评点:家庭旅馆给人的是放松而不是严谨,区别于大酒店的庄重,符合年轻人对时尚、情调、韵味和自我满足的要求。

值班的小王说,也许大酒店拥有的送餐、洗衣等服务我们做不到。但是,我们可以告诉客人如何解决。

在一楼,一间自助式厨房,有米,油盐酱醋都齐全。正在做菜的河南洛阳的小刘说,这个很方便,菜在五百米外的菜市场就可以买到,自己买自己做,蛮有意思!最重要的是不用担心到外面挨宰。

这年7月28日下午,正好一个客人退房,她是一位浙江的来参加鼓浪屿钢琴节的中学生,在网上看到这家旅馆,便订了。来了觉得很有意思,她说,"这里有一种家的感觉,小门小院,房间简单清爽,价格不贵,味道对路。

这家店的服务跟大酒店最不一样的是沟通很温馨。所有问题都可以问总台，他们都会不厌其烦地解答，包括下一站要去土楼，除了墙上的旅游攻略，而且总台会马上上网告诉我们如何去，哪里便宜省钱，像一个兄长一样提示我们注意些什么……"让她最感动的是，前几天参加比赛落榜后，服务员给她安慰，"这只是人生的一个客栈，失败并不代表一切，未来路还长……"

小阙说，"这是家庭旅馆的优势，客不多，因此我们有时间与旅客沟通，硬件不够高，但是我们软件更有特色，人性化服务成为家庭旅馆的特色。虽然员工觉得工作量大，但是正是做在细微处，从细节入手，满足旅客的多种需要，收获到更多的感动！"

拥有酒店管理经验的陈小姐是悦精品家庭旅馆的主管，她说，"标准酒店管理与家庭旅馆有区别也有共通之处。家庭旅馆的特殊之处在于你要想到客人想到的事情，做到客人想不到的事情。每天下午客人出去时都会整理房间，哪怕是小小的一支铅笔都要检查是否削好。如果得知是一家三口入住，则会提前准备好三份洗具"。旅馆一个贴心的举动也常常被游客提及："住的时候只要晚上11点还没有回来，前台都会打电话过来让我们注意时间，因为我们跑到厦门岛玩，她们怕我们赶不上船，担心安全。"有位住过的网友特地在网上留言："可以说这家旅馆也是我旅游的一个景点。希望将来把家也建成这么悠哉的地方。好喜欢这个地方。"

正因为这样良好的口碑，2007年，小阙的家庭旅馆住客率达到了九成，暑假和寒假、周五周六不得不挂出客满的牌子，接受电话预订和网上预订已经足够支撑客源了。

2008年，小阙对房子进行了新的装修："把空间留得更多，让旅客共享这份拥有。"我们看到，在一楼的过道里，在前台前的墙里墙外，都贴着旅客的留言，有的是赞叹鼓浪屿和家庭旅馆，有的是对自己感情的慨叹，有的是对人生的行吟，还有的是记录不寻常的旅行。有文字，有图片，有照片，有明信片，有各种着色的纸张。小阙说，原来是放着留言本，后来发现总是记不够，有人开始把留言条贴在墙上面，就形成了现在的留言条文化。

| 大 | 有 | 之 | 路 |

一群爱鼓浪屿人的投入：创意产业为家庭旅馆奠定更深厚的文化积淀

小阙的良好开头，带动了鼓浪屿一些有志参与的人。2008年已经有七八家类似的家庭旅馆。家庭旅馆是一个新事物，如何管理和引导？思明区政府经过广泛调研，制订了《厦门鼓浪屿家庭旅馆管理办法》，对家庭旅馆的管理、开办条件、程序、服务要求进行明确规范。2008年12月11日，厦门市委、市政府办公厅转发思明区政府的管理办法。公安、消防、工商、街道和鼓浪屿管委会共同为家庭旅馆的发展营造良好的环境。

思明区委郑书记说："家庭旅馆有市场、受欢迎，我们要帮助他们创新、创业和创造，使家庭旅馆成为鼓浪屿旅游的新品牌。"

管理办法出台后，家庭旅馆如雨后春笋，以一年三四十家的速度增长，而且成为厦门创意产业的一个缩影。丘勇才介绍，现在新开家庭旅馆的一个比一个起点高，一家更比一家有创意，截至今年上半年，已有69家开业，而且带动了30多家咖啡店、个人博物展馆的兴办，容纳了上千人就业。令他没想到的是，那些老居民开始在自家老屋门前摆摊设点，卖些馅饼、肉松、麻糍、鱼丸等特色小吃。他觉得这是一种文化，更是一种生计——鼓浪屿街道去年少了低保贫困户近50户！这可算是鼓浪屿家庭旅馆建设的溢出效应呢！

鼓浪屿拥有众多历史悠久的风貌建筑，被称为"万国建筑博物馆"。幢幢小巧玲珑的别墅，各具神态，形式多样，风格迥异，掩映在花簇绿丛中，无不使人流连忘返。

始建于1920年的船屋，就是鼓浪屿上一栋别具特色的建筑，且是最古老的别墅之一。船屋位于坡顶，当时寓居鼓浪屿的美国建筑师郁约翰依三角形地基特别设计成135°的斜角。别墅从前面看上去就像海轮的驾驶台，两侧圆形窗户代表船窗，登三楼俯视，宛如一艘正待远航的海轮，故取名"船屋"。建筑师独具匠心地用传统建筑手法，以中轴线为基准，左右展开，严谨对称，简洁明快，构成一幢造型既有欧式风格又带有中国韵味的特色别墅。

因为厦门夏天潮湿，冬天白蚁多，木质老宅早已破损严重，后人黄孕南在香港退休后于2005年将其重新装修，依凭之前的老照片及自己的记忆，采用现代工艺小心复原当时模样，尽力将老宅修旧如旧，还原本来面貌。房子修好后，怎么办？他说，"南方雨季三、四、五月，白蚁多，没人气，不透气，重修也很难长期保护。因此发展家庭旅馆是最好的办法，有人住、有人维护才能真正把老房子传承下去"。

重修后的船屋把附楼装修成家庭旅馆，黄孕南为迎合现代人多样的审美要求，特地将五间房刷成五种颜色，无论喜欢哪种生活格调的人，都可以在这里找到最合心意的房间来享受船屋的生活。而船屋吸引人的不仅仅是建筑，还有那份其他家庭旅馆难以比拟的家的感觉，业主一家就住在二楼，与游客一同生活。黄先生说："自己住在这里，才是家庭旅馆。"这栋在鼓浪屿上见证90年风浪的老船，因注入家庭旅馆的新鲜动力而重新启航！

7月初，我们来到这里两次，都是满客。7月13日来到这里，发现院子里有不少客人在拍照。原来，来自广东广州的几位游客一进船屋，就高兴得来不及进房间就对这特别的小院拍摄起来。

正好有一位学生退房，临走还送了一个小礼物给主管邹金兰。邹金兰说："家庭旅馆最大的特色就是家庭氛围。老板和我们是一家人，我们和旅客是一家人，大家互相关照格外亲。跟主人住在一起，感受鼓浪屿人的本色生活，有家的感觉；和主人住在一起，以客为尊，热情的待客之道有传统古风。鼓浪屿是一个小岛，多为石板小巷，虽然不大，但短时间并不好辨识。没有车辆，因此有的学生逛着逛着就找不到回来的路了，打个电话我们就去接。旅客游玩回来了，我们都要主动打招呼，了解游览观感，和他们交谈增强家庭亲切感，并从中解决旅客反映的问题从而完善服务质量。"

2009年，船屋13间房住宿率达99%，成为小有名气的品牌。邹金兰说："一年下来，我们发现回头客特别多，服务其实也很简单，就是态度要热情一点，卫生仔细一点，安全做好一点，防止小偷和火灾。"

船屋的名气越来越大,黄孕南和兄长们商量,成立基金将赢利作为下一代保护老宅经费。他说:"我把几十年的经商经验都传承在这个家庭旅馆上,保质保量赚一年,留住人才赚十年,打响品牌赚百年。"

不同的风格也体现着经营者的市场细分考量。离此不远的"李家庄"装修之初就确定面向的是高消费人群。

李家庄建于 1903 年,系欧式风格建筑,环境优雅。后由爱国华侨李清泉先生买下后改名"李家庄",但百年的岁月使这栋老宅渐渐失去了昔日的光辉。

2008 年 3 月,经过 8 个多月的精心护理,老房子恢复了往日的神采,李家庄休闲咖啡旅馆开业。欧式风格的红砖主楼,主题房间格调各异。质朴淡雅的副楼,设施简约时尚。宽敞别致的庭院,浪漫温馨的茶座,全玻璃的咖啡馆通透明亮。主人还十分注重微小的细节,走廊上的鲜花还会依季节变化而更换。"一本好书,一杯黑咖啡,在这里,品味老别墅的风情,体会李家庄的悠闲。"

说起岛上最受情侣欢迎的,应该是娜雅和湾景家庭旅馆了。湾景旅馆又有怎样吸引人的地方呢?是女人味。湾景的老板是三位喜欢旅游的女人。她们自身就拥有较高的品位,仅依自己喜好随意摆放设计的旅馆就能受到游客的好评恰恰证实了这点。

花园种满了的玫瑰花与门前两棵大榕树相呼应,有人说,榕树绿荫遮蔽下的旅馆更显灵气。其中有间房受到小女孩的欢迎,大大的公主床,花纹繁复的梳妆台,随风摆动的粉色纱帘,足以满足每个女孩的公主梦。而另一间南洋风情的房间则用草编的画框和藤椅演绎热带风情,最有意思的是摒弃了现代浴缸转而使用大木桶回归最自然的愉悦。因着这样多变的房间布局和浪漫的氛围,许多情侣求婚、结婚周年庆都会选择在这里,留下最美好的回忆。

娜雅的前身是德国领事馆,可是多年的风雨早已使其残破不堪。店主人黄小艳的儿子林潇是名建筑设计师,设计自成风格。娜雅以淡蓝色为外观,内部装修以欧式风格为主。碎花的窗帘台灯温雅朴素,橙色的墙壁给人以明快的热情,超大的按摩浴缸是最让人放松的享受。而走廊的小书桌上随意摆放着几本杂志,给人说不出的散漫悠闲之感。娜雅的创意家庭旅馆服务业也做得不错,开发了馅饼店、张三丰奶茶、赵小姐月饼,很受游客的青睐。

鼓浪屿家庭旅馆的诞生带来了很多人的创意。除了传统的古典意味,也有现代气息浓烈的新时尚。

"凤凰花开的城市/空气中都是爱情的味道/那一抹绚烂的红/让人心温暖/在这里/没有壁垒/只有舒缓/浓情蜜意",玫瑰色的房门上镌刻着这样一首隽永小诗,吸引你的眼眸。打开房门,橘红色的墙壁就那样渲染了温暖的心情。一个小小的壁炉,两张围炉而置的椅子,家的温暖气息扑面而来。小杨在留言中说:"来到了鼓浪屿,身心瞬间放松许多,真切地感受到自己已经逃离了那个钢筋水泥高楼林立的大都市。穿上岛上最流行的碎花及踝连衣裙,走到小阳台上做个深呼吸吧,鼻间充盈着空气中浮动的花香。想想,怕是这样过一辈子也挺好!"

这是鼓浪屿上唯一一家具有米兰风格的家庭旅馆——悦精品,这间很受欢迎的房,因其橘红的色调和昏黄的灯光给人以最温暖的惊艳,设计者把它唤作"感性物语"。每间房的房门上都有一首主题小诗,每间房都有不同的味道。正如店主陈小姐所说:"八个房间,八种理念,八种情感,八种情调,带来八种心情。"相比于"感性物语"的温暖热情,清冷的"纯净思考"营造的则是一种不染纤尘干净无瑕的空间。整间房主打白色调,天花板用大片不规则镜子反射着打着淡蓝灯光的床榻,一株刷着白漆的虬枝摆放在工作区的白色沙土上,增添别样的自然,纯白的窗帘将卫生间与工作休息区完美分隔,特地花高价从新疆牧场定制的牛皮黑白地毯则使整间房不至于太过冰冷。逃离喧嚣,选择在鼓浪屿静下心来寻找灵感的旅客,入住这样的房间再合适不过。

设计师的初衷是根据不同的情感故事,通过不同的色彩、灯光、材质、空间的演变进行诠释，让旅客产生相应的情感互动。而从旅客的反馈上来看，设计师的目的确实达到了。听说有一个客人在这里住了一周，要求每天换一间房，以体会不同的味道。

来这里的游客多为喜欢小资情调的年轻人，这些大多来自上海、江浙、广东等地的"80后""90后"的年轻人，他们喜欢时尚潮流，钟情个性设计，热爱新鲜独特，而悦精品的独特设计正是迎合了时下年轻人喜欢新鲜、追求个性的心理。

鼓浪屿家庭旅馆的蓬勃发展让厦门市、思明区和鼓浪屿管委会喜出望外，使鼓浪屿在转型中开始华丽转身。有个性、有特色的家庭旅馆，吸引不同兴趣的人群，特别是爱好者们举办音乐、绘画、诗歌沙龙使鼓浪屿家庭旅馆有了新的发展契机。其兴起，不但是对传统文化的尊重，而且是对鼓浪屿特殊的文化艺术的弘扬。

鼓浪屿管委会程主任说，鼓浪屿是属于世界的，我们致力于建设文化之岛、钢琴之岛、艺术之岛。每年我们都要举办钢琴节和博饼节，举办艺术家手绘鼓浪屿等活动，使岛上人气进一步旺起来，为游客提供更多的方便。

一个共同心愿的表达：保护鼓浪屿特色成为更多人的共同行动

在鼓浪屿这座有着历史风情和深厚文化的小岛上工作和生活，使小阙和更多的人爱上了这里的一切，而且引以为豪。但是很多老房子由于年代久远、产权关系不明晰，加上政府财力有限，没有得到及时维护。因此一方面鼓浪屿因历史而深沉，另一方面不少老房子因时光而残损。

鼓浪屿—万石山风景名胜区管委会副主任叶细致一直在思考，如何破解？一方面，通过申办世遗引起政府部门更大的支持，另一方面呼唤民间的力量。

如何让这种情怀转化为保护鼓浪屿的行动？如何让民间力量投入到保护鼓浪屿古建筑和风貌的行动中来？

说不清是自觉还是不自觉地参与到这一行动中来。现在小阙又在装修安海路38号的一栋老别墅。不同的是这栋房子年代更久远,有近百年的历史,是历史风貌建筑。不同的是小阙的心情不一样了,他觉得鼓浪屿的房子是一笔宝贵的财富,但是不少房子因为各种各样的原因,年久失修。在鼓浪屿生活的人应该参与到保护古建筑的行动中来。

1996年在这里上学的小阙经常经过这里,有时不禁想,这栋看上去挺巍峨的房子为什么没有人住?为什么摇摇欲坠却没有人来维护?

2008年的一天,他进去以后,发现因为长久无人维护,近百年风吹雨打,房子里面损毁严重。如果不修缮,将遗忘一段历史。

他想认租下来进行维修,但是找不到业主。通过找到管理部门和文化部门,了解到这是一栋私宅,是1915年建成的,主人是曾在东南亚风云一时的大米大亨,现在为16户所继承。

于是,他投入到找业主的工作中来。有的住在厦门,有的住在其他省,有的住在香港,深入其中,他发现,由于历史的恩怨,业主间各有矛盾。

如何使房主同意修?如何使所有房主同意修?

办法是化解所有者的矛盾。小阙把老照片和现在的照片带给各业主看,看着看着,毕竟人对旧居都是有感情的,慢慢大家统一了认识:老宅确实该修了!把业主请过来谈,边看边谈;带着相片去谈,仅香港,他就去了三趟。

但是有的房东毕竟不了解小阙,因此又有人提出疑问,小阙为什么要做这种吃力不讨好的事?他有没有能力修好这栋老宅?

小阙通过厦门市设计院提交了风貌建筑申请,按照文化和建筑部门的要求,设计了完整的修复方案。

业主终于相信,小阙确实是爱鼓浪屿,是对古建筑有研究的好青年。

小阙提出自己租30年,做成家庭旅馆,使房子天天有人住。与房主谈了半年,才最终谈成。

这栋楼的修复工作已开展半年,目前已接近尾声。小阙说,现在终于明白"造楼容易修楼难"的内涵了。一是历史风貌建筑里的很多材料,现在很难找到，鼓浪屿很多别墅当年的材料都是从国外进口来的，达到修旧如旧的标准要花更多功夫。比如玻璃磨砂冰雕花工艺现在基本没有了，再比如铜栓，只有从国外采购。二是鼓浪屿交通不便，只能通过海上运输和岛上板车运输，修房子的成本高于厦门市区的30%。三是古建筑远看还好，近看沧桑，一修就毁，稍有不慎就会垮。围墙一修就垮了，今年上半年幸亏没有大风大雨，外立面没有受到冲刷，结构没有受到冲击。四是历史风貌建筑资料和实际有出入，比如色彩历史上曾多次变化，也曾修过，因此必须慢工出细活。同时，多找资料和专家比对。

这座白色的六角切面建筑风格的别墅已经修好，700平方米的院子整修一新，一栋古色古香、风韵不改的老别墅迎来了重生。

单就回报率来说，是无法吸引小阙的，还不要说考虑人的精力成本和智慧成本。不过，令小阙欣慰的是，虽然还没完全修完，但专家说，老房子就是有独特的味道，老别墅的气质还是不一样的！

像小阙这样投入到鼓浪屿历史风貌建筑修复中来的还有不少。比如上海和长汀的几位年轻人爱上鼓浪屿后，投入到修复"黄荣远堂"的工作中来。

厦门市委认为，无论是建设家庭旅馆，还是修复古历史风貌建筑，大家都是怀着一颗爱鼓浪屿的心而来。鼓浪屿的历史风貌只有在保护和发展的结合中，与时俱进，才能历经以后的历史风雨。鼓浪屿"海上花园"的品牌、独具魅力的历史文化，一定会在后人的科学发展中显现出更灿烂的光辉。

（原载2010年8月22日《经济日报》第7版，原标题为《鼓浪屿家庭旅馆：旅游和文化的二重奏》）

册页散馨香,朗月共照人
—— 厦门"不在书店"

  阳光暖暖地照在福建厦门华新路 13 号别墅的外墙上,陈旧的窗花记录着 20 世纪历史的印迹,斑驳墙体记载着些许沧桑。
  这是一片厦门特色的别墅群,红砖骑墙、铁画为窗,绿色作为背景,或是榕树或是椰子树,立在院中。
  推门而入,我仔细端详这座小屋,从东南亚回来的华侨不但造了闽南的别墅,而且带回了域外风情。房子的风格应该说中西结合,顶是西式拱顶,下面是方方正正的中式房。三层小楼,窗户高高大大,拉开窗帘,阳光一下就闯进心房。
  一楼厅里摆着一艘船模,两只光亮的木桨,桐油漆刷过不久,透出清晰的木纹。书柜都是这样的亮色原木,书凳也是原木做成,木香、书香、桂花香、牛油果香和着,组成独特的别墅味道,原来秋天的味道是这样清纯丰硕。
  书房依着每间小房的原样而布置,种种装饰全在不经意间露出历史的背影。旧电视机、旧收音机释放出往日时光的旋律,头顶的小灯、身边的挂画,也是别致的形状、独特的内容。
  拾级而上,脚边摆些书堆,二楼过道中间放着一把旧吉他,表明音乐曾是主人的兴趣。似乎暗喻着:书山有路勤为径,学海无涯乐作舟。
  房子里可以和椅而倚,可以凭窗而立,还可以席地而坐,书就在手边,画就在眼里。窗外是绿树红花小径,室内是属于自己的。无人打扰故自在,一缕温馨全在心。

如果不细看,很难看出书的陈列分类。店员游丽芳说,一楼是可售新书,二楼是网友捐赠的书,每个捐赠者都有一个书橱,看得出都是爱心显示,品位相当高,个性味道浓。

说话间,有人叫咖啡,小游轻快地走过去。听说,这家小店除了书卖得不错,还做得一手好简餐,调得一手好饮品,看来不假。

小游说,"我们卖的不仅是书,而且是一种生活"。经常有人到这里来,找到一种家的感觉,一坐就是一天,看一天书,简单地吃点喝点。静静地看书,也是品味生活。

当然,寻常巷陌,并不易为人所知。如同人生奇遇,需要的是一种缘分,拾起的是一种心境。

去年,刚从一家企业辞职的游丽芳,从《海峡导报》上看到一则被称为中国最美丽书店的中缝广告,心里一动就来应聘店员,没想到一干就是一年。她说,这里远离闹市,在静谧中自己营造了一份特别的味道。而身居美丽的厦门,蓝天碧海旁边有一间小屋,不失为一种舒服的享受。

据说这家书店的主人曾做过广告策划,想法不少,营销也是做得有声有色。因此,每周书店都会开展一些活动,近的有作者售书,远的有台版图书品鉴。三楼开辟一个摄影沙龙,除了作品展示,还有电影共赏。书友活动更多,闽南踏青细数传统文韵、海峡游艇划向两岸,等等,不一而足,读书人的生活同样可以安排得丰富多彩。

从三楼看出去,发现这座房子原来就是船形的别墅,立在两条小路交叉处。站在阳台上,就像在驾驶一艘停泊在港湾里的船。门前屋后,绿植相当丰饶,知名的不知名的错杂在一起,多姿多彩。最特别是一株牛油果树,悄悄地立在后墙上。小游说,去年承租时,主人说,只有一个附加条件,院里的牛油果成熟时请采摘下来,每年寄一箱就好。

找来一个看看,绿色的牛油果,薄薄的皮,里面有核,果实释放出淡淡的清香。远居印尼的华侨，要的可能不是牛油果，而是这种故乡的味道。正如这家书店的店名，你在或不在，家都在这里。

（原载2014年1月12日《经济日报》第8版，原标题为《厦门"不在书店"：寻找家的味道》）

曾经心动过，今已刻入骨
—— 洒向高原都是爱

在西藏林芝，有我国唯一不完全通公路的"雪域孤岛"墨脱县。2010年来墨脱任县委书记的刘革生，3年时间里走遍了县内山山水水。

墨脱的难和苦多半是来自道路的不畅通。墨脱县辖7乡1镇46个行政村，到2010年还有4个乡31个村不通路，有一个村唯一的交通路径就是溜索。往年出入墨脱的扎墨公路都是季节性通车的道路，冬季的来临预示着墨脱长达5个月的大雪封山，人们只有攀越海拔4600多米的嘎隆拉雪山，或翻过其他4座海拔都在4000多米以上的雪山才能进出，而这一路上随时都可能遇到山体滑坡、泥石流、倒树、滚石、雪崩等危险。

为了推进墨脱长远发展，刘革生3年里乘车出入墨脱43次，徒步翻越雪山6次，其中4次与死神擦肩而过。2012年2月初，历时18小时的墨脱之旅，坐过车、蹚过水、溜过冰、踏过雪、摔过跤、推过车、修过路，遇上雪崩，扒雪脱险，踏过泥泞，穿越峡谷，抵达墨脱已是夜里12点了。第二天，刘革生笑着给大家做报告："共产党员如果进出都怕，还谈什么发展。"

扎墨公路难，乡村公路更难，有首民谣"山顶在云间，山脚在江边，说话听得见，走路要一天"就是生动写照。尽管如此，刘革生3年内徒步1000余公里，走遍了全县8个乡镇和46个行政村，边远的山村到处都有他的足迹。

察民情，解民忧，出思路，谋发展。刘革生全面深入地了解和掌握了基层百姓生产生活状况的第一手资料,帮助各村厘清思路,寻找致富门路,更为偏远乡村解决现实困难。

德兴乡共有 7 个村,当时仅有一个村通公路,刘革生用 6 天时间徒步走访 6 个村。在易贡白村了解到群众需涉过齐腰深的河水或绕道 5 个小时才能到常耕种的田地时,他筹措 20 万元支持群众建桥,当地群众仅用一个多月时间就把桥建好了。6 月,村支部书记扎西多吉带着 3 个村民代表挑着地里种出的红米和自酿黄酒到县城表达谢意。刘革生说,你们有了好收成发家了,就是给我的最好礼物!

2012 年清明,刘革生利用短暂的假期,冒着塌方危险,顶着倾盆大雨,踩着泥泞小路,用了 8 天时间徒步 130 多公里走遍了背崩乡的 9 个行政村,通过调研,想群众之所想,急群众之所急,用不到一个月时间就筹集 256 万元,帮助群众解决生产生活存在的实际困难。

10 月,刘革生再次深入不通公路的帮辛乡、加热萨乡、甘登乡调研,当他乘坐溜索到达岗玉村时,全体村民欢呼雀跃、争先恐后地和他握手、拥抱。有位 84 岁的老奶奶走了 3 个多小时到村口来迎接。了解到溜索多年失修,已生锈松动,刘革生当即召开现场办公会,解决实际困难。

在全县最偏远的多卡村,干部群众反映出行极为不便,强烈要求修建一条从村里到西瓦拉雪山的骡马驿道,便可在一天内到达波密县西瓦村。为了摸清实际情况,刘革生带着同事持续爬坡 13 个小时到达西瓦拉山脚下,喝的是雨水,吃的是干粮,住的是通透的工棚。第二天攀越雪山,踏着齐腰深的雪艰难前行,在当地村干部群众的引领下徒步爬行 15 个小时总算到了波密县西瓦村,可是村干部群众在返回途中却遇上了大雪崩,9 个人全被埋在雪堆里,幸好村支部书记还露出了头和手,他迅速扒雪自救后,又一一将同伴从雪堆里挖出。刘革生说:"老百姓把命都交给我们了,再困难也要帮助他们解决问题。"

刘革生心里总装着干部群众的冷暖。他带头长期和 3 户贫困家庭结对帮扶;干部生病住院了,他总是第一时间看望;老百姓重病住院、外来务工人员受重伤住院,他都是第一时间去慰问;干部群众家庭有困难,他也是第一时间帮助解决。

刘革生说,走遍每个乡村,越艰苦的地方收获的感动越多。其实我们所做的都是一些小事情。走过来过,人民群众就高兴,帮助他们解决一些力所能及的问题,人民群众就给我们很多鼓励。艰苦的地方能磨炼我们的品质,纯洁净化我们的心灵,也激励我们更加努力工作。

"我有一个梦想,希望 2016 年扎墨公路能全线通车,希望 2020 年全县所有行政村都能通上简易公路,让这里的人民群众走出大山,走上致富路。"

(原载 2013 年 6 月 28 日《经济日报》头版头条,原标题为《洒向高原都是爱——记援藏干部、西藏墨脱县委书记刘革生》)

短评

人民群众是力量源泉

记者赴墨脱采访时正遇雨季,从海拔 1200 多米到 4600 米,春夏秋冬的天气都碰到了,雨、雪、泥石流和塌方也碰到了。同行的同志说,刘书记碰到的情况要复杂得多。他曾几次因雪崩和塌方与死神擦肩而过,也曾几次睡在雪山下的棚子里,靠雪水和干粮解渴充饥。

由于交通条件太恶劣,西藏有很多干部一二十年都没去过墨脱。刘革生是这些年来唯一走完墨脱所有乡村的县委书记。刘革生用生命踩踏险路,用热血铺设党与群众的感情联系纽带。他身体力行实践党的群众路线,为贫困地区发展奉献青春和智慧。

在墨脱采访,记者一直在思考,是什么力量支撑着刘革生用 3 年时间走完所有乡村? 他回答:"在下乡的路上,人民群众救过我们的命,让我终生难忘。我们帮助群众解决一些力所能及的问题,人民群众就紧握我们的双手。他们对共产党人充满无限信任,人民群众就是我的力量源泉。"

同舟共济世，同声共气扬
—— 时刻与人民在一起

没有披上白色战袍，依然精彩记录医疗工作者在救助病房奋战的身影；没有穿上绿色军装，也像战士一样冲锋疫情防控一线战场；没有接到动员指令，仍然立即奔赴现场采访在路上与信息赛跑……

这是党的新闻工作者，不畏艰险只向前，赤胆忠诚把责担。这是党的新闻工作者，人民生命重于泰山，公平正义永藏心间。

新型冠状病毒肺炎疫情发生以来，全国广大新闻工作者坚决贯彻习近平总书记重要指示精神，认真落实党中央、国务院部署，及时报道疫病信息和防治知识，深入报道各级党委、政府防控疫情的有力举措，生动呈现医疗卫生、基层社区等一线工作者的不懈努力；全面报道党政机关、企事业单位和物资生产、交通运输、公安边防等社会各界齐心协力决战疫病、众志成城防控疫情的新进展，展现了听党指挥、服从大局的政治品格，无私奉献、服务人民的职业精神和顽强拼搏、忘我工作的优良作风。

新闻工作者牢记习近平总书记嘱托，勇于担当作为，正确引导舆论，忠实传播党的政策主张，坚决维护社会稳定，全面准确解读有关政策，把党中央各项决策部署和各地各部门有力措施传播到千家万户。一篇篇观点鲜明、斗志高昂的新闻评论，一条条真实全面、客观理性的新闻信息，一幅幅直观生动、鲜活感人的视频画面，一次次正能高扬、铿锵有力的联播声音，让各条战线明方向、强信心,让各个方面知政策、暖人心。

新闻工作者是时代风云的记录者。有幸记录最可爱的人雪夜登机千里救援的壮观景象,有情记录最美"逆行者"大年三十吻别孩子告别家人的感人场景,有心记录最需要关怀的病者弱者顽强抗争的难忘经历,有福记录不同人群、多种层级、各国人民互帮互助的温馨致意……新闻工作者把朴素动人的故事、真挚贴切的情感传递给亿万人民,更把中国和国际社会一道共克时艰、战胜疫情的信心力量传达到四面八方。

新闻工作者是公平正义的守护者。防控一线疫情就是无声命令,守护人民安全就是光荣责任。发挥喉舌作用,及时准确、公开透明发布疫情信息,坚决维护人民群众的知情权、参与权、监督权。抗疫物资运输一线、基层防控疫情前线、各地医院救护火线,都是记者的主战场。他们坚决沉到一线去,坚持把基层情况摸上来,坚定把真实消息报出来。他们准确传播信息,冷静粉碎谣言,澄清谬误传闻,全面反映真相,温暖传递真情,让新闻传播聚民心、通情意,让人民群众解忧安心、稳当定心。

新闻工作者是社会进步的推动者。突如其来的灾难使人难免恐慌,但也使后来者更加坚强。历史上每一场灾难,都使人更加敬畏自然,更加遵循客观规律,更加讲求科学理性。因为人不仅有感性,更有理性,不怕曾经经历,就怕没有把教训当经验,把知识当财富,把科学当规律。疫病传播、疫情防控是艰苦挑战,需要志士勇气,更是一门科学,等待着科技工作者探寻奥秘,期盼着人们全面准确深入了解,真相真知真理一旦被人们掌握就是推动社会进步的强大力量。新型冠状病毒是新发现,感染肺炎疫情是新事件,疫情舆情社情都是新闻。新闻工作者坚守责任,科学传播疫病知识,积极宣传科学防控知识,有利于增强群众防病意识,有益于增强全民健康观念,把科学理性思维、与自然和谐共生的观念传播开来,明晰个人、集体、社会有区别但具有共同的责任,社会在不经意间进步许多。经历过危难有经验的人一定更加坚强,忍受过苦难有反思的人一定更加充满力量,抗击过艰难困苦有心灵觉悟、有科学认知、有理性思考的人一定更加奋发自强。

用旗帜引领方向,用号角振奋精神,用事实消弭恐慌,用关怀抚慰创伤,关键时刻迎难而上的新闻工作者充满力量。以文为戈,以笔为枪,记录人们的英勇和顽强,也将记录病魔的灭亡;以音为记,以像为录,铭刻共同的苦难与辉煌;以纸为媒,以网为介,书写不懈抗争、追求胜利的时代光芒,危急关头挺身而出的新闻工作者引领导向。

党心军心民心心连心,世情社情人情情暖情。在党的坚强领导下,在习近平新时代中国特色社会主义思想指引下,我们新闻工作者和全国人民一道,同心同德、众志成城,一定能打赢这场疫情防控阻击战。

(原载2020年2月12日《学习时报》第A2版,原标题为《时刻与人民在一起》)

研与读

读书研究是学习之道、成才之道。读一篇篇闪烁着时代光彩、有情感余温的新闻作品，令人心潮澎湃；听一个个历经艰辛、追求精品的创作故事，让人久久回味；品一篇篇名篇佳作，让人感慨万千；研一本本经典好书，使人受益终生。优秀的作品，往往贴近人民心声、记录时代风云、推动社会进步、守望公平正义，赢得了读者、收获了认同，在历史的星空中熠熠生辉。研究她，如切如磋，使我们知道规律，在继承中把握未来，在创新中校准方向，收获成长的味道。

　　调查研究是谋事之基、成事之道。调查研究是一门艺术，需要贯道、铸器、求术。道需要把握逻辑：是什么、为什么、怎么办，目的要清楚；需要把握原点和方向：我是谁、从哪里来、到哪里去，目标要清晰；需要选择方法：一个萝卜一个坑，一种事情一套法，到什么山唱什么歌。器需要明确，标的具体、品相鲜明、人事分明。术是桥和船，沟通要有听得懂的语言，能找得到样本，善对接的助手。研究她，如琢如磨，使我们懂得方法，在历史中把握方位，在实践中谋划路径，探索成功的道路。

谁寄锦书月满楼
—— 赞《两地书》

《两地书》编得精心，制得精致，体现精神，收获精彩。因为浸染深厚绵长的情感，浸泡源远流长的时光，浸润深沉质朴的心灵。因为时代烙印、家国大义、热血情怀都和着这些信、这本书、这群人深深流淌在血脉、活现在灵魂、印刻在视野中。因为创意策划、选题谋划、报道筹划，都体现出辽宁日报人的宏阔思维、大爱情怀、匠心精神。

轻吟的心语，它使我想到，还想到……

每颗心都值得呵护。信为心声，真诚感人，动心。家书，吐露一代代人的心声，就是一部心灵史。人生跌宕，心安何处？家里家外，寻找真我，读懂内心，渴望追求。这颗心，捧出真实，传递真诚。这个浮躁时代缺的不是完美装饰的人生，缺的是从自己心底流露的本心本真、真心真意。

每个人都值得尊重。信为人意，真挚深情，动情。家书，表白一代代人的心意，就是一部精神史。时光荏苒，心意何求？时代场景、折射变化，生命追寻、经常刻画。这种情，奉献真爱，传递温暖。一代人有一代人的人生，这个日新月异时代缺的不是完美的人生，需要本人本身，体现本事本能，找到勇敢行走在追求路上的那个——"珍贵的你"，更需要常换位思考，多互相体谅，常互相帮助，曾感动感恩，才了解理解。

每个家庭都值得深爱。信为家言，真切真意，动人。家书，记录一家家人的心语,就是一部思想史。家有空间,心思何物?家是个体、人多势众,家为群居、聚和相谐。这种意,常有意思,很有意义。家事蕴家风、家味藏家声,不忘我本来,才有好未来。一群人有一群人的特殊味道。这个张扬个性的时代,并不缺乖张怪异行为范式,而需要本家坚强传承,本人坚持思考,本真坚韧思想,也许理解成长比成功还要重要,追求情义比金钱更重要,发现情趣比情怀更为实在。

这个国家值得我们热爱。信为国风,真诚怀仁,动力。家书,描摹一代代人的心路,就是一部社会史。家有格局,心怀何处?世道人心、折射变迁,风物依然、文化使然。形式载体、常变常新,文化化人、功能永恒。小字大意、如切如磋,小札大礼、鉴俗传道。家是小国,国是大家。因为有着无法割舍的家国情怀,因为有着以天下为己任的热血,因为有着为生民立命的责任,因为有着为新闻立身的精神,才有这份对民族的忠诚,这份对国家的忧思,这份对人民的热爱。

(原载 2018 年 1 月 25 日《辽宁日报》第 11 版,原标题为《编得精心　制得精致》)

风尘百载待知音
—— 兼评"寻找方大曾"现象

4月23日,《方大曾:遗落与重拾——一个纪录片导演的再寻之旅》新书正式向海内外发行。在"世界阅读日"这样一个特殊的日子,该书由中国外文局所属新世界出版社用数种语言出版发行,有特别的意义:新闻人作为主角,新闻史成为主题,新闻界成为主向,共同向世界讲好我们新闻人的中国故事。

一本书背后的中国记者故事

阅读使我们心灵更纯净,生活更美好,视野更开阔,走向历史深处,审视昨天和今天。她让我们在和平的现代,更加关注昨天——七七事变抗战现场报道第一人,关注今天——一名记者十九年如一日采访还原"第一人"历史真相的追寻故事,也更加关注故事之外的不同寻常的意义。

阅读这本书,让我们穿越时空,看到陌生而熟悉的好记者:永远25岁、今天依然年轻的"小方"——方大曾;也让我们瞩目身边,打量平凡而高尚的好记者:曾经年轻、今天有点苍老的"老冯"——冯雪松。正如方汉奇先生所言,小方作为一名摄影记者,在抗战新闻史上与范长江双峰并峙,可以并存于世、并存于史、并存于书。而雪松作为新时代的记者,努力走向历史深处，从小方的故事中汲取精神力量，深入现场挖掘史料，坚持19年之久，今天依然在路上。今天，我们手上的这本书是他研究的阶段性成果，这一成果已形成5本书、通过4种语言出版，我国港澳台地区和国外关注他的成果，读他讲述的中国故事，从他身上深深感受到中国记者的职业精神。

以人为镜，以史为鉴，我们发现：两个记者的故事，追寻的是同一种精神。他俩，都是为新闻而生，为记者而奋，为生命而歌；他俩，都是在记录特别时代，传承特殊精神，体现独特价值。历史的夜空，总会闪烁着灿烂的星辰；史诗的碑廊，总是镌刻着不朽的名字。他们的工作和他们的文章写在大地上，也写在后来者心上。如果可以，我想用一副对联来概括他们和他们耦合时代的共同意味：低头低调低碳方行远，适时适宜适度事成久。

低头低调低碳方行远

低头采写中国故事。他们两个人都是低头族，因为他们低头向下，面向生活，面向基层。不顾个人安危、冒着枪林弹雨，在卢沟桥等地采访拍摄"中国抗战第一照"，成为七七事变报道第一人的方大曾，可谓是把战场当现场、把现场当职场，最后消失在国际反法西斯的东方战场一线。不计个人得失、坚持深入采访，十九年如一日在全国各地搜集资料还原历史真相、拍摄方大曾事迹纪录片和出版专著的记者冯雪松，可谓是把记录当职业、把职业当事业，今天仍然奋战在中央电视台采访岗位上。

低调做好新闻报道。直插一线，离炮火更近一些，这是一种低调的坚持高风。深入一线，离人民更近一些，这是一种低调的调查精神。克服困难，用心倾听，不务虚名，作品说话，这是一种低调的做事态度。小方的眼睛是向下看的，关注底层民众生存状态；他的眼睛是向前看的，逆行于撤退的人流；他的眼睛是向着远方看的，思考战争之伦和平之理。他做的事是记录历史的大事，两年多时间里留下了这么多文章和照片，但他总是不露锋芒，以至他的消失都是以特别的方式低调消失于媒体版面，像闪电一样消失于新闻界。从生命长短来看，他是不幸的；如果没有雪松的长期挖掘，后来者对他都难有深刻印象。但他又是幸运的，雪松和陈申、范苏苏等接续努力，引来今天中国新闻史专家挖掘整理他的作品，众多优秀新闻记者研究他学习他。老冯与小方的共同之处是心里有国家、眼里有人民，通过记录别人的命运，启示人们慢慢发现历史真相背后的特殊意义。从拍摄纪录片《寻找方大曾》到出版《方大曾：消失与重现——一个记录片导演的寻找旅程》《方大曾：遗落与重拾——个记录片导演的再寻之旅》《解读方大曾——方大曾作品及范长江新闻奖得主的阅读笔记》等著作，19年间，冯雪松走近基层一线进行采写，查阅大量的文献和影像资料，努力寻找知情者，沿着方大曾通讯报道中提及的保定、石家庄、太原、大同、蠡县的最后路线进行寻访，往返行程数千公里，访问了百余位战争亲历者、专家学者和新闻同行，形成了20多万字的工作笔记、40个小时的素材资料，还原历史上的方大曾，展现出他锲而不舍的精神和扎实的工作作风。他的低调前行在镜头背后，一步一步、一年一年走在寻找小方的路上，以至于像时光一样，春去秋来没有人关注。

低碳做出不凡事业。他俩都是精力有限而精神无限，资金有限而努力无限，对新闻的这份深爱，坚持本真、做好本人、练好本事，需要低碳前行。小方是低碳工作和生活的先行者，写文章是作特约记者，新闻报道是前线特别报道，摄影作品多是自己洗印，投稿也是广泛撒网，他可以精确计算投入产出，但他没有多写也没有繁报，而是以最精练的笔墨和最简洁的画面来表现鲜明的内容和丰富的内涵。社会公认他的文字是有水平的，奔赴战场的实录，聚焦前线军民，虽饱含家国情怀，却很少用形容词，多是名词、动词和直接引语书写的事实，至今读来，依旧让人有身临其境的感觉。摄影界后来者更承认他是抗战新闻摄影第一人，有人把他喻为"中国的卡帕"。老冯的书记载了有血有身份的小方：他见解独到，角度独特，思想独立，是一名风格独具的先锋青年；他文字有春秋笔，摄影有夏冬度，驰骋长城内外，是一名情怀热烈的杰出记者。追寻小方19年，老冯本人已然成为同小方一样的低碳精神践行者，用脚去丈量当年的采访足迹，用心去体会历史人物的心灵深处,在为文同时,到 30 多所高校巡讲方大曾的故事,而且多是自费。他不求虚名后来得大名、不求成功后来成大事,做这件事他只想为新闻立心为记者立命,人们认为他所做的事是正确的,要将他和小方一样写在历史的大地上。

适时适宜适度事成久

适时而作时代之事。在哪个时代生,就应该干哪个时代应该干的事。生命是否与时而歌,奏出旋律自然不同;每个命运的交响,因为抚摸琴弦的人不一样而有不同温度,也诞生不同的韵律。作为新闻人,小方总是出现在人民群众的现场,他因此被定格为深刻记录人民苦难的新闻记者、体现深层人文关怀的文化作者;小方及时出现在抗战的现场,他因此也被定名为国际反法西斯东方主战场的先锋战士、中国抗战新闻史的先烈英雄。他是耀眼的,文字是他的刺刀!他是响亮的,图片是他的火炮!他是深刻的,作品是他的灵魂!

有人讲,范长江是方大曾的第一个伯乐。也许,第一个范长江新闻奖应被 106 年前出生的方大曾于 81 年前获取,因为他用生命践行和诠释了范长江精神。而老冯也许是小方新时代的又一个伯乐。小方命运多难,驰骋长城内外,报道救亡救国,突然消失前线,竟然了无踪迹。时人查了多次,没有丝毫收获,那些熟悉的文字和照片空使后人怀念。而老冯来了,他找到了在民族危难的关键时刻,方大曾为中国新闻史留下的珍贵的历史照片和新闻记录,为当代新闻工作者树立了永远的丰碑,他用 19 年时间历经艰难采写记录方大曾的前生今世,将碎片化的材料逐渐拼接成一个鲜活的方大曾,填补了中国新闻史、摄影史和抗战史的空白。

适宜而作本人的事。他们两人都是把热爱当作事业来追求的人。因此他们无声无息地投入地爱新闻事业,也无怨无悔地做好一次次采访工作。小方的家庭条件优越,素质较高,拥有较多的职业选择,但是他选择了新闻工作。他的摄影作品多用生活习俗来描写百姓生活,展示时代的变化特色和人民的苦难坚强;用普遍存在的现实显示残酷的战争,用克制的情感写故事和拍人物。他通过这样的作品来体现人类命运的柔弱和国家的悲怆,来暗喻长城的悲壮和相对弱者的伟大。他的减法做到了恰到好处,他的除法做到了准确无误。

老冯也是如此,既然做中央电视台记者,考虑的事情就不能只是小我,必须心怀大局。但他更令人称道的是记者的坚韧精神,长期坚持做一件事,坚持一种作风。这种坚持往往是成事之道,也是成大事之基。即使遇到不理解、不支持,他也忍了;即使再难,这条路他也认了。因此陈申老师之托是命运之手,也是机遇之爱。是小方,是方澄敏,是陈申,是范苏苏,很多人的接力鼓励,支撑着他的寂寞之旅。心里孤独的人往往有着独特的思想,而寂寞之旅往往需要高贵的品格支撑。一路走来,他的脚印越来越清晰,脚步也越来越坚定。

适度做好应尽职责。他们是新闻人,永远有一颗柔软的心,热爱生活、亲近土地,热爱人民、忠诚卫国。作为新闻人,永远需要爱岗敬业、奉献执着的精神,但更需要全面、客观、公正、冷静的头脑和真诚的笔触、切实地记录。小方的事迹,冯雪松的传承,使我们中国记者必须牢记:始终面向现实,求真务实,不畏艰难困苦,忠实记录时代,时刻牢记为民族为国家为人民鼓与呼,奉献自己的力量。站在今天的时代,我们如果要把握历史,就要用新闻的职业精神,客观、全面、历史地看,一定会有适度的视角和自己的恰当答案。

昨天的新闻,今天的历史

不少新闻往往只有一日之辉煌,但那些传承着一种精神,记录重大历史事件的新闻不会因时光流逝而过时。这些记天下风云者、记天地浩气者、记家国情怀者,也不会因为岁月流逝而被人忘记。放眼过去,展望未来,我们应做好新时代的新闻舆论工作,不让今人和后人失望。

方大曾,冯雪松,他们激励我们:用生命追寻新闻理想,用责任弘扬职业精神,用品格来彰显时代使命,用我们的笔、我们的镜头,真实记录人民追求民族伟大复兴的中国梦的新时代。

方大曾,冯雪松,他们告诉我们:用智慧讲好中国故事,弘扬记者职业精神,传播中国声音,履行当代中国新闻工作者最重要的使命,讲出中国道路的宽广,讲出中国制度的自信,讲出中国精神的铿锵。

方大曾,冯雪松,他们勉励我们:用好摄影这一世界性语言,需要我们深记传播规律,化繁杂为简洁,化抽象为鲜活,化重大为细微,描述丰富的现实,深刻重要细节,做好家国记忆,温暖我们心灵。

方大曾,冯雪松,他们启示我们:小方的生命如此短暂,仿佛闪电划过天际,而不曾留下太多光鲜的历史;如果没有长江、陈申、苏苏、雪松等贤达接力,他的名字、他的照片、他的作品也许至今还埋藏在尘埃之中。小方他可能也从没想到81年之后,我们如此想念他,开会、出书、建馆、雕像……

伟大总要有人懂,走向历史深处,有文有图有真相,即使他和他的朋友再低头低调低碳,他也永远在高处,值得我们仰望。

(原载《传媒》2018年第6期,原标题为《追寻好记者　弘扬真精神——品读〈方大曾:遗落与重拾——一个纪录片导演的再寻之旅〉》)

历史深处沟壑明
—— 读《报章里的改革史》

40年改革波澜壮阔,40年开放风云激荡。新闻工作者用如椽巨笔抒写华章,用精彩镜头记录了伟大时代。

思想解放大潮澎湃,对外开放高潮迭起。新闻工作者用激越鼓点催人奋进,用新鲜风气引领了伟大时代。

40年改变了中国,今日之中国风华正茂,奋发图强,国力增强,民心凝聚,越来越靠近世界舞台的中央。

40年改变了中国,新闻之事业惊人嬗变,从铅与火到光与电,从纸与笔到机与网,智能化、数据化、移动化交相辉映,传统媒体和新兴媒体融合发展之路越来越宽广。

回首40年改革开放史上重要的新闻佳作,我们不但看到了一个伟大的时代,而且更加深刻地感知新闻的力量。回顾40年来传世佳作诞生的历程,我们不但看到一个时代的缩影,而且更加清晰地看到一个个坚强挺拔的身影,触摸感知一颗颗伟大的心灵,发现一道道深刻历史深处的足迹。

回眸40年新闻发展的历程,我们不但看到新闻的重大作用,而且更加深刻地感受到新闻工作者巨大的责任。新闻工作者用建设者的姿态、奋进者的状态、改革者的心态,主动参与改革、积极报道改革、率先推动改革,自己也成为改革的主力军之一。新闻工作者是中国改革开放史的记录者,也是中国改革开放史的重要书写者,更是中国新闻改革开放史的主人公。优秀的作品、优良的人品,深度影响的报道和深刻历史的足迹,激荡人心的历史回响,感动人心的精神召唤,把新闻的巨大作用、记者的伟岸形象深深地镌刻在中国改革开放史的丰碑上。

新闻的力量

1978年12月,党的十一届三中全会召开。次年3、4月时,全国出现了一股否定三中全会精神的"倒春寒"。有人说"辛辛苦苦二十年,一夜回到解放前",《辽宁日报》的同志觉得非常困惑,怎么一下气候就变了?

刚结束20年"右派"生活的范敬宜到一线乡村调查后,发现农村改革虽然出现了一些新问题,但是大部分农民对中央政策特别拥护,生产积极性高涨。因此就写了一篇正确看待当时农村形势的述评。1979年5月13日《辽宁日报》刊登了《莫把"开头"当"过头"》一文,《人民日报》更是在5月16日头版头条转载,标题是《分清主流与支流,莫把"开头"当"过头"》,肩题是"《辽宁日报》记者述评贯彻尊重生产队自主权政策的现状时指出",副题是"各级领导干部解放思想是保证生产队行使自主权的关键,要坚定不移落实党的方针政策",而且加了一个编者按"……作为新闻工作者,要像《辽宁日报》记者范敬宜同志那样,多搞一些扎扎实实的调查,用事实来回答那些对三中全会精神有怀疑、有抵触的同志"。范敬宜后来说,这篇文章当时看起来是逆潮流而写的,事实上却又实实在在地顺应了潮流的发展。因为事实是采访得到的,观点是调研中总结的,结论是老百姓得出的,因此并没有觉得需要太大的勇气。一个新闻记者,只要真正反映广大人民群众的心声就无所畏惧。肩题和副题是人民日报编辑加的,观点更明确,内容更准确,"编者按"更是鲜明,把新闻传播党的政策主张、引导时代方向、推动社会进步的作用充分体现出来了。

记者见证历史发展,记录关键时刻,其代表作品成为时代坐标。20世纪80年代东欧剧变,有人对中国改革开放中的一系列重大问题提出了疑问和诘难,也有人甚至对每一项改革开放的措施都要"问一问是姓社还是姓资"。1991年2月15日发表在上海《解放日报》头版的署名"皇甫平"的《做改革开放的"带头羊"》这篇文章引起各方注意。紧接着,《改革开放要有新思路》《扩大开放的意识要更强些》《改革开放需要大批德才兼备的干部》系列评论,引领社会深入思考。1992年2月4日,《解放日报》率先发表了《十一届三中全会以来的路线要讲一百年》的署名评论;3月26日《深圳特区报》刊登通讯《东方风来满眼春》,拉开了宣传小平同志南方谈话精神的序幕。1992年4月1日和9月29日《经济日报》分别刊登记者的述评《改革开放赋》《市场赋》。党的十四大发出响亮的号召,中国迈开了建设社会主义市场经济体制的步伐。为改革开放摇旗呐喊的记者周瑞金、陈锡添、庹震、詹国枢……也在新闻史上留下不可磨灭的印记。

记者记录世事沧桑,记述人情冷暖,引领重要方向。1982年10月10日《光明日报》刊登记者陈禹山的通讯《为中华崛起而献身的光辉榜样——记中年光学专家蒋筑英》,10月15日刊登《工程师罗健夫把毕生心血献给科研事业》。两篇通讯生动记录了去世时分别年仅43岁和47岁的蒋筑英和罗健夫感人至深的事迹,引起了对知识分子"中国式早逝"现象的广泛关注,为全社会点燃了营造"尊重知识、尊重人才"舆论环境的火光,有力推动了知识分子政策的落实工作。

记者为民加油助力,为人长歌鼓劲,吟诵命运交响。1979年11月8日,《光明日报》推出报道《地主家庭出身的教师龚福永入党记》推动了"让知识分子入党,告别一个时代之痛",促进社会改革当时有些单位知识分子受歧视、"老九难摘帽"、工作上受刁难、入党更是"难于上青天"的怪现象。1982年6月,《光明日报》以反映怀柔三名女老师被打事件的读者来信为发端,一个月内刊发报道73篇,引起了社会强烈反响,从批评殴打教师现象到针砭教育投入少的时弊,到推动提高教师待遇,再到建立教师节,营造尊师重教氛围,新闻舆论通过典型事件报道推动了社会进步。

新闻的力量从来都是与记者职业精神联系在一起的。作为一名记者，他的专业素质始终体现为一种能力，于纷繁事件中有一双发现新闻的锐眼、两只捕捉新闻的敏耳，于复杂现象中有一双直击主题的慧眼、一个展示主题的妙角，于简短时间中做出恰当的判断、准确的描述，体现剖析事实的逻辑、展示发展变化的故事。他的职业品格始终展现出一种深情——一颗理解的心关注世事沧桑，一颗真诚的心关怀人情冷暖，一颗火热的心观照悲伤痛苦，用个别传播普遍，用典型启示大众，用故事传递真情，告诉人们世道人心，给予大家温暖力量，引导走向光明希望。

报道的创新

1984年10月16日，《经济日报》记者罗开富跨过了江西于都河，踏上了长征路。他平均每天走75里路，成为中国唯一一位完全按长征原路、同样用368个昼夜的时间走完两万五千里的人；途中先后有2800多位向导、陪同和医生一起走路、签名见证。他的脚力和毅力被世人广为称赞，连日本《朝日新闻》都发表图文并茂的报道《向长征之路挑战——中国〈经济日报〉记者罗君》称："在中国，不，在世界上，今天用'脚'长途采访的记者，可说就是他了。"

而报道的创新形式让时人耳目一新：每天写日记、每天完成一篇见报的稿件，刊登在"来自长征路上的报告"专栏。反映老区发展仍然困难的名篇《有粮有猪有竹子 缺钱缺肉缺筷子——大余农副产品加工业发展缓慢急需技术资金人才》让人难忘，记载"有一条被子也要剪半条给老百姓的人就是共产党"生动故事的《当年赠被情谊深 如今亲人在何方——徐解秀老婆婆请本报记者寻找三位红军女战士下落》至今仍被人传颂，体现了他良好的笔力、眼力、脑力。《经济日报》特地开辟"'来自长征路上的报告'回音"专栏，刊登社会各界对相关报道的反应，推动了沿线经济发展甚至干部作风等很多问题的解决，连续报道的效应和图文报道的形式让报纸新闻改革也成为社会关注的热点,30多位参加过长征的老红军,分别在媒体公开发表谈话。1985年10月19日,新华社播发了消息《罗开富沿长征路线采访胜利到达终点吴起镇》。次日,《经济日报》头版消息称:"罗开富这一年零三天的采访实践,是我国新闻史上的一个创举,他将以一年内徒步里程最长、发稿最多的记者而被载入我国的新闻史。"今天不忘初心、牢记使命,不忘本来、继往开来仍然激励着新闻人以更大的勇气推动新闻改革,参与中国进一步改革开放的进程。

1986年6月17日《光明日报》刊登《一个工程师出走的反思》,触及了人才不能合理流动的痛处,引起了企业和广大科技人员的强烈共鸣。而采取的中性报道样式更是首创,既不是表扬报道也不是批评报道,而是一个有争议题材的报道;客观报道矛盾各方的意见,客观记录事情经过,不下结论、不评是非。

1987年6月13日《经济日报》刊登《关广梅现象》也采取了一种新样式,用讲故事的方式讲述关广梅和职工、上级、社会等各方关于租赁制的瓜葛,而且用系列报道的形式讲述"关广梅现象"引出的更多社会故事,向处于改革之中的人们提出一些迫切需要回答的问题,客观报道各方反应,表述双方意见,让各方参与讨论,最后得出最大公约数,引领舆论方向。

《一个工程师出走的反思》《关广梅现象》成为当年的重头报道,持续的反响表明,改革是一步一步往前走的,同时也表明旧制度的消亡和新制度的建立需要漫长的时间,新观念取代旧观念也是一样。新与旧、进与退、未来与以往、变化与僵化,一场深刻的社会变革,总是在冲突中碰撞、矛盾中对峙、问题中解决。改革浪潮滚滚向前,人们会更加聪明地总结经验教训,悟出道理得到答案,制度会被修订得更好,短板会被补得更长。

社会总是在发展中前进,历史常在曲折中向前。历史中的人们总是有站在一条河流中的局限。有些现象并不能一下子看透,有些问题也并不能马上得出结论。问题是时代的声音,报道这些声音需要客观,更需要智慧。随着经济体制改革的不断深入,"改革的宣传呼唤宣传的改革",读者要求新闻媒体能够更加及时、深刻地回答时代提出的各种新问题。

1994年4月1日《焦点访谈》栏目在中央电视台黄金时段播出，鲜明的舆论监督特色、鲜活的贴近生活题材、真实的现场画面、锐利的观点锋芒成为时代重要符号，而记者现场采访甚至暗访、公众现场评述，多报道、少评论的形式，主持人固定成品牌的运作机制，成为一种新闻现象。新闻报道并不只有"画面＋解说＋音乐"一种形式，还可以用深度访谈等更多形式；题材选择三点重合——"领导重视、群众关心、普遍存在"，表达方式体现两点特色——"硬焦点软着陆、软焦点硬道理"……新样式、新机制、新观点引领一时之风，帮忙不添乱、建设性的舆论监督也是正面报道成为新闻宣传理论的重要创新。

20世纪末以来，互联网深刻地改变舆论生态，也推动了传播格局、媒体形态的变革。2006年第16届中国新闻奖首设网络新闻奖：网络新闻评论、网络新闻专题和网络新闻专栏，获奖作品13个，人民网《我们怎样表达爱国热情》等分获3个一等奖。从2008年第18届中国新闻奖开始，网络新闻奖增加网络访谈和新闻网页设计，同时网络新闻作品参加新闻漫画、新闻摄影和国际传播奖项的评选。网络新闻作品的实际参评奖项达到8项，此后每年网络获奖作品数量占年度获奖作品总数的比例近一成。2014年第24届中国新闻奖中，中国经济网的网络评论《限制"公款消费"本质是制约权力寻租》首获特别奖，2017年新华社的融媒体专栏《新华全媒头条》获得特别奖，表明新媒体作品的质量有较大提升，成为中国优秀新闻作品的重要组成部分。2018年增设媒体融合奖项：短视频新闻、移动直播、新媒体创意互动、新媒体品牌栏目、新媒体报道界面和融合创新，共50个奖数。此次媒体融合奖项设立的类别和数量都超乎寻常，不仅是对新媒体的重视，更是对促进传统媒体与新兴媒体深度融合，适应数据化、智能化、移动化、分众化、视频化等快速变化，创作出更多更好、有意思又有意义的融媒体产品的激励。

芳林新叶催陈叶，流水前波让后波。报纸、广电等媒体的经典报道创新案例表明，新闻报道改革当中，媒体自身也必须改革；网络、端微等媒体的创新，呼唤着新闻报道的与时俱进。新闻工作者须有足够的智慧改进新闻宣传的形式、内容、方法、手段，而今天媒体融合发展的机遇更需要理念、体制、机制、体裁、业态等的改革。而改到后面多是硬骨头，改革改到深处，改到新闻人自己头上，更需要智慧和勇气。以变应变，变有不变。新闻监督社会、前瞻未来，社会要求媒体保持锐气，人民希望记者守望公平。媒体只有向前保护正义、拥抱创新，才能发挥好新闻媒体难能可贵的建设性作用，也能起到自我革新的革命性作用。

人民的眼睛

1978年7月21日，《光明日报》刊登了一篇读者来信《农村集市应该恢复》，反映山西省运城市稷山县取缔集市贸易后的不便，并指出"集市对于广大社员来说就像工人、干部的星期天一样，大家都要把自己要办的事情集中到这一天办理。通过集市，互通有无，调剂余缺，安排好生活"。来信在全国特别是运城地区引起强烈反响。基层干部到处找报纸，一时刊登来信的报纸成为干部群众亲朋好友互相传阅赠送的"礼品"。尽管地委负责人暴跳如雷，继续"撵集"，但是一些卖鸡蛋的农民把《光明日报》贴在大街上，盖在放鸡蛋的篮子上，进行抗争。而且不少干部群众给报社写信、发电报，支持读者来信。8月4日，报纸刊发第二封群众来信《陈寿昌的信说得好》。运城地委召开干部群众大会称，恢复集市贸易是资本主义回潮，是和学大寨唱对台戏，和《光明日报》的斗争是资本主义和社会主义两条路线的斗争。8月18日，《光明日报》刊出第三封群众来信《不能再撵集了》，并在9月刊登运城等地关闭集市贸易造成严重后果的调查报告和评论员文章。

人民的眼睛如此雪亮，紧盯着党的政策是否不走样，是否一一落实到基层，形成强大的社会舆论，守护着一个地方的政治清风。不久，山西省决定开放集市贸易。稷山县"两红市场"恢复集市贸易的第一天，尽管没多少货物可买卖，但人山人海，群众把《光明日报》贴在墙壁上，放鞭炮庆祝！多年的事实胜于雄辩，集市贸易促进了流通，促进了农副业发展，各地的这些小市场连着全国的大市场，成为广大农民的致富桥、摇钱树！写第一封来信的读者陈寿昌回忆这段经历说，"我们农民正是从报纸上看到了光明，开始了新的追求、新的生活"。

开门办报，和群众一起办报，是我们党报的优良传统。党把人民关注、重视、希望的事情放在心上，记者更要把人民心里的呼唤放在重要版面上。而人民的愿意参与、乐于发声，体现了民主意识的觉醒。知情权、监督权、参与权等权利意识的觉醒，焕发了人民群众参加社会主义改革和建设的巨大热情和创造力量，推动了时代前进的车轮。

时代在前进，改革的主战场从农村延伸到乡镇企业和工业建设。1982年12月23日，《光明日报》的一篇消息《救活工厂有功 接受报酬无罪》，介绍星期天支持上海钱桥乡镇企业发展的橡胶制品研究所工程师韩琨引来官司的遭遇，报道法检两家不同的看法。一石激起千层浪。次日华东政法学院院长急切地要见记者发表看法，后于1983年1月4日在《光明日报》头版头条发表文章《要划清是非功罪的界限》，律师发表文章《法律应保护有贡献的知识分子》。全国各地的来信雪片一样飞向编辑部，报社顺势而为开辟专栏"如何看待科技人员业余应聘接受报酬"，全国科技、公检法司、劳动人事、党政机关等各部门持续讨论四个月。这场讨论不但使被称为"中国星期天工程师无罪第一案"的韩琨事件顺利解决，而且使"星期天工程师"从地下转到地上、非法转到合法、支援转为合作，极大地解放了科技生产力，使有限的科技力量在改革开放后的经济发展中得到最大限度的作用，推动了我国乡镇企业和民营经济发展。

韩琨这样一个小人物因为一件并不显著的小事引发了一场全国性的大讨论，他在这一特殊年代的遭遇折射出历史的进步，反映了这个时代知识分子命运的巨大变迁。社会各界读者的广泛参与，代表了民心向背。这些重头报道背后是人民关注时代的眼睛、热情推动发展的眼睛、守望公平正义的眼睛。有人这样评价，这一案例推动了劳动人事部门松绑，科技人才的有序流动,乡镇企业发展的苏南模式以及后来的快速发展都是这一事件的间接成果。

新闻的力量在于真实,记者的力量在于人民。有人民的支持,记者铁肩不孤单,有道义的关怀,记者行文才从容。习近平总书记强调,改革要把握住方向和源头,坚持从人民利益出发谋划改革思路。人民群众关心什么期盼什么,改革就抓住什么推进什么,人民有所呼,改革有所应,使改革符合广大人民群众意愿,得到广大人民群众拥护。这是我们过去改革的重要经验,也是未来前行的不竭动力。只有让人民群众心花怒放,实现人民对美好生活的向往,记者的妙笔生花才有源源不断的墨水泉流。

总编的担当

1978年5月9日,杨西光在光明日报社负责人会上说,"11日将发表一篇文章《实践是检验真理的唯一标准》,这是一场事关中国命运的、尖锐的政治斗争。如果结果好那不用说,如果因此我们受到误解,甚至受到组织处理,由我承担责任。但我们也要相信,历史最终会公正地作出结论。"5月11日报纸上刊登此文的当天,他也收拾好了简单的衣服和牙膏牙刷,准备再次被关进牛棚⋯⋯

文章发表后,反响强烈。自然,也出现了不同声音和激烈意见。尽管以一颗平常心来对待,采取了有智慧的办法:先内参再公开,前日先在中央党校《理论动态》发表,后以本报特约评论员的身份刊发在《光明日报》,以恰当的理由巧妙地送时任中央党校副校长胡耀邦审阅。如此鲜明的观点,如此恰当的时机,拉开了一场全国性的关于真理标准问题讨论的序幕。作为总编辑的杨西光在思想上、政治上无疑承担了巨大压力,而此时距他正式就任《光明日报》总编辑不过两个月。策划运筹帷幄,改稿精益求精,记者和通讯员、社内和社外通力合作,内容和形式恰当配合,如此周密的部署,一篇振聋发聩的评论终于发挥了应有的作用。坚持真理信仰,坚持党性原则,一个在特殊时期,有特别担当、有独到智慧的总编辑形象就这样深深地刻在我们头脑里。

新闻最闪亮的是主题,故事最活泼的是细节,报道最关键的是人物。新闻离不开有脚力、眼力、脑力、笔力的好记者,一篇反响强烈的报道,可以红了记者、绿了责编、响了报社,而一个难以想见的常识是:有奉献甚至牺牲精神的总编往往隐藏在影响深远的重大报道后面,不为人知。

"关广梅现象"最初是作为内参报道的,记者了解到这一现象表面是因为对租赁改革和改革者的评价,实质是对改革的认识产生分歧。改革中出现了问题,中国的改革还要不要搞下去?在当时反对资产阶级自由化斗争的背景下,应不应该如此鲜明地提出这样严肃的"难点"问题?《经济日报》总编辑范敬宜态度鲜明:只要角度适当,没有不可触及的问题。

当时改革开始由农村转向城市,十三大尚未召开,社会主义初级阶段理论还没有提出,采访中始料不及地遇到两种意见,争论如此激烈。当前的改革究竟是社会主义性质还是资本主义性质,前方记者压力山大。不能打退堂鼓!范敬宜给采访组写信指出:"开展这一讨论,不是针对一个人的问题,而是帮助广大群众认清我们目前改革的性质,更加坚定对改革的信心和决心。如果将来的事实证明这个报道搞错了,一切由我来负责,与记者无关。"记者庞廷福说:"这是军令状啊!上级给下级的军令状还真是头一回,但是让我们参与报道的人吃了个'定心丸'。"

一篇好的报道出来,需要深入采访的记者、精心把关的编辑,最终需要守门人的把关。总编辑就是最后一道守门人,也是冲锋的第一旗手。慧眼睿智,多谋善断,千军易得,一将难求。在特殊环境里,总编辑的担当和他的智慧一样重要。而勇气是汇聚报人高尚品德和宽广情怀的重要力量。有了勇气,才敢于突破旧的条条框框,敢于顶住压力与抵制改革的势力进行较量,敢于旗帜鲜明地支持新生事物,为改革助阵呐喊,为开放呼唤。

新的时代,硬骨头需要啃,难关需从头越,深化改革的文章需要更加精彩抒写。开放的时代更需要世界胸怀,关怀人类命运,和实现中国梦一起构思布局。在传播格局、舆论生态、媒体形态大变的时代，更需要有报人精神、人文情怀、奉献品格、高深智慧的总编辑担当引领时代风向的责任。

改革，要在改革中完善；改革者，也要在改革中完善自己。报社同样如此，要在改革中完善报道，树立自己的公信力，塑造自己的品牌。《光明日报》的大报特色就是因为20世纪80年代推出马寅初、张志新、孙冶方、蒋筑英、罗健夫等一批影响大、效果好、广为称道的人物报道，呼应着人们的关切，汇集着人民的心声，奏响了时代的主旋律。《经济日报》的经济大报品牌就是因为20世纪末以来推出了关广梅现象、海尔现象等国企改革案例，呼唤"醒来，铜陵！""开封何时能'开封'"等城市改革，推出柳传志、鲁冠球、任正非等有担当、有胆识、勇于改革的企业家群体，回应了时代问题，反映了改革进展，凝聚了改革的正能量。今天，受众正在分化建群，时间正在稀释碎片，移动网络扩大覆盖，媒体需要精准聚焦，报道需要快准新活，各具特色的媒体品牌就是在正确应对信息化、移动化、分众化潮流，在做好受众需要、热爱、互动的服务中不断擦亮的。

中央的英明

1984年6月9日，《光明日报》发表了题为《青海省委副秘书长杨国英之子杨小民故意杀人重罪轻判群众强烈不满》的内参。8位中央领导同志作出批示，胡耀邦指出，这是"徇私枉法，官官相护，封建家族关系"，应当坚决纠正。有关部门联合组成调查组出具报告，推动政法机关重审；中央书记处开会进行讨论，对有关责任人进行追究，做出处理。2014年12月15日，呼格吉勒图案平反，冤案得以昭雪，同样也是中央高层关注新华社内参，新华社三届领导支持记者汤计深入采访调查主持正义，推动政法机关重审纠偏，人民终于迎来了法治的春天。

1982年，韩琨事件热议引起高层注意，中央政法委专门开会讨论，作出六条决定：韩琨的行为不构成犯罪，公检法机关今后不再受理类似案件……中央发出文件,劳动人事部部长郑重解读:相关政策科技人员在不影响本职工作的前提下可业余兼职并获取合理报酬,由此受打击的科技人员一律平反。

改革开放是在党的领导下取得成功的,回顾一篇篇散发着时代光彩、沉淀着历史记忆的传世佳作,我们更加清晰地看到背后党委和政府的强大支撑。

蒋筑英事件报道后,中央要求,落实知识分子政策必须在十三大前基本完成。知识分子的生活待遇、工作条件、著作权、稿酬、职称等系列问题受到党和政府有关部门的重视,推动了知识分子政策的落实。

《深入宝库采明珠》报道了抗疟新药"青蒿素"的研制历程,《哥德巴赫猜想》报道数论研究的最新进展……陈景润、屠呦呦、王选等科学家在解放思想、改革开放的春风吹拂下迎来了科学的春天,取得了一个又一个新的成绩。报效祖国、攀登高峰成为一个时代精神的缩影,团结起来、振兴中华成为一个民族精神的强烈符号。

优秀的记者不但能在喧哗中找到宁静,而且能在反思中发掘深刻,善于抓住时代的心跳,把住前进的脉搏。

1979年7月10日,《光明日报》发表文章《应该为马寅初先生恢复名誉》。这是全国第一篇公开要求为"新人口论"平反的文章,让马寅初都没想到!二十年前,当时在广州出差的马寅初看到《光明日报》的批判文章,气愤地一甩袖子说"《光明日报》不光明"。

更让他没想到的是,得知中央将要为他平反,时年98岁的老人激动地说:"一件东西平反过来是很不容易的事情,无论学术问题还是政治问题,都是这样,这需要宽阔的胸怀和巨大的力量。只有共产党有这样伟大的气魄,这样大的力量。"

"党有这么大的勇气很了不起!"

这是一个教育大家的宽阔心胸,是一个共产党员的正确认识,更是一个有铮铮铁骨的知识分子的肺腑之言。

勇于自我革命是中国共产党最鲜明的品格，也是中国共产党最大的优势。没有任何自己的特殊利益，只为人民谋幸福，才能不掩饰缺点、不回避问题、不文过饰非，有缺点克服缺点，有问题解决问题，有错误承认并纠正错误。只有在革故鼎新、守正创新中实现自身跨越，才能不断给党和人民事业注入生机活力。

新闻是时代的记录，记录今天，昭示明天。40年改革开放表明，一个国家、一个民族要振兴，就必须在社会改革的洪流中改革、在历史前进的逻辑中前进、在时代发展的潮流中发展。习近平总书记强调，"以改革开放的眼光看待改革开放，充分认识新形势下改革开放的时代性、体系性、全局性问题"。有这种战略眼光，有敢打胜仗的勇气，有奋勇克难的斗志，有中华民族的智慧，在实现中国梦的伟大征程上，我们一定能走得更远，在全球激烈竞争中笑到最后。

回顾过去40年优秀新闻工作者的足迹，重温优秀新闻作品的味道，我们更加深刻地感受到新闻的责任、人民的信任，更加清晰认识到记者职业的精神、职业的担当，也更加深切地感受到事业的重任和党的关怀。作为一名新闻工作者，我们必须在习近平新时代中国特色社会主义思想的指引下，坚持正确的政治方向、舆论导向、新闻志向、工作取向，坚持"四个意识"、坚定"四个自信"，更加深入基层、深入群众、深入生活，贴近改革时代、贴近开放一线、贴近人民实践，努力以正确的舆论引导人，以优秀的作品鼓舞人，为中华民族的伟大复兴作出新的更大贡献。

（原载《传媒》2018年12月第24期，原标题为《伟大的足迹——读〈报章里的改革史〉札记兼评改革开放40年新闻报道》）

百年沧桑重新记
—— 如何擦亮《国家相册》

近年来,新华社的融合实践引人注目,大力发展互联网新技术、新应用,研发图解新闻、数据新闻、交互专题等可视化新闻产品,运用无人机、VR等技术传播和呈现的方式受到广大受众的欢迎。24小时不间断发布多语种、多媒体、多终端信息成为常态,通讯社、报、网、微、端的传播力和影响力不断提升,充分发挥了作为全国新闻界的排头兵的作用。特别是党的十八大以来,新华人以勇于探索的精神、敢于引领的气质、乐于创新的追求、善于精工的品格,积极投入建设全媒体、深融合、多介质的改革发展,推出了以《国家相册》为代表的一批新栏目、以《红色气质》为代表的一批新作品,成为业界十分瞩目、学界广泛好评、受众反响热烈的融媒体精品和主流舆论代表作。

《国家相册》的成功之道,既有宏观层面的理念设计,又有微观层面的创制操作,更有中观层面的协调运作。新华社领导的运筹帷幄、各部门的协调联动、团队的精益制作,都有值得新闻界同人学习和总结的地方。

主流媒体本有优秀人才、强大品牌,如何做好延伸提升,深化文章推动发展?新华社的深入实践给人启示:重新组织整合,盘活存量;创新深耕融合,激发增量;机制体制契合,做大总量;设计创制结合,提高质量。《国家相册》本有好资源好概念,如何创新理念形式内容做好作品?新华人的创造品格,让人眼前一亮:沉睡的资源醒过来,平面的东西立起来,历史的东西走近来；深刻的思想活起来，优美的形象动起来，灿烂的文化亮起来；心中的热爱说出来，共同的记忆融进来，特殊的情感激起来。同时，新华人的职业精神，让人心中一震：坚持创新、持续改进、自觉精工，让精制的作品传开来，精品的栏目创出来，精益的品牌强起来。特别是新华社领导亲自指导、特别组织，专门为一个年轻的栏目召开座谈会，说明了新华人在大力推进全媒体发展决心信心，积极探索融媒体实践的能力潜力，促进推动新媒体发展的创造创新，值得其他新闻单位借鉴思考。因为，这不仅是新华社对这一个团队的亲切鼓励，也是对新闻界所有愿意创新的新闻人的强大激励。

如何进一步做好《国家相册》，成为新媒体方面的排头兵？需要思考，值得期待，可以在以下方面更加努力。

一是在新闻宣传和舆论引导方面勇当主力、敢打头阵、乐做示范。新华社是国家通讯社，新华人是主流舆论的主力军。《国家相册》是微视频方面的新兴栏目，是融媒体方面的创新作品，如何百尺竿头更进一步？习近平总书记曾经对文化文艺工作提出"要系统梳理传统文化资源，让收藏在禁宫里的文物、陈列在广阔大地上的遗产、书写在古籍里的文字都活起来"。新闻战线也需要从中领悟重要精神，获得滋养启迪。历史不是虚无的，精神是有载体的。"躺"在库房、"养"在"深闺"的新闻作品正是历史与精神最有力的表现。新闻博物馆、纪念馆、照片资料馆等作为新闻作品的安家之地、汇集之所，大有文章可做。能以更多更新的形式走出展馆，"重见天日"再现辉煌，让后来者心摹、有志者研读，实现典藏活化、造福万代，值得期待。未来《国家相册》栏目需要更加牢固地把握正确舆论导向，遵循新闻传播规律，探索媒体融合规律，把握回顾历史和引领当代、挖掘昔日价值和激活今日精神、展示珍贵资料和涵养中华文化、把握内容为王和形式为胜的关系，更加贴近时代主题、靠近时代脉搏、亲近时代声音，切实提高栏目作品传播力、引导力、影响力和公信力，成为传播党的方针政策、传递人民群众呼声、传导中华优秀文化精神的重要品牌。作为主流舆论阵地的国家队，在助力治国理政、促进安邦定国、坚持正确导向方面继续体现举足轻重的地位，发挥引领时代风气、涵养社会价值、推动成风化人的特殊示范的作用。

二是在作品创制和精品追求方面精准对标、精心打磨、精益求精。习近平总书记曾经指出,新闻界要多出有思想、有温度、有品质的作品。这是新闻工作者职业追求的方向标。《国家相册》团队是一支优秀队伍,只要坚持不懈、坚定敬业、坚毅追求,一定会出更多人才、更多精品。加强锤炼,不断提升新闻品质;深挖主题,不断丰富新闻内涵;优化表达,不断提炼鲜活语言;创新技术,不断更新呈现形式,瞄准更高目标,放眼更宽视野,精心打造更多经典代表作,并以此推动更多新闻界同行保持专心、耐住寂寞、守好阵地,多写思想精深、故事精彩、表达精到的好作品,多做传播广、到达快、影响好的新媒体产品,多出更有意思更有意义的现象级产品,多育更多正能量、广影响、强黏度的好栏目,形成全方位、多层次、多声部、精准化、正能量的主流舆论。

三是希望在培育人才和涵养精神方面着眼长远、立足长期、追求长效。习近平总书记在会见中国记协第九届理事会全体代表和中国新闻奖、长江韬奋奖获奖者代表时热切希望,新闻工作者要坚持"四向四做",做党和人民信赖的新闻工作者。这是新闻工作者职业追求的座右铭。培养人才是百年大计,涵养精神是千载伟业。希望《国家相册》在多出精品的同时,多出人才,多出杰出人才,多出媒体融合发展的人才。借鉴《国家相册》团队的组建模式和成功经验,各新闻单位一定可以孵化出更多更好创新型、创业型团队,培育出更多更亮全媒型、复合型媒体人才,推动更多新闻工作者坚持正确的政治方向、舆论导向、新闻志向、工作取向,做政治坚定、引领时代、业务精湛、作风优良的新闻工作者。

(原载《传媒》2017年2月第4期,原标题为《打造新型媒体精品 推动深度融合发展——简评新华社〈国家相册〉成功之道》)

简约新颖更精彩
—— 讲故事更需要好文风

"好记者讲好故事"特别节目于11月8日晚在中央电视台播出,《光明日报》今日刊发了十一篇优秀演讲的文稿。自2014年中宣部、国家互联网信息办公室、国家新闻出版广电总局、中国记协在全国新闻战线发起"好记者讲好故事"演讲活动以来,每年11月8日中国记者节当日在央视播出的《好记者讲好故事》特别节目,就因其故事精彩、篇幅精短、画面精美、制作精良的特点而广受好评。这一活动及这档节目的成功说明,好故事不仅要采集得好,也要讲得好;记者不仅要在基层、在现场、在路上,也要在文风上下一番功夫。

从好的文风这一视角来分析,"好记者讲好故事"特别节目"精短""真实""新颖"三方面的抢眼表现,既符合新闻传播规律,也明显为节目加了分。

精短方能成就简洁之美。"好记者讲好故事"特别节目时长90多分钟,有故事讲述,有串联访谈,有节日贺词,内容不可谓不丰富,但一路看下来并不觉得累,一个重要原因是内容简洁、结构紧凑。故事短,三五分钟讲完,收得利索。串联简洁,两三句点评提纲挈领,五六声访谈画龙点睛,小节目烘云托月。每个故事收尾后让你细细品味,意犹未尽,"很想看第二遍"。故事《我和两个"打工仔"》中,一位长期扎根基层的"土"记者从两位"打工仔"身上挖掘感人故事,笔下的两位平凡之人成为"网红",记者自己长年践行着"用故事写好人、帮助需要帮助的人"的承诺。一段段精彩故事浓缩在900多字中，讲得朴实，点到为止，没有大道理，不搞大水漫灌，为观众留下了足够的回味与思索空间。

真实，是新闻故事精彩、多彩的底色。"讲故事"要想讲得好、打动人，一要真，讲亲历亲见，用细节讲事实；二须诚，用百姓的语言述说，自然亲切。新华社记者讲述了在国际新闻报道中亮出"打黑、打假、打拐"三把剑，向全世界揭露南海仲裁案仲裁庭"原形"的故事。他的讲述，呈现了中国记者深入调查、周密分析、审慎判断，最终让事实真相水落石出的过程。在国际舆论场上斗争取胜的根本力量，来源于新闻的真实性。

新颖才能反映时代。11个故事有大有小，有建党95周年、长征胜利80周年、国际舆论场博弈等彰显中国繁荣发展、时代风采的宏大题材故事，也有柴米油盐、人间冷暖、扶危济困等小故事，这些大小故事避免了我们在一些新闻报道中见到的老生常谈、空话套话、似曾相识、东抄西摘，普遍具有新颖、新鲜、新近等新闻的内核与特质，具有小中见大、平中显奇、见微知著的抓人、感人效果，集中在一个时代背景下与一个演讲场景中，共同刻画出我们这个时代的新特征与新面貌。个体之特组成整体之美，个体之简成就全体之丰，这些优秀记者讲述的一个个新颖的故事，其时代背景就是亿万中国人民同心共筑中华民族伟大复兴中国梦的壮美画卷。

写文章、讲理论要有好文风，讲故事、说道理也要有好文风。讲故事不忘简约之美、真实之美、新颖之美，做记者不忘社会之真、人心之善、时代之需，让人民群众爱看我们的报道、爱听我们的故事，架起党和人民的连心桥，我们的新闻舆论工作自然就会生机盎然，充满温暖和力量。

（原载2016年11月9日《光明日报》第2版，原标题为《讲好中国故事要有好文风》）

有限无限意绵延
—— 品品《旧报新读》滋味

纪念改革开放40年的报道是今年的重头戏。大家都在做，如何求不同？如何求创新？创新是新闻的重要特征，做好这一报道更需要创新。有所区别，才能各具特点；各展所长，才能相映生辉。何谓长？你无我有，你有我新，你新我特，你特我独。看今年的纪念改革开放40年的报道，《文摘报》的创造有新意、有特色，有主体、有个性，有独到之处。

《旧报新读》专栏卓具特色：一是策划独具慧眼，有新的视角；二是主题独特重大，有新的梳理；三是编辑有独特思考，有新的观点。不是旧闻炒冷饭，再回首我心依旧，简单罗列；不是新瓶装老酒，再回首云遮断归途，回顾历史；不是没事找事，再回首泪眼朦胧，一滴眼泪一声叹息，徒剩唏嘘。

一、《文摘报》的策划卓尔不群

报道要有新意，必须在深度、厚度、温度上下功夫开掘，走向历史深处，走向心灵深处，走向时代深处。关于新闻的报道要有特色，就要让新闻当主体，新闻人当主角，新闻背后的故事和意义当主题，同时关于新闻的报道要有底色，改革是主线，发展是主调，传承精神是主旋律，思考规律是正能量。新闻背后，折射的是一个过去未引人关注但是令人深思的道理：记者是改革的记录者，也是改革的书写者；记者是记者，也是智者；是思想者，更是建设者。可以说，新闻报道成功推动了改革，全体记者积极参与了改革，新闻报道是改革实践的一部分，新闻工作者的报道、作风、文风和新闻媒体的改革创新也是改革实践的一部分。

因此，笔者非常关注《文摘报》这一组系列报道。在改革开放活剧中，新闻记者是编剧，也是剧中人；在澎湃的改革浪潮中，新闻记者是观潮者，也是弄潮儿。它让我思考，记者在改革开放中的作用巨大，记者在新时代是否有更大作用？记者记录时代和别人的命运，其自身的命运又如何，也值得深刻思考和深情记录。革命、建设和改革，记者在不同时期发挥重要作用，为什么总能发挥作用？寻找背后的规律，挖掘深层的精神，这些职业基因的传承，启示着我们记者今天怎么看、明天怎么办。

二、《旧报新读》的特殊意味

重温，有新的感动。重现，有新的温度。重温重现，需要检视过去，视角更新。我们写改革并记录改革，回顾当年，续接昨天，展望明天。把这一段宝贵历史记录下来，不是为了简单留住记忆，而是为了推动今天激发明天。当此时也，新时代新征程，呼唤新气象新作为。我们是历史的记录者，也是历史的推动者。为今天继续改革开放凝聚磅礴力量，为再次出发营造良好舆论氛围，再次为昨天的改革者而歌，也是为今天的奋斗者鼓动澎湃激情，为中华民族伟大复兴而奋发图强、激流勇进。

重读，有新的思考。重看，有新的深度。重读重看，需要检视时代，开掘更深。我们是历史的记录者，也是历史的书写者。我们写别人，记录自己。我们写历史，也是再写新闻史。重大报道史，是新闻史的重要部分。视角不同，年代不同，感受也不一样。报道之后的即时反响，报道之后的当代反响，若干年后的历史回眸，会让我们对历史有更多敬畏、珍惜或惭愧，也会将新闻报道的作用看得更加清晰。回顾改革开放历程中有影响、有代表性的事件或人物,放在更宽广、更长远的历史长河中进行解读,将读者重新带回那个时代,品味当时的气息,思考未来的方向。比如关于青蒿素的报道,《文摘报》不满足于刊发40年前的"旧闻",做简单的"文摘",而是在配发的解读文章中列举我国于近几十年在青蒿素研究过程中所取得的成绩等等,深化新闻史再写报道。这不仅加深了读者对"旧闻"的理解,让读者感受到改革开放进程中我国青蒿素研究的前进方向和步伐,更让人明白,为什么说改革开放给中国的科研事业带来了又一个春天,为什么青蒿素研究的领头人屠呦呦能获得诺贝尔生理学或医学奖。这些当年新闻的偶然报道,也印证了后来获奖的必然,说明了新闻记录历史也瞭望时代,讲述故事也传承道理。

记者是历史的书写者,也是历史的建设者。为人民立心,为时代发声;为党鼓与呼,为改革呐喊;为生民立命,为改革背书;为人歌与唱,为英雄正名。我们所做的这一切,也终将被人记录在大地上,铭刻进历史中。

重理,有新的脉络。重解,有新的厚度。重理重解,需要检视自己,琢磨更深。我们是时代的记录者,也是时代的思想者。我们记录自己,记录心灵。记者的心灵史是历史的重要部分,也是新闻史重要的方面。走向心灵深处,回首记者情感之波澜、心灵之激荡,忆真诚之情,求真之道,求实之理,达更高境界。记者是行者,更是知者,鉴往知今,有些事可为,有些事不可为;有些事可多为,有些事要少为。作为知者,有必要将自己重新带回那个时代、思索当年的历程,思考过了若干年的这些报道是否能经得起更多的检视,是否有当初的价值,历史的车辙是否更加清晰深刻。将自己放在过去、今天、未来三个维度、前后左右上下六度空间检视,思考过了若干年再做这些报道是否能做得更好,明天做类似的报道是否能把握超越时空的规律,今天心灵的答案是否更加深刻完善。

三、谋改革促发展的深沉力量

记者的责任就是要始终有那么一种冲动:面对突发事件,迅速到达现场；始终有那么一种能力：面对复杂情况、敏锐判断矛盾，面对时空挑战、全面理性客观把握；始终有那么一种激情：准确表述事情、快速做出报道，简洁生动表达、快速抵达受众。记者的情怀就是始终有恻隐之心，报道弱势群体、关怀苍生；始终有一种客观真意，报道不足、兼济天下；始终有一种正气，监督社会、抑恶扬善。

我们知道，思想者不但因为思考社会而深刻，还因为思考人生而深沉。我们也知道，思想者不但因为观察客观而深厚，还因为体悟主观而深切。我们更知道，思想者不但因为回顾昨天而深情，还因为展望明天而深邃。

历史的天空依然如此皎洁。全面、辩证、历史地看，我们的观察就有新的答案、意味。我们见微知著，察事物之未萌，解青蘋之末，虽然不一定都能治社会之未病，回答时代之声音。但我们记者就是有一种独特的视角和独到的能力，比更多人知道或更早更快判断事物的走势，更加了解未来的方向。

岁月的长河依然月明如昔。虽然过去那么久，感受不再那么敏锐，但是读着当年的旧报文章，细品今天的《旧报新读》，改革者的命运更是令人感叹，改革的故事更是令人心动，改革的成果更加令人珍惜。这种反思是激励前进的力量，也是激励成功的源泉，同时也是防止颠覆性错误的警笛，更是防止开历史倒车的雷达。

新时代，我们不但要遵循和把握新闻传播的客观规律，也要学习和掌握新兴媒体发展的规律。新闻传播的机理在于传播信息、传达故事、传递情感，决定抵达多少人心灵深处。新兴媒体更关注媒体吸引多少眼球、受众点击量、互动率。在看书看皮、读报读题、双微读图的时代，仍然有如此之多的人关注深度文摘、温度文人、厚度文化，值得珍惜。它也激励我们要创新形式、内容、方法、手段、体裁，创新理念、体制、机制、载体，更好地传播信息、传导情感、传递价值、更加快速地贴近和到达受众。

这是《文摘报》适应移动化、分众化、精准化传播的趋势得到的应有回报，也是愉悦表达一个时代深层清谷的回音，更是"水清鱼读月，林静鸟谈天"静水流深的回响。它启迪人们,新闻的力量在于起承转合间抵达人心,在于跌宕起伏间荡涤情感,更在于真实真切传导真诚。

重温,有新的感动;重现,有新的温度;重读,有新的思考;重看,有新的深度;重理,有新的脉络;重解,有新的厚度。我们是回顾历史,也是开掘历史,走向历史深处,还原历史脉络。我们记录今天,也是审视今天,走向思想深处,寻找今天的得失。我们记录心灵,也是检视心灵,走向内心深处,检视人心的变化。我们展望明天,也是思索明天,走向规律深处,寻找科学的规律。40年前,中国打开国门,一幅改革开放的时代画卷徐徐展开。40年,中国在醒来、蜕变、飞跃,记者在记录、讲述、传播。改革情景波澜壮阔,改革历程扣人心弦,改革故事令人回味,改革人物令人感叹。我们是历史的记录者,也是历史的书写者。

新时代,明者因时而变,知者随事而制。我们用今天的视角去讲述昨天,我们用更加冷静的眼光审视今天,为的是以更加饱满的热情和更富新意的创造力讴歌全面深化改革,记录中华民族的艰难历程,为中国人文情怀、为中国改革精神喝彩!

(原载《报林》2018年第4期,原标题《走向改革史的深处寻找新闻人的足迹》)

志闯新路天地宽
—— 湖南广电需要新闻精品

节目温其如玉,大台卓尔不群。

这是一个有思想的节目。湖南电视人在"新春走基层 直播一个村庄"节目开办六年之际,放下匆匆、驻足停留,思考一路风霜雪月,沉淀一段体悟经验,记录时代前进的基层声音,讲述成长路上的采访故事,既是向过往经历的深情回首,也是对未来挑战的憧憬展望。

这是一项有意义的活动。湖南广播电视台在重要的时间节点、重要的地方邀请重要的代表人士,包括政界人士、业界专家、学界学者共同研讨,共评节目,共商创新,共话发展,共建沟通桥,共筑未来路。既是对过去坚持新闻立台实践的专题回顾,也是对未来追求新闻创新发展的集思广益。

这是一批有梦想的人才。过去湖南广播电视台的文艺节目、品牌活动等走在全国省级电视台前列,近几年新闻节目创新创优又取得不俗成绩,重大新闻专题化、重要专题精品化、重点精品特色化成为一种现象。在每年都有作品获中国新闻奖大奖的同时,可以发现:各方面推荐湖南台参与各种评奖的作品明显增多,湖南台研究创制精品的团队迅速壮大,让人深感其有自己的板凳深度和人才梯度。这是事业兴旺之象,也是后劲发展之源。

这些,从一个侧面、几个角度、多个层次反映了湖南广播电视台近年来走的一条地方广播电视台特色之路:坚持社会效益和经济效益两个轮子一齐转、坚持新闻立台和节目立牌两个特色一齐创、坚持节目质量和人才队伍两个支柱一齐育、坚持为地方服务履行责任和为国家全局发展作贡献两项重任一齐担。

在媒体融合迅猛发展的大背景下，在新闻观点众说纷纭的大潮下，湖南广播电视台花大力气、用深功夫，研究新闻创优创新，这是地方台对国家大局的重要担当，也是重要台对行业全局的独特贡献。因为它体现了追根溯源、固本开新：新闻创优，就是新闻单位的主业；精品佳作，就是新闻单位的主课；先进人才，就是新闻单位的主力。根深叶茂花荣，时雨润物；主业主课主力，朗月照人。培育主力军，才能打好主动仗；创新主栏目，才能擦亮主品牌；弘扬主旋律，才能巩固主阵地。

为学深知书有味，观心澄觉室生光。站在今天的中国，做新闻天宽地阔。三湘大地是丰厚土壤，神州大地是广袤空间，五洲四洋也是应有视野。对湖南广播电视台和湖南广电人的节目进行点评，需要有更宽广的视域、更纵深的方位、更丰富的维度。

初观这档节目，有大、高、新、情四个特点：大，视野格局大，题材全区域、深层次、新时代自然契合；高，占领时代精神高地，主题政治性、先进性、群众性有机结合；新，展示热情清新表达，彰显媒体形态、新闻语态、记者状态逐步融合；情，表现党和人民深情，涵意情谊情趣情怀内在吻合。

细思以此为代表的这些节目，对照更高要求，湖南电视新闻仍可在短、精、佳、久四字上再做些文章。

在互联网、移动化、大数据支撑的现代传播时代，快捷送达成为传播力的首要选择，短小精悍成为浅阅读的重要支撑。虽然新闻关键在内容，不必在篇幅长短上纠结，但是我们应努力追求内容丰富和表达简洁的结合。

在浅阅读、巨量性、碎片化的现代信息时代，内容精练成为引导力的重要基础，产品精致成为好阅读的基本特征。虽然新闻可能"只有一日之辉煌"，不必过度雕琢，但是我们应在形式和内容的结合中更加重视提炼主题，引领时代，激荡人心；在新闻和宣传的结合中更加重视传播观点，引领导向、深入人心；在题材和表达的结合中更加重视创新意味，引领时尚、直抵人心。

在分层化、分众化、分时化的现代阅读时代，有些意义成为影响力的基本要素，"有点意思"成为大众爱上阅读的第一特点。虽然新闻很难个性鲜明，不必在条条满意上苛求，但是我们应在受众叫好和社会叫座的结合中寻求更佳落点，体现天下心、三湘气、新闻味；在联通全国和服务全省中寻求更佳体现，展示青年派、文化范、特色情；在传播各方和到达各位的结合中追求更佳表现，提高点击量、阅读率、互动性。

在更聪明、更谨慎、更智慧的现代受众时代，全面准确成为公信力的关键，精到有益成为常阅读的核心需求。虽然新闻可能就是"易碎残片"，只是"历史草稿"，不必在一次到位上苦磨，但是我们应在快速传播和精准深全的结合上更加敬畏每条新闻，深入采访、细核写实、深刻把握；在主动引导和贴近服务的结合上更加重视尊重每位受众，发现需求、培育习惯、长久服务；在传统媒体和现代传播的结合上更加重视每时每刻，各尽其态、各展所长、各显其美。

为了满足受众浅阅读、好阅读、爱阅读、常阅读，为了挖掘市场的深阅读、新阅读、久阅读、好阅读，新闻人需要比受众有更多的耐心，才能保持热度、黏性；需要比常人有更多的付出，才能挖掘更多的甜点、痛点；需要比常态有更久的坚持，才能得到更多的信任、信心。有了这些做底，知性、理性、智性才有自信，我们的气场才有底气；听众、观众、受众托起市场，我们的脚下才有力量。

可以思考的还有更多，比如说创新节目，这档节目从小村故事角度、东南西北维度、美好生活高度、扶贫扶智深度，描画春节精神大餐、传统现代交响、直播现场活剧，体现尊崇传统文化、珍爱民俗文化、展示地域文化，这是把优秀传统文化往下切、往里切、往实切的一种体现，将来是否还可以从更多角度、更广维度、更全方位来把握？

再比如带队育人，这档节目体现新闻人对贫困地区、农村基层、偏远村落的深厚情意,对新闻职业、新闻事业、新闻行业的追求情趣,对国家、人民、生活的深沉情怀。从这档节目我们可以看到记者的成长心路:只有愿意到一般人不愿意到的角落采访,发现太阳可能照不全的角落,发掘普通人的亮点,才能采编制播好的电视作品,触动你我内心才会感动他人。我们可以看到年轻记者的成功探索:既要有勇敢做新节目的锐气,又得有刻苦做好节目的追求,还得有创意玩节目的灵感。由此,我们还可以思考新时代新闻人的成才路径:精明,须有"计利当计天下利"的大算法;洞明,得有能发现美的眼睛、表现新的敏锐、透视深的能量;聪明,须有简洁精练细腻描摹当代最新、当下最小、当时最快的好功夫;高明,得有我手写我心、体味人情温暖、捕捉瞬间光辉、表达目标希望的能力。

问题是时代的声音,值得思考;服务是最好的管理,值得体味;长远是最好的目标,值得想象。从一档节目创新,我们感受到湖南广播电视台树立新闻立台、质量兴台、队伍强台的全台意识,体味管理层希望借此练兵炼心、凝神聚气、树人立德、摄魂壮志的战略思路。我们期待湖南广播电视台由此及彼、以点带面,借用外脑、催化内部,激活内力、激励众人,促进全台骨干干活成事、总结成理、研究成文、创新成风,由一到十、从"术"到"道"再有一次飞跃。

新闻重在新、要在实、快在短、严在准、难在精。好的新闻舆论传播体现在权威、主流、广影响、公信力、好引导。对应全国一些取得良好传播效果的优秀节目的高标准,湖南广播电视台的优秀节目体现了实力,更有潜力:已经剪得较短,还可以剪得更适;已经做得较精,还可以雕得更精;已经把握较好,还可以把握更佳;已经持续许久,还可以坚持更久。

今天做新闻,和过去相比,有时代难题,也有专业问题。需要有破有立、破立并举,立为目的、好为标准,实事求是、解决结合问题。

新时代做好新闻,要更加重视把中华文化做雅出新、让主旋律做亮出味、使好作风做实出彩。更重要的是,在传统和现代之间,在今天和明天之间,在中国和国外之际,我们得想结合、思分类,点到位、动人心,想过程、重结果,愿创新、求实效。努力把握继承和创新的关系,更加重视继承性创新、创新性发展,不忘本来、吸收外来、面向未来;切实把握遵循新闻传播规律和媒体发展规律的关系,更加重视融合传播、国际传播、后续传播,更加重视因人因地而异、因事因时制宜,讲好故事、传播声音、同频共振;努力把握时度效的关系,不驰空想、不骛虚声、不图虚名,创新为领、适时为佳、到位为度,重在长远、贵在坚持、久久为功。

我们相信,我们的新闻舆论工作一定会写在历史上、写在大地上,今天你我所走的每一步都是重要而坚实的。

希望未来湖南广电人有做好新闻的能力,更有做好新闻的魄力,期待湖南广播电视台的新闻节目将来更有传播力、引导力、影响力、公信力,更期待湖南广电出更多政治坚定、引领时代、业务精湛、作风优良、党和人民信赖的优秀新闻人才!

(原载《报林》2018年第3期,原标题为《志闯新路天地宽——关于湖南卫视"新春走基层 直播一个村庄"节目创新的思考》)

宝藏深山待有缘
——优秀新闻作品要推广

当今中国正经历着改革开放激流奔涌带来的百年巨变，新闻事业也正经历着新一轮技术革命狂潮催生的千年巨变。作为中国新闻工作者，躬逢盛世，有幸记录岁月沧桑，接受历史洗礼的同时，正经历着时光河流的冲刷、文化交汇的浸润、媒体融合的交响、新闻业态的重构、记者形象的再塑。

观察一个时代，新闻作品无疑是一个特别的视角。她用文字声像记录时代，也被后来者审视。将新闻作品结集出版发行，是一种形式。有人说，新闻多是徒有一日之辉煌的历史碎片，有必要重新捡拾起来吗？！

中国传媒大学所做的工作对此做了一个恰当的回答。一看用什么样的碎片，能否粘合组拼一面现实的镜子，而中国新闻奖获奖作品无疑是最有代表性的时代碎片，通过聚合成册组合在一起，就是当代新闻人多维记录现代中国、传播核心价值、守望正义公平、引领社会进步的生动展示和全面呈现。二看是否有相应的方式适合时代传播，能否快速及时方便地抵达人心，而传媒大学所做的尝试也许是当下最适合的传播形式：用个性化、分众化、精准化的新闻产品回馈习惯了碎片化、快餐化、移动化等传播方式的现代受众。

因此，将作品结集成册是物理反应，而将作品做成二维码加文字将产生化学反应，相当于掰开了揉碎了再组合，传播得更远更广。编辑掰开、主动引导、让读者省事是一种方法，读者掰开、经历体验、自己发现也是一种方法。大部头是一种编法,聚沙成塔、集腋成裘,创造一种静坐楼台挑灯夜读的风景。小碎片也是一种编法,"掌中宝""口袋书"也能创造出一种不限时空均能随心阅读的别样风景。

中国记协联合中国传媒大学推出了《第25届中国新闻奖获奖作品新媒体展示手册》,将数字采编技术与H5手机推送相结合,以"文字+二维码"的新媒体编辑方式呈现每一篇获奖作品,将大部头的集锦作品变成了"掌中宝""口袋书"。读者拿起手机扫描二维码,即可链接到获奖作品的H5页面,获取丰富直观的图文和音视频资料。既为汇集优秀作品、典藏新闻报道开启了新思路,又为年轻人创造轻松阅读优秀作品的愉悦体验提供了新平台,同时使中国新闻奖的影响力得到了新的提升。

中国传媒大学的这一创新,不仅是将大部头变成小口袋的形态变化,而且是将纸张变成电子数据的媒介变化。同时对传播者而言,形而上的变化也耐人思考。好的新闻作品当然要有表现力,好的新闻作品集同样需要有好的编辑手段和推送方法,要好看好用,才有意思有意义。只有尊重读者获得有意思的体验,才会收获有意义的传播效果;只有适应受众个性化差异化的习惯,才能做到精准有效的引导。正所谓,有共同情感才有思想沟通,有理解才有传导,有灵魂共鸣才有关系和谐。运用新媒体形式创新内容表达,需要新的观念理念。对主体而言,是对有意义者的有意思创新;对受众而言,则是对好玩好看者的好用创新。这种转化的目的,就是让受众自然而然地进去自我发现,而又感觉不到被动带入的引导,这就是高明的宣传。

从另一个角度看,让用户方便愉悦的收达肯定是一种值得称道的传播。把握好主体传播和送达客体的甜点,融合表现形式和表达内容的亮点,新闻报道才有表现力、吸引力、感染力,新闻舆论才有引导力、公信力、传播力。

从1991年到2015年,中国新闻奖见证了中国新闻事业蓬勃发展的25个春秋。中国新闻奖作品立世界之潮头、发时代之先声,主旋律高昂,正能量强劲,绘就了一幅幅新时期中国改革与发展的时代画卷,激发了同心共筑中华民族伟大复兴中国梦的强大力量。这里既有黄钟大吕般的交响,也有小桥流水的民乐；既有宏大叙事的壮阔，也有个体叙事的婉约；既有具体细腻的工笔，也有大气写意的泼墨。它是百万中国新闻人创造的结晶，也是对21世纪中国全景的呈现。

中国新闻奖作品是一座宝库，我一直希望有人能按照不同的逻辑再分类再挖掘，从形式到内容，从表象到内涵，从文字到价值，精细整理、深入分析，为什么这篇作品能获奖？为什么这个作者常获奖？现在我们有大数据这样先进的现代技术支撑，假以更加科学独到的分析方法和更加勤勉的精神力量，我们一定能找到中国优秀新闻作品、杰出新闻人背后的规律，进而挖掘出中国特色社会主义新闻事业的普遍性和特殊性：为什么中国新闻事业发展如此之快？为什么中国新闻媒体在融合发展的时代背景下能迎头赶上世界先进水平？

从这个角度来看，中国传媒大学的创新还给我们更多启示。这次传媒大学所做的只是其中一届，即第25届中国新闻奖获奖作品，将294件获奖作品以一种电子化的形式呈现。也许将来有更多更好的形式，更便于大家阅读和悦读、分享和共享。一个好的东西，只有更多人悦读分享才能实现价值，也只有有缘人愿意付出努力才能得到更深的体悟、更切实的启示。

在新的时代，新的传播技术不断颠覆着传统理念，新的传播手段不断建构着新的传媒形态。在巨变发生的年代，我们应该拥有更大的勇气去努力尝试新的事物。

从这个角度来看，中国传媒大学目前所做的还只是个开头。我们衷心感谢中国传媒大学的优秀团队为本书及其H5作品所付出的努力！也由衷希望更多的人加入到创作、传播、研究中国新闻奖优秀作品的队伍中来。

我们期待着……

（本文为《第25届中国新闻奖获奖作品新媒体展示手册》序）

丹心妙谱新华章
—— 百年巨变需要好作品

记录昨天,报道今天,启示明天。新闻记录历史,也为史学打下初稿。新闻工作者记录历史,也成为新闻史的重要主角。

从1991年到2016年,中国新闻奖见证了中国新闻事业蓬勃发展的26个春秋。2016年,第26届中国新闻奖揭晓,涌现出一大批优秀新闻作品。这些作品立时代之潮头、发时代之先声,尊重新闻规律,创新方法手段,展现了2015年全国人民贯彻落实习近平总书记系列重要讲话精神和治国理政新理念、新思想、新战略的生动实践,描绘了一幅富有中国特色、体现中国精神、传承中国文化、传播中国故事的"时代画卷"。

这是新闻理想的结晶,也是对中国全景的呈现;记录了新时期中国人的使命担当,也谱写了中国新闻工作者的精彩华章。

伟大的作品总是与伟大的时代紧紧相伴,优秀的作者总是与宽广的社会心心相印。命运的交响常常与时代的琴弦同奏,精彩的作品时时与优秀的故事共鸣。中国新闻工作者讲好中国故事激荡人心,中国新闻奖作品传播中国声音振奋人心,就是因为我们距中华民族伟大复兴梦从来没有像现在这样近,我们的媒体传播创新从来没有像现在这样快,我们的读者观众听众从来没有像现在这样多,我们创造创新创业的激情从来没有像现在这样强。躬逢如此美好的时代,幸遇如此奋进的社会,我们读中国故事、听中国声音，从中感受到建设中国特色社会主义事业、实现"两个一百年"奋斗目标的宏伟壮丽，从中感受到统筹推进"五位一体"总体布局、协调推进"四个全面"战略布局的波澜壮阔，从中感受到人民群众投身美好时代、参与改革发展满满的获得感与切实的幸福感，从中感受到中国发展进步的主线主流、中国人民蓬勃向上的正人正心。

新闻工作者充分履行了党的政策主张的传播者、时代风云的记录者、社会进步的推动者、公平正义的守望者的光荣责任，优秀新闻作品充分发挥了催人奋进、促人思考、让人振奋、给人力量的重要作用。256篇优秀作品，背后是更多的新闻人精心采写好作品的故事，是更多的中国人自信追求中国梦的故事，讲出了记者职业的崇高，讲出了社会责任的重要，讲出了中华文化的回响，讲出了中国精神的铿锵、中国制度的自信、中国道路的方向。

立足新形势，履行新使命。中国新闻奖评选工作全面贯彻习近平总书记对新闻舆论工作的指示精神，坚持党的领导，坚持马克思主义新闻观指导，坚持正确的政治方向，坚持以人民为中心的工作导向，不断完善评选工作，已形成以单位组织报送为主，新闻教研机构推荐、个人自荐以及社会各界他荐为补充的参评机制。中国新闻奖和长江韬奋奖坚持以评选优秀作品、培养优秀人才为己任，推动新闻舆论战线围绕中心服务大局，推动新闻工作者多出有思想、有温度、有品质的优秀作品，推动新闻工作者坚持正确的政治方向、舆论导向、新闻志向、工作取向，做政治坚定、引领时代、业务精湛、作风优良、党和人民信赖的新闻工作者。

面向新时代，把握新未来。在媒体融合时代，采写有感染力、吸引力、引导力的优秀新闻作品，只是新闻传播的第一步。要形成强大的传播力、影响力和公信力，离不开新闻发布时的及时传播，也离不开新闻奖评选后的有效传播，更离不开新时代的创新传播，还离不开社会各方的共享传播。

2015年，中国记协联合中国传媒大学曾推出过《第25届中国新闻奖获奖作品新媒体展示手册》。这本手册充分发挥了融合传播的优势，汇集优秀作品、创新传播形态、增强宣传效果，为主流宣传的成果典藏开启了新思路、提供了新平台。

今天，汇集第 26 届中国新闻奖获奖作品的"小册子"正式问世。它立足 H5 传播平台，以"文字＋二维码"的新媒体编辑方式呈现每一篇获奖作品。读者拿起手机扫描二维码，即可链接到获奖作品的 H5 页面，获取丰富直观的图文和音视频资料。

未来，本书及其 H5 作品将充分发挥示范作用，引导新闻工作者不忘初心、砥砺前行，激励有志者勇于创新、奋发进取，主动适应融合发展的媒介环境，以精彩作品为载体，以精益创新为特色，以精准引导为方向，讲好中国故事、传播中国声音、弘扬中国文化，彰显中国特色、中国风格、中国气派，更好地为人民服务、为社会主义服务、为全党全国工作大局服务，为党的十九大的胜利召开营造良好的舆论氛围。

最后，由衷感谢中国传媒大学的师生团队为本书及 H5 作品所付出的努力！

（本文为《第 26 届中国新闻奖获奖作品新媒体展示手册》序）

精研细品求大道
—— 新时代如何竞争中国新闻奖

  2017年是极不平凡的一年。新闻界围绕主题主线，做好迎接宣传贯彻党的十九大的各项工作，唱响主旋律，凝聚正能量，新闻宣传面貌气象一新。中国记协在习近平新时代中国特色社会主义思想的指引下，做好第27届中国新闻奖评选工作，揭晓了前一年度优秀新闻作品。这些获奖作品主题鲜明，比较生动地反映了过去一年在以习近平同志为核心的党中央坚强领导下全党全国各领域取得的新成就，体现了中国特色社会主义事业建设的新成绩，展示了全国各族人民为决胜全面建成小康社会、夺取新时代中国特色社会主义伟大胜利、实现中华民族伟大复兴的中国梦而不懈奋斗的新面貌。中国新闻奖获奖作品题材广泛、水平较高，比较全面地展示了一年来全国新闻界坚持"四个意识"、坚定"四个自信"，保持人民情怀，记录伟大时代，讲好中国故事、传播中国声音的新成果，体现了新闻工作者坚持"四向四做"，深入拓展"走转改"，坚持新闻规律，推动媒体融合，努力增强传播力、引导力、影响力和公信力的新成效。

  中国新闻奖评奖办和中国传媒大学再次合作，编辑获奖作品新媒体展示手册。旨在生动呈现优秀作品，汇编结集多次传播，发挥优秀示范作用，推动新闻界总结过去、发现规律，提炼一些优秀作品的共同特点，记录和评估上一年度各新闻单位采写创制优秀新闻作品的基本历程，更重要的是面向未来、指出方向,激励新闻界和新闻工作者在习近平新时代中国特色社会主义思想指引下,继往开来、开拓前进,真实记录伟大时代、提高舆论引导水平,为全党全国工作大局作出更大贡献。

什么是好新闻?多年来,中国新闻奖评委会倡导坚持正确的政治方向、舆论导向、新闻志向、工作取向,注重作品的新闻价值和传播实效,努力发挥优秀新闻作品对全国新闻界的示范作用。新闻作品体现新闻观,对于做好党的新闻舆论工作意义重大。导向正确的新闻报道是社会的"黏合剂"、发展的"推动器"、稳定的"定盘星"。中国新闻奖作为优秀作品的展示平台,必须把政治方向放在首位,生动地体现、全面地贯彻党性原则、马克思主义新闻观,坚持正确的舆论导向,坚持团结稳定鼓劲、正面宣传为主的基本方针。必须符合社会主义核心价值观,有利于提高国家文化软实力,振奋人们的精气神。

好的新闻报道,及时把人民群众创造的经验和面临的实际情况反映出来,丰富人民精神世界、增强人民精神力量,就是履行党的"喉舌"作用和贯彻以人民为中心的工作导向的有机体现,也是新闻工作者的努力方向。福建赤溪村在中国扶贫事业发展史上具有重要意义,《"中国扶贫第一村"赤溪村的幸福嬗变》通过邀请赤溪村脱贫攻坚的亲历者和推动者接受专访,全面回顾福建赤溪村脱贫攻坚历程,生动挖掘人民群众在党的领导下艰苦奋斗、攻坚克难的背后故事,鼓舞人民群众意气风发决胜全面建成小康社会,既展示了中国特色扶贫脱贫道路的光明前景,又生动体现了新时代新闻舆论工作者"保持人民情怀,记录伟大时代"的优良作风。

真实性是新闻的生命。新闻报道要根据事实来描述,不仅要准确报道个别事实,而且要从宏观上把握和反映事件或事物的全貌。中央电视台记者五次往返"悬崖村",与村民同吃同住近一个月,在昭觉县采访近50天,历经6个月的时间最终完成《"悬崖村"扶贫纪事》这部作品,用精准的数据、生动的人物对话与客观的故事情节,真实记录悬崖村脱贫致富的艰辛历程,令人信服。真实呈现事件的原貌、客观反映事物的本质是新闻报道的基本要义,优秀的新闻作品只有把牢"真实"这一关才能提升自身的传播力、引导力、影响力和公信力。新闻报道是否真实可信,可以从信息获取和信息验证两个维度进行衡量。优秀的新闻报道离不开丰富、鲜活的素材,记者只有走到基层一线的最前沿,走到人民群众的劳动中,走到新闻事件的现场里,才能发现新闻人物、挖掘新闻故事、捕捉新闻细节。新闻报道还得反复考证,经得住逻辑推敲。所谓"巧妇难为无米之炊",占有新闻素材的多寡直接决定着新闻报道的质量高低。但是,充足的新闻素材并不等于新闻事实。新闻事件总在不断发展变化之中,新闻报道也要遵循发展变化的辩证法。这就要求记者既要有敏锐的洞察与甄别能力,又要深入挖掘、及时验证各种信息之间的内在关系,经得住逻辑推敲。

核心价值观是人民的精神支柱和行动向导。好的新闻作品必须符合社会主义核心价值观,有利于提高国家文化软实力,振奋人们的精气神,铸就自立于世界民族之林的中国精神。评论《以信仰之光照亮奋斗之路》将中国共产党95年的历史,放到改变中国命运的历程中考量,呈现共产党人坚守共产主义理想,坚持和发展马克思主义所取得的辉煌成就和伟大业绩。既有历史纵深,又有现实观照;既有理论深度,又有实践思考,在众声喧哗中定基调,在思想激荡中立主见,在人流涌动中举旗帜,导向作用明显。通讯《"新愚公"李保国》《巡视组长——追记李泉新》等以故事打动人、以情节感染人,淋漓尽致地展现出主人公高风亮节的精神品格,生动体现社会主义核心价值,激励人心。

新时代的好作品要有更加开阔的视野,生动讲述中国故事。中国是世界的中国,今天的中国正在走近世界舞台的中央,离实现中华民族伟大复兴中国梦的目标越来越近。中国大事有外溢效应,国际事件也影响国内,成为一种常态。对内报道要有外宣意识,考虑国际影响;对外报道要有内宣意识,重视国内受众的感受。对内对外宣传都要讲导向,如此才能达到"团结人民、鼓舞士气、澄清谬误、明辨是非"的宣传效果。《走向经济治理现代化的中国探索》围绕新常态下中国如何走向经济治理现代化的论题,以"怎么看""怎么干"为视角,系统地阐述了习近平总书记的经济思想,以坚定的政治定力、正确的政治立场,奏响经济宣传的"黄钟大吕",及时回应外媒唱衰中国经济的论调,也给国人吃了一颗"定心丸"。《锦绣记(海外版)》用讲故事的方式,呈现中国悠久灿烂的蚕桑技艺和丝绸文化,让世界看到中国人对传统技艺的传承和创新,是展现中国文化自信和文化创新的一次成功实践。《东京审判》围绕最新的学术研究、文献证据,独家展现海内外罕见影像资料,采访国际专家、亲历者及后人,向国际社会力证东京审判是一场文明、正义、公正的审判,起到了良好的舆论引导作用。

  选择什么样的题材做新闻报道,怎么样选择新闻素材,这是做好新闻报道的开始,也是新闻工作者采访、写作、呈现的重要基础。好新闻在选题方面要兼具新闻价值与社会价值。所谓新闻价值,是指既要充分考量新闻事件的时效性、重要性、新奇性,又要考虑采用切入视角的独创性、特殊性甚至唯一性;所谓社会价值则强调新闻在记录反映时代、增进主流价值共识、促进社会问题解决、提供社会治理对策方面产生的重要影响。统观第 27 届中国新闻奖获奖作品,它们在选题上呈现"横看成岭侧成峰,远近高低各不同"的特点。同一事件,视角不同,呈现千差万别,效果自然不一样。梳理不同作品的选题方法,有以下三个典型性特点:一是强调大主题中的小情节,做到"得其一鳞一爪,不必观其全身"。在选题立意方面坚持从大局着眼、小处着手,精心剪裁、严格挑选出诸多具有典型意义、能反映事件本质特征的小情节、小片段,并且做到围绕主题、详略得当地谋篇布局,呈现化大为小、小中见大的表现效果。二是反映小故事里的大时代,做到"一粒沙里见世界,半瓣花上说人情"。统观本届优秀通讯作品,虽然叙事风格各有千秋,但大都把主旨思想包裹在具体的事件之中,在故事讲述中生动展现内涵,让受众主动发现主题。它们将"人民"与"时代"的具体含义浓缩到生动而鲜活的故事文本中,通过人物对话、环境描写、场景设置等多元化的叙事元素,细致入微地呈现故事中的情节、情感和深刻寓意,发人深省、引人入胜。《别了,白家庄矿》以供给侧结构性改革和精准扶贫为宏观背景,从小人物曲折感人的故事中寻找突破口,以小见大,以情感人,引发良好的社会效果。文本结构紧凑,线索设定巧妙,情节铺陈得当,以白家庄矿的两对父子矿工为切入点,以"告别"为契机,以"新生"为内核,历史与现实交织呼应,将"去产能"的重大意义灌注于两对父子的感人故事中;后者选取了河南省封丘县贫困户郭祖彬的脱贫故事,从因病致贫到带头致富的转变中,呈现脱贫攻坚一线中具有内生动力的典型人物,有情节、见精神。三是挖掘旧话题里的新气象,做到"删繁就简三秋树,领异标新二月花"。好选题要么得益于新闻事件本身的独特性和唯一性,要么得益于在老生常谈的话题中独辟蹊径,达到"旧瓶装新酒"的效果。本届不少优秀新闻作品便是充分利用了后一种选题技巧,在情理之中的普遍事件中,找到出人意料的特殊问题,于旧话题中呈现新气象。"粮食问题"曾无数次见诸报端,但《产粮大省何以出现"买粮难"》一文则从河南省小麦连年增产的普遍现象中发现"守着粮仓缺麦子"的特殊问题。记者由表及里深入调研,从农业供给侧结构性改革角度,分析小麦生产领域买卖"两难并存"等新情况,揭示种植结构和市场需求的不对称甚至严重脱节是根本原因,从而提出了一个关系我国粮食安全的重大问题,具有较强的现实意义和决策参考价值。

语言洗练、内涵丰富是本届优秀新闻作品的一个特色。语言表达对于新闻作品至关重要,它是传递新闻信息的物质载体,是新闻报道最基本的要素,决定着作品的基本呈现效果。内容决定形式,形式是内容的呈现,两者相互统一,相互补充。"形式美"强调语言准确规范、简洁洗练、通俗易懂;"内容实"重在说明言简意赅的语言形式背后所传达出的更为充实、丰富、深刻的思想内涵,呈现言有尽而意无穷的表达效果,说明作者下了一番功夫。本届获奖的不少优秀作品在语言表达上"内外兼修",既有"形式美"又有"内容实"的特点。《究竟谁在破坏国际法》《滥诉、妄裁和霸权难撼中国维护领土主权的决心》删繁就简、语言洗练、深入浅出、鞭辟入里,在重大国际问题上及时发声、有力回应。新闻要有广泛的受众,就要通俗易懂,主动运用群众语言、回归现实生活,不舞文弄墨、不抖知识点。《三十年回望塔元庄》文笔生动、内容鲜活,将中央精神与基层实践有机结合,以"沾泥土""带露珠"的语言绘就一幅新农村建设的全景图,生动展示作品的思想性与人文性。评论专栏《长安观察》注重"说大白话",没有"掉书袋"的冗赘,也没有操弄外来语的晦涩;着力从现实中提炼概述揭示问题本质,不发空论,切中肯綮,使表达实现了专业和通俗的统一。《之江观察》专栏探索评论领域的"走转改",为评论写作嵌入调研元素,以充实创作内容。该专栏鼓励评论员走进基层,就一个地区、一个领域的创新实践、发展气象乃至困惑问题开展深度调研,进而写出既有感性观察又有理性思索的新型评论文本。如《一次决策调研的大逻辑》《如何做好"返乡观察"》《特色小镇"落榜生"的启示》《垃圾治理永不止步》《河长制2.0时代,浙江怎么干》等生动鲜活、吐露芬芳的观察评论,既向外界提供了看浙江的窗口,也为基层治理提供有益启示,体现了党报评论文章内容的厚度与思想的深度。

本届中国新闻奖获奖作品的另一个显著特点,是更加重视丰富的形式和精彩的内容共同呈现,新闻版面和新闻摄影作品、新闻漫画不但有新的特色,而且在新闻作品呈现方面体现了媒体融合发展的新进步。特别是在新闻专栏、网络、国际传播等方面涌现了一批内容优质、有广泛而良好社会反响、体现技术创新特点的"现象级"新闻作品,反映了传统媒体和新兴媒体融合发展的新进展。本届共评选出24件媒体融合获奖作品,其中一等奖5件,二等奖6件,三等奖13件,约占总数的8%。遵循新闻传播规律和新媒体发展规律,是媒体融合的根本,也是新闻作品创新传播的关键。不少作品在"准""新""微""快"四个方面有所突破。恪守新闻真实性原则,把准导向与方向;移动新闻产品具有创新内容表达、丰富呈现形式的特点;鲜活快捷、短小精悍,推出更多微内容、微信息,适应碎片化阅读特点;报道时即时采集、即时推送,迅速送达用户,在传播中抢得先机。以《中国一点都不能少》为例,针对"菲律宾南海仲裁案"公布事件及时推出新媒体报道,第一时间表达中国态度、中国立场,先声夺人,以正视听,重视传播节奏和时效度的结合,体现了"准"与"快";在结合H5动图、短视频、海报、九宫格图解等形式的基础上,配发深度评论文章解读说理、答疑释惑,将"内容+技术""内容+观点"深度融合,体现了"新"与"微",成功地赢得受众较高的点击量和巨大流量。技术创新是根本动力。以先进技术为支撑,用最新的技术提升采编能力,拓宽传播领域,是融合发展的重要推动力,也是优秀作品成功的重要基础。《网上重走长征路之"征程"——红军长征全景交互地图》就是将技术创新予以充分应用的佳作:打开页面即可一目了然了解长征路线全貌,通过视频穿梭加三维模拟技术衔接进入长征沿途各点,以基于卫星遥感图像的虚拟景观地图,呈现出长征过程中不同地区的地形特点及天气特点。作品全程融入互动、问答、直播、VR、无人机、影视剪辑等技术,让网民产生代入感,跟随漫游路线,感受到长征强烈的历史感和红色精神。化学反应是关键要素。用互联网思维进行理念观念创新,推动新闻媒体体制机制转变是必由之路。媒体要发生融为一体、合二为一的化学反应,就必须解决采编发流程再造这一难题。获特别奖的名专栏《新华全媒头条》建设"中央厨房"指挥平台,通过充分整合新华社优质资源,发挥国内外分社联动效应,围绕重大活动、重点选题、重要人物组织策划报道,按照各媒体终端传播的不同要求,进行分类采写、适配制作、多元发布、统分结合,实现了传统媒体业务和新媒体业务从"相加"到"相融"、从"物理聚合"到"化学反应"、从"两张皮"到"一盘棋"的转变。优秀的媒体融合作品或专栏背后折射出的组织指挥一体化、采集编辑集约化、产品制作全媒化、流程管理矩阵化的采编发流程再造带来的新成果,是"一次采集、多种产品、多媒体传播"的新工作格局。

不少优秀新闻作品传播力强、影响广泛。本次新闻评选中,涌现出不少阅读量逾10万的现象级作品,引发了线上线下受众的广泛关注。新闻作品的传播效果,归根结底还要看受众的接受程度。受众感受不好,报道得再多也是孤芳自赏;社会共识不高,包装得再好也是顾影自怜。如何克服新闻报道中假大空式地喊口号,闭门不出就提对策的老思维、老套路,还需要有问题意识,在"用户"上下功夫,由媒体"上菜"变为用户"选菜",不断提高针对不同口味受众的"烹饪"水平。《新华社特约记者太空日记》在议题设置上大胆创新,用互联网思维构建报道视角,注重人文关怀,突出与受众互动,以文、图、视频、网络等多种方式立体式呈现,从不同层面为受众提供有效信息。《您好,马克思》以主题鲜明的原创视频、原创报道和交互性强、表现形式多样的图表、H5、公众号文章等形式形成聚合效应,点燃了年轻群体认识、了解马克思的热情。

注重社会效果才能提高影响力。一篇经得起当下检验、历史淬炼的优秀新闻作品,不仅能引发受众情感共鸣、引导社会舆论发展、凝聚核心价值共识,还可以为国家出台公共政策提供咨政依据,为根除社会沉疴固疾提供对路良方。深度报道专栏《人民眼》以"顶天立地研究问题""吃透两头讲好故事"为遵循,以推出有思想、有温度、有品质的新闻作品为宗旨,直面问题、扎实采访、客观报道,集纳了一系列传得开叫得响、制作精良的作品,也切实推动了实际工作的开展。《拿什么拯救你,一"号"难求》《"农改居":农民的权益只能增不能减》等深入调研、扎实采访,反映群众呼声,回应基层关切,所提意见具有建设性,产生良好的社会效果。

新闻舆论工作者是党的政策主张的传播者,是时代风云的记录者,是社会进步的推动者,是公平正义的守望者。中国新闻奖获奖作品充分体现了职责使命:既坚持团结稳定鼓劲、正面宣传为主的方针,又体现有力有效的舆论监督,一些作品直面工作中存在的问题,揭露社会丑恶现象,激浊扬清,针砭时弊,客观、准确、全面地报道事实,展示了媒体良好的社会责任,也把正确的舆论导向体现到新闻舆论工作的各个方面、各个环节,体现到每一篇新闻作品中去。《安徽宿州宋庙小学"要求受助贫困生出钱请吃饭事件"调查》以"解剖麻雀"的方式,完整呈现事件所暴露出的基层政治生态,通过揭露种种社会问题,发挥新闻舆论的监督作用,为全面从严治党向基层延伸、厚植党的执政基础提供了一个生动样本。《谁制造了"毒跑道"》通过对毒跑道生产、销售、铺设、使用的来龙去脉所作的独家调查采访,揭开了国内塑胶跑道行业无规、暴利的内幕。不仅对事件本身起到答疑解惑、正本清源的作用,也为国家制定法律法规提供了强有力的事实依据。《幸存者——见证南京1937》之《沉默的伤痕》以五位健在的、具有代表性的南京大屠杀幸存者为拍摄对象，通过远赴海外挖掘影像、史料，采访海外研究专家的形式，真实再现侵华日军在南京犯下的暴行，成为第一次为南京大屠杀幸存者集体留证、第一次完整讲述幸存者人生故事的纪录片，创作者在坚持客观性的基础上为历史正名。

新时代如何讲好中国故事？中国已经进入新时代。面对全球经济社会发展和传媒格局的新变化，我们有责任也有条件向世界传播自己的主张、弘扬自己的价值、讲好自己的故事，培育与我国国际地位相匹配的国际传播能力，以更加全面、真实、鲜活的形象，让外国受众读懂中国、理解中国、信任中国。

一是讲什么故事，要心里有数。把我们"要讲的"和国外受众"想听的"结合起来，做好差异化、分众化传播。媒体要用国外受众"乐于接受的方式、易于理解的语言"打造融通世界的故事载体，构建融合中外的话语体系。在符合中国特色、中国国情的范畴内，形成属于中国的修辞、语言、语境；同时考虑到外国受众的理解方式、表达方式和长期的文化价值理念。把"自己主动讲"和"请别人讲好"结合起来，增强议题设置能力。议题设置是对外传播的关键环节，是提高新闻舆论引导力、把握话语主动权的重要内容。要围绕涉华舆论重点、热点问题进行充分研究，不回避、不绕弯，正视发展中的矛盾问题，真实传达中国的价值理念，有效引导国际舆论公正、理性地接受和理解一个多元的中国；要把"陈情"与"说理"结合起来，选取与人们息息相关的故事载体，以小事件透视大时代，以小人物折射大变化，以小故事揭示大趋势的方式寻找情感的共鸣，实现文化的共通。要善于"借嘴说话""借筒传声"，向世界传达中国立场。《普京接受新华社社长独家专访表示期待打造更紧密俄中伙伴关系》一文通过精准把控议题设置，抓住中俄利益交会点、话语共同点和情感共鸣点，达到了巧妙引导对话者的目的。通过普京之口，向全世界传播了中国立场，实现了传播内容的有效放大和传播效果的成倍增加，有力唱响了中俄全面战略协作伙伴关系光明论。

二是讲中国故事，要有能力。要把握关键，讲好故事。故事形式要新。

创新是驱动新闻作品精益求精的内在引擎,要结合媒体自身特点,取长补短,创新表现手法和手段,讲出既有新闻性又有思想性,既有生活性又有思辨性的中国新故事。主题切入要快。精心挑选、取舍新闻素材,简明扼要地介绍主要新闻要素,围绕主题,快速入题,不拖沓,不模糊,清晰明了。故事细节要实。一篇报道,让读者记忆犹新、记忆深刻的往往是某一处与众不同的细节。所以适当地对新闻的细节进行强调与放大,营造出一种身临其境的感觉,提高说服力与感染力。故事顺序要巧。将客观真实的新闻素材进行巧妙地编排,适当设置悬念,呈现故事中的情节性和曲折性,达到一波三折的效果,带动听众的情绪,满足听众探求真相的求知欲望。传播手段要多。在媒体格局发生巨变的今天,新闻报道也要适应融合发展的趋势,搭上时代发展的节拍。充分借用新媒体的平台,第一时间将收集到的信息进行分类整理,从而进行准确、高效的新闻传播,做到既应用新媒介,又先于新媒介的内容宣传速度。增强与听众的互动性。引入新媒体介质,加大用户的参与程度,提高新闻的吸引力。无论是报社、通讯社还是广播电台、电视台,谁能下好媒体融合这步先手棋,谁就可以在新闻传播格局剧变的今天占据有利地位。传统媒体要发挥自身"内容优势"之长,利用新媒体的技术优势和传播优势,以"互联网+"的思维方式开展新闻传播实践,实现从"相加"到"相融",充分打破行业壁垒、专业壁垒、职业壁垒和媒介壁垒,深化拓展媒体融合的路径。媒体要在资金、技术研发、人才引进等方面加大投入,充分利用好大数据、云计算、人工智能等新技术,推动媒体融合发展。优质内容是优秀新闻作品的根本。要充分发挥传统优势,在议题设置、话语把控、表达方式、价值坚守等方面做强、做优,把内容做好做精做出特色。在回归新闻内容的本质同时,把新技术应用好、建设好新平台新载体,实现内容优势与技术优势的"双轮驱动""两翼齐飞"。

三是讲好中国故事,要有好效果。切实把握好"时度效"。"时"既强调首发效应,又注重把握节奏。要针对国外受众的阅读习惯、阅读方式,借用移动端社交平台,做到量体裁衣、精准推送;要把握好传播时机,顺势而为、因时而动，不超前，不滞后，在时间上把握好火候。"度"强调要讲究传播策略，找准角度、掌握力度、挖掘深度、呈现温度。以适合本土化、区域化的内容产品传递中国价值、传达中国声音。如《我们的更路簿——三沙属于中国的历史证据》从普通渔民记忆中的故事为切口，力证中国享有南海行政管辖权的不争事实，成为回应南海仲裁案的外宣佳作。"效"是对新闻作品的最终检验，可以通过发挥媒体融合的传播优势、发挥既有国际影响力的公众人物的作用，加强中外媒体交流合作等方式提高传播效果。

我们在总结优秀作品的成功之道时，也要充分认识落选作品的不足之处，同时也要看到一些获奖作品的"白璧微瑕"。客观分析它们，为以后中国新闻奖评选提供有益借鉴。主要问题有导向偏差，值得商榷；题材单一，新闻性差；信息失真，存在误差；表达失范，语言枯燥等。话题陈旧，缺乏创新也是一个明显问题，有些作品偏向于国际重大事件，但"大事件"没有找到"新切口"，导致题材雷同化。与此同时，相关作品多是围绕事实层面，以短消息的方式泛泛而谈、碎片化呈现，少见深度调研、跟踪报道、专题系列报道。有些作品全球化视角不足，受众主体意识不够，无论是语言的表述、内容的架构以及价值理念的传达都只顾自说自话、自圆其说，缺乏对海外受众主体意识的关注，缺乏用他人接受的方式讲中国故事的能力，缺乏在保证"中国观点、全球视野"的前提下适应本土化传播、适应本土化阅读的对外传播模式。

新时代如何创作新闻精品？我们认为，要善于统筹"发现力""表现力"，采写好新闻。提高新闻发现力，善于从重大题材中发现新闻。重大题材往往反映着社会发展的进程、标注着时代前进的方位，是讲好中国故事的素材库，是人民获得感、正能量的聚集区。要从这些重大题材中，写出超常规的作品，就要求记者善于抓住大主题中的小细节，挖掘大时代里的小故事，以发展的眼光把握整个新闻事件的发展历程，在旧话题中发现新思路。提高发现力，要求记者坚持正确的舆论导向，统筹社会价值与新闻价值两个追求。坚持正确的舆论导向，就要坚持用马克思主义新闻观指导发现新闻的过程，做到学而信、学而行、学而用，解决好"我是谁""为了谁""依靠谁"的根本问题。坚持社会价值就是符合社会主义核心价值观基本要求，推动社会问题的解决，为社会治理提供咨政意见；坚持新闻价值就是要在尊重新闻真实性的基础上，切入角度有所创新，注重时效、性质、范围等特点。两者共同构成新闻发现的价值遵循，并且与坚持正确的舆论导向相统一。提高发现力，要培养记者创造性采访的能力，在看似"荒漠"的角落发现新闻的"绿洲"。记者的创造性劳动，要求在脚力、眼力、脑力、笔力这"四力"上下功夫。脚力到位，笔力才能厚重；眼光敏锐，思想才能独到。提高作品表现力，深入挖掘和全面展示新闻事实。细节，是指作品中呈现的人物性格、事实场景、自然环境、故事情节等基本组成要素，是通讯、特写、报告文学等新闻作品表现主题的重要手段。所谓细节之处见精神，细节之处打动人，好记者要善于在真实的世界里发现细节、积累细节，在充分掌握细节之后，还要善于构思，巧妙运用，从而丰厚主题，突出思想内涵，激发摄人心魄的力量。增强表现力，要形成好文风，提升文字表达能力。编筐编篓，全在收口。好文风、好文字是检验作品优劣的"重要指标"。这就要求记者要不断创新报道手段与方法，自觉运用群众语言，选择平民视角、饱含人文关怀，用讲故事的方式，将通俗易懂的生活化语言呈现出来，使语言文字的表达回归生活，更加接地气、聚人气、冒热气。当然，文风、文字改善的背后，更需要工作方法的改进，这需要坚持马克思主义新闻观指导实践，在选题上更加务实，不回避难点，在报道视角上更加亲民，不刻意拔高，始终保持人民情怀，记录伟大时代。

新时代如何创作新闻精品？我们认为，新闻单位和新闻人要把新闻作品放在工作的重要位置。在媒体融合迅猛发展的大背景下，在新闻观点众说纷纭的大潮下，新闻媒体和新闻人要花大力气、用深功夫，研究新闻创优创新，这是新闻媒体对国家大局的重要担当，也是新闻工作者对行业全局的独特贡献。因为它体现了追根溯源、固本开新。新闻创优，就是新闻单位的主业；精品佳作，就是新闻单位的主课；先进人才，就是新闻单位的主力。根深叶茂花荣，时雨润物；主业主课主力，朗月照人。只有培养主力军，才能打好主动仗；只有创新主栏目，才能擦亮主品牌；只有弘扬主旋律，才能巩固主阵地。

新闻重在新、要在实、快在短、严在准、难在精。好的新闻舆论传播体现在权威、主流、公信力、广影响、好引导。参照全国以往经典作品的高标准，不少优秀作品还可以做得更好：已经减得较短，还可以减得更适；已经做得较精，还可以雕得更精；已经把握较好，还可以把握得更好；已经坚持许久，还可以坚持更久。

今天做新闻，和过去相比，有时代难题，也有专业问题。需要有破有立、破立并举，立为目的、好为标准，实事求是、解决结合问题。

新时代做好新闻，我们要更加重视把中华文化做雅出新、让主旋律做亮出味、使好作风做实出彩。更重要的是，在传统和现代之间，在今天和明天之间，在中国和国外之际，我们得想结合、思分类，点到位、动人心，想过程、重结果，愿创新、求实效。努力把握继承和创新的关系，更加重视继承性创新、创新性发展，不忘本来、吸收外来、面向未来；切实把握遵循新闻传播规律和新媒体发展规律的关系，更加重视融合传播、国际传播、后续传播，更加重视因人因地而异、因事因时制宜、讲好故事、传播声音、同频共振；努力把握时度效的关系，不驰空想、不骛虚声、不图虚名，创新为领、适时为佳、到位为度，重在长远、贵在坚持、久久为功。

中国传媒大学以服务新闻界为己任、以奉献社会为责任，以推动产学研联合为目标、弘扬优秀精气神为动力，连续三年把中国新闻奖获奖作品以新媒体的形式生动展示出来，推动多次传播、激励有志者向着远方高山登攀。她今天所走的每一步都是重要而坚实的。我们相信，她为新闻工作所作的贡献和努力一定会写在中国新闻史上。时间会给为梦想不懈奋斗的人们更多答案和启示，历史最终一定也会给予坚持努力的人真正的回报，因为，他们的脚印是如此深刻地印在我们的视线里。

希望中国传媒大学所做的努力，能成为全国新闻人培养做好新闻的能力、锤炼做好新闻的魅力的重要基石，成为全国新闻单位成功、新闻人成长成才的重要阶梯，成为优秀新闻作品创新传播的重要载体。更期待我们的优秀新闻作品将来有更强的传播力、引导力、影响力、公信力，更期待全国新闻界能涌现出更多政治坚定、引领时代、业务精湛、作风优良、党和人民信赖的优秀新闻人才！

（本文为《第 27 届中国新闻奖获奖作品新媒体展示手册》序）

实事求是辟新路
——湖北日报传媒集团融合发展实践探索

近年来,湖北日报传媒集团大力实施"全媒体、多元化"战略,加快党报数字化转型,不断拓展互联网络、移动传播等新兴领域,努力在传统媒体与新媒体的技术应用、产品终端、管理机制等方面实现共享融通。目前,湖北日报传媒集团旗下新媒体集团拥有5家网站9家公司,涵盖网站、手机报、移动客户端、户外电子屏、电子商务、大数据服务、无人机航拍、音视频直播录播、专业软件研发等业务。传新融合效果好,实现三力并举。党报声音不断放大,成为全国千人发行数最高的省报,主阵地的引导力得到彰显。传播能力明显提升,日均受众群体突破3000万,占全省人口的一半以上,主渠道的影响力得到体现。报网融合发展呈现出良好开端,不但新项目赚钱,而且老阵地巩固,省报的品牌影响力、权威性得到极大提升,使党的媒体公信力也得到了加强。

一、实践探索

湖北日报传媒集团党组认为,传新融合在技术上是时代趋势,在党报发展上是重要机遇。纸媒变电子媒介,谁变得早,就争取了主动;谁走得快,就争取了空间。要充分利用党报的权威性优势和人才优势,与技术迅速结合,与消费者需求吻合,从而占领线上线下市场,迅速贴近受众,获得发展先机。

湖北日报传媒集团近三年来遵循新闻传播规律和新兴媒体发展规律,用互联网思维推进新闻传播流程创新,大力发展新应用,拓展主流舆论传播途径和范围,打造面向未来的现代传播体系。

媒体融合建设围绕采编技术平台(包括全媒体采编指挥平台、纸媒数字化与新闻信息数据库、新闻出版大数据服务系统、舆情监测处置系统、全媒体指挥系统、自媒体信息采集系统、新闻线索爆料系统),新媒体阵地建设(包括微信、微博、移动端采编发布系统、手机报、户外电子媒体),网络化表达改造工程建设(包括全媒体采编队伍、受众互动、新闻评价)等方面的建设,加快传统媒体与新兴媒体融合发展,推进以内容生产数字化、管理过程数字化、产品形态数字化和传播渠道网络化为主要特征的全媒体转型,围绕用户体验,深入分析用户需求,优化媒体结构,加速全媒体布局与融合。

(一)重视新技术研发和就地转化

如何选择新技术?湖北日报传媒集团注意研究党报的特定对象需求,将在其他领域有应用而且比较成熟的新技术和党报传媒属性要求对接好,满足党委、政府和广大读者的要求。

研发全媒体指挥中心。合资成立光谷天下传媒股份有限公司,把应用于国安、消防等领域的应急指挥技术嫁接到传媒领域,研发了集同步视频采访、全媒体编辑、实时发布、舆情监控等功能于一体的全媒体指挥中心,突破了传统采访方式,构建了前方采访、后方编发、受众互动的新型采编格局。目前,该项技术已获得经济日报、浙江日报等报业同行的采购意向。

开发"楚天神码"全媒体新闻客户端。在《湖北日报》《楚天都市报》等纸质媒体刊载二维码,让读者在阅读报纸的同时,通过手机扫描二维码观看当日相关视频,实现了纸媒的可视化、立体化。自主研发了神码新闻客户端,融合在线支付、扫码查价、定位导航等功能,在移动互联网领域全面开发应用。目前用户近80万人,成为湖北最大的移动互联网媒体平台,并取得国家版权局颁发的计算机软件著作权证书。

建设互微网。通过聚合政府部门、已取得认证的公职人员、网络大V的微博、微信,利用先进的技术手段萃取"自发布"的政策法规、当前热点、突发事件,第一时间呈现湖北政务、经济、民生、突发等各类信息和当前网络热点,有力提升了湖北微资讯"自发布"平台传播效果与新闻传播力影响力。

研制舆情监测处置系统。利用新媒体影响大、覆盖面广、互动性强的优势,研制了一套舆情监测处置系统。对全省17个地市州进行24小时实时监测,发现舆情信息及时反馈,并提出处置建议,平均每天处理信息逾2亿条,在提供大量及时新闻线索的同时,成为政府部门舆情处置的好帮手。

(二)加强自主产品创新和本土制作

好的党报舆论产品,必须内容接地气、语言有灵气、内涵有魅力、形式有活力,如此才能赢得新市场新人群。

加强产品研发与创新,初步构建了集传统互联网、移动互联网、物联网和大数据中心于一体的"三网一中心"新媒体产品方阵,提升了报网融合发展的能力。

成立楚天尚漫科技有限责任公司。以群众喜闻乐见的动漫方式表达新闻,不断增强主题报道、舆论引导、公益宣传等方面的传播力与感染力。2013年9月,该公司成功与中国移动手机动漫基地(厦门)签约。独家创作的"党的群众路线教育实践活动"系列漫画,网络点击量突破200万次,其中8幅作品入围2013年中纪委"廉政漫画作品大赛",成为全国入围作品数量最多的动漫企业。

开展全媒体直播。组织开展沌口高架桥爆破、湖北公务员面试、湖北媒体问政等多场全媒体直播,吸引上百万网友在线观看。特别是湖北公务员面试直播,引起了国内外媒体的广泛关注,被誉为"湖北首创全媒体直播形式推行阳光公考,塑造了良好的公务员招录形象"。

创办湖北手机报。借鉴四川手机报经验,拓展地方版、行业版、企业版等20多个细分市场,目前订阅用户突破500万。最近与中国移动湖北分公司合作,以4G技术为基础的视频手机报已进入测试阶段,有望成为全国第一个视频手机报。

发展微信、微博。目前,集团媒体法人微博粉丝数已达到800多万,其中《楚天都市报》官微粉丝达400多万,最高位居全国纸媒第5位。大楚网借助微信平台,在全国范围内第一个实现了驾驶员违章信息查询、罚款手机代缴、路况信息等多种实用功能,受到公安部关注。

布局户外电子阅报屏。在全省城乡设置电子阅报屏1000多块,依托无线远程传输功能,第一时间呈现当日《湖北日报》,解决偏远山区党报发行难、发行慢的问题,扩大了党报的覆盖面和影响力。

探索建设物联网。结合北斗卫星导航系统,在神码客户端成功开发了集远程监控、实时报警、定位跟踪等于一体的车辆防盗报警和追踪服务平台,推广后将大幅降低电动车盗抢案件发案率。最近,基于神码客户端的食品溯源、智慧旅游、社区小屋等项目陆续启动,将通过对用户多样化服务扩大主流媒体传播渠道。

构建大数据中心。在原有舆情信息服务的基础上,成立大数据服务中心,致力于研究大数据精细化管理,开发大数据应用体系。

(三)创新体制机制和湖北特色

要想使人才优势发挥出来,必须让内部动起来,和外部对接活起来,与市场互动火起来,使开门办报变成全民办报、读者评报、市场认报。推动媒体融合发展,既需要进行技术升级、平台拓展、内容创新,也需要对组织结构、传播体系和管理体制作出深刻的调整和完善。

建立动态改版长效机制。2012年以来,按照共享、互动、受众本位的互联网思维,建立完善编辑记者基层联系点、报道策划、考评公示等20多项制度,大力推进以《湖北日报》为旗舰的媒体改版创新,实现了改版创新常态化、长效化,传统媒体优势不断放大。

构建采编一体化机制。按照"线索共享、采访同行、全媒体互动、多平台呈现"这一目标,出台纸媒向新媒体供稿制度,网媒记者每天参与《湖北日报》采前会，重大报道纸媒与网媒记者同步采访，根据需要进行个性化呈现。

完善读者互动机制。《湖北日报》先后开设"作家写作家""农民拍农民""记者写记者""艺术家写艺术家"等专栏，与荆楚网共建"网事回应"栏目，举办读者节，组织近千名不同读者群体参加"我看新荆楚"体验式采访报道，举办"楚天名医大讲堂"，使报道更加贴近生活、贴近群众、贴近实际，提升了纸媒的亲和力。

创新人才流动机制。在加强编辑、记者交流轮岗与培训、实施"名家"培养工程、引进近30名高级专业人才的同时，从纸媒抽调30多名骨干记者、编辑以充实网媒采编团队，将32人的新媒体中心整合至《楚天都市报》，组建全媒体报道突击队，建立报网人才交流与共享机制，彻底打破内部人才流动壁垒。

二、经验启示

媒体融合发展是传媒领域一场重大而深刻的变革。从湖北日报传媒集团的实践来看，传统媒体和新兴媒体的关系可能不是简单的此消彼长，而是在融合发展的条件下的相互促进。

目前来看，新媒体的发展正处于起步阶段，未来的发展潜力不可限量。同时其公信力必须通过传统媒体的帮助印证才能确立，因此传新融合无论是对传统媒体还是新媒体都是重大机遇。

湖北日报传媒集团坚持两手抓，两手都要硬。一手抓传统媒体的创新，一手抓新媒体的应用；实现了既要维护好传统阵地，又要占领新阵地，更要通过融合扩大党报的吸引力、感染力，提升公信力和竞争力。

（一）厘清优势，让融合变成优势互补

纸媒和新媒体各有各的特点，各有各的优势，充分了解各自情况，是融合发展实现"1+1>2"的前提。

《湖北日报》主报以及子报的优势在于：丰富的记者资源和雄厚的采编力量，在海量信息竞争中具有自己的独立性、独创性；拥有完整的运营体系和丰富的客户资源；地方党报的区域优势和品牌优势正好与网络媒体的区域化、本地化趋势相契合。

湖北日报新媒体在媒体融合中的优势在于：报纸内容的二次传播、细分化传播；弥补报纸互动性不足的缺点，增强信息反馈，锁定受众；广告经营实现整合营销和创新"平台＋产业"模式。目前广告客户希望利用新媒体渠道拓展自身宣传的需求越来越强烈，这为拓展经营方式、把广告客户转化成用户提供了契机。

立足于纸媒和新媒体各自优势的分析，湖北日报传媒集团把新媒体平台的搭建和打造立足于报业已经形成的品牌和内容优势，报纸采编人员关注、使用新媒体，让融合成为常态。

（二）精准把握，通过项目实现传新媒体融合

一是内容的融合。湖北日报传媒集团利用传统媒体的内容优势，融合新媒体的先进技术，对内容不断地进行丰富，对传统媒体的内容进行传播，使其充满现代气息。新媒体运用时效性强、互动性强等方面的优势，为受众和传统媒体之间搭建了一个平台。比如，《楚天都市报》微博依托报纸的采编优势，实现了内容的良性融合，体现了生活化和服务化的特色，如今《楚天都市报》新浪微博粉丝达到460多万，在全国都市报中排名居于前列。

二是渠道的融合。湖北日报传媒集团近年来不断拓展传播渠道，并力争实现各渠道的融合。除了传统的纸媒外，湖北日报研发全媒体指挥中心，集视频采访、文字、图片于一体，渠道的融合实现了纸媒的可视化、立体化。湖北日报成立新媒体集团、楚天都市报成立新媒体发展中心等等，如今，《湖北日报》的信息传播渠道有报纸、互联网、户外视屏、手机报、微博、微信、客户端等十余种，实现了传统党报和电视媒体、报社与数字、互联网等新媒体的融合，有效拓展了新平台，利用不同的渠道以及媒体形态对传统媒体内容

进行传播。

三是市场的融合。传统读者的市场和新媒体读者的市场既有交叉,又有区别。通过两种媒体的融合,不但巩固了原有市场,而且扩大了新兴市场,更挖掘了潜在市场。

(三)坚持多元发展,提升产业竞争力

在全球报业发行和收入双重下滑的形势下,湖北日报传媒集团在深耕传统媒体经济板块的同时,充分发挥品牌优势,多元并举,做大非"报"经济,形成了"主业突出,多元并举"的产业格局。

湖北日报传媒集团认为,在激烈的竞争中,党报首先要活下来,这就要求必须有收益比较高的行业来支撑主业;其次要活得好,这就要求必须发挥市场的关键作用,体现党报的主体作用。要利用多元化长实力,赢得发展时间;融资本拓市场,赢得发展空间;善创新得受众,赢得发展支撑;有公信树权威,赢得发展根本。

湖北日报传媒集团突破传统报业发展面临的瓶颈,充分利用报业平台与党报品牌优势,加快推进媒体融合和跨媒体发展,集团经营走向多点支撑。文化地产多点分布,可开发量达 300 多万立方米,年销售额在 10 亿元以上,目前正在组建楚天地产集团。加强资本运营,组建小额贷款公司,进军金融行业,培育新的经济增长点。加大文化创意产业园建设力度,入驻企业近 70 家,年创造产值近 20 亿元。合作成立的泛亚激光公司,探索文化与科技融合的发展新路。成功举办"全国九城艺术联展"等活动,楚天艺术集团行业影响力初显。传媒摄影技师学院发展迅速,成为湖北省政府开展在校大学生取得"双证(毕业证和技能证)促就业"的重要抓手。

湖北日报传媒集团取得不俗成绩,通过传统媒体和新兴媒体融合发展,实现了三个"第一"和四个"翻番"。

三个"第一":全国第一个拥有 7 个百万级受众媒体的传媒集团;《特别关注》杂志期发量 420 多万份,居全球中文报刊之首;组建了全国规模第一的大学生记者团,有 3000 多人的大学生记者团,覆盖全省高校。

四个"翻番":《湖北日报》发行量由 2011 年 21 万份增加到 2014 年的 60 多万份,增长约 186%;集团百万级受众媒体由 3 个增加到 7 个,增长约 133%;经营收入由 2010 年的 12.25 亿元增加到 2013 年的 30.6 亿元,增长约 150%。集团资产总额由 27.45 亿元增加到 67.07 亿元,增长约 144%。

三、建议和对策

媒体融合,是要形成传统媒体与新媒体的有机融合。"融",就是多种媒介的多种优势有机聚合,不限于内容、渠道、传播速度、终端、技术等;"合",就是要通过体制、机制的再造,形成一体化,避免传统媒体与新媒体各自发展的"两张皮"现象。通过"融"与"合",进一步倒逼内容品质的提升,发挥市场的决定性作用,探索出传统媒体的互联网运营与盈利模式,实现可持续发展。对于湖北日报传媒集团而言,在推进媒体融合的过程中,也遇到了人才、技术、政策等方面的一系列难题,建议在继续推进媒体融合的过程中,在以下方面进行改进:

(一)提高编辑记者的全媒体意识,再造采编流程

树立全媒体升级转型战略。传统媒体在新闻生产中,合理运用多种媒介技术,在媒体内部进行多维度的挖掘,在多元媒介平台上去呈现新闻作品,而不再只是囿于运用原来单一种媒介技术制作新闻、通过单一种媒介渠道输出新闻作品。不能简单地理解为让纸媒体转型去做视频传播或跨界去做网络传播。

实施全媒体转型战略,将要求《湖北日报》的采编人员尽可能多掌握新闻生产的实务技能,懂得利用尽可能多的媒介技术,能自如地在多介质平台上呈现与传播其新闻产品,为完整的策划报道贡献自己的力量。但在全媒体新闻生产过程中,往往也不是由一个记者独自完成所有工作,仍须由整个新闻生产团队通力协作,生产出多种类、多介质的新闻产品来。因此需要再造采编流程。

(二)提高管理者的技术支撑意识,再塑传播机制

先进技术支撑是媒体核心竞争力的重要方面。传统媒体除了与自办的新媒体融合外,目前更重要的是与有市场竞争力的商业网站、微博、微信、客户端等外部资源的融合。融合发展要以先进技术为支撑,技术主导权又在商业网站等手上。这要求传统媒体敢于攻坚破难、脱胎换骨,积极引进先进技术。随着新媒体技术的不断发展,将会出现基于网络融合和终端融合的新媒体,包括移动博客、移动视频等,其特点是自动化、移动化、即时化。传统媒体可充分利用新媒体拥有的高新技术,比如网络技术、数字技术等,从而对传统媒体进行提升和改造,使得传统媒体的内容在新媒体中能够得到延伸,竞争力较强的数字化产品能够得以形成,受众能够接收到全新的媒体模式。

(三)强化内容建设的主体意识,提高公信力、权威性,扩大覆盖面

传统媒体的内容建设有充分的优势,在采编、报道以及品牌的影响力等方面,新媒体不及传统媒体。传统媒体在自身优势的基础上,融合新媒体先进的技术,对其内容不断地进行丰富,有利于增值所服务的内容,从而达到传统与新媒体的有机融合,即用数字化、网络化的方式,对传统媒体的内容进行传播,使其充满现代气息;新媒体则是利用自身方便快捷、形式多样的特点,在受众和传统的媒体之间建立一个平台。

(四)树立敢于创新的创业意识,创造发展新模式

在新媒体与传统媒体相互融合的过程中,对于传统用户新的需求要进行积极的探索,从而对传媒业的发展起到拉动的作用,进而为新的商业模式的创造奠定坚实的基础。再塑传播机制在新媒体自身的演变路径方面,发生了从"商业逻辑"到"影响逻辑"的变化;在新媒体使用者的行为模式方面,发生了从"固定需求"到"移动需求"的变化、从"获取信息"到"消费、服务"的变化、从"类别化"到"超细分化"的变化;在传媒与使用者的关系方面,使用者从"信息接受者"转变为"信息参与者",传媒从"传媒平台"转变为"分享平台";使用者的评价标准也变得更低成本、更高效率。鼓励省

报和子报以项目为抓手,积极推动员工创业创新,创造出新的发展模式,积累发展实力。

(五)树立开放包容意识,政府社会给予政策和资本支持

为了建成具有强大实力和传播力、公信力、影响力的新型媒体集团,我们建议政府给予政策和支持,鼓励社会参与和支持。一是政府在媒体融合的过程中,在组织媒体内容生产、人员配备等方面给予支持。今后在改进新闻生产的同时,政府应制定相关政策,妥善解决内容的产权保护和市场价值转换;传统媒体和新媒体一体化发展,需要重组媒体内部组织结构,重构生产经营流程,重组必然带来人员分流。目前,传统媒体人员有核心层、紧密层、半紧密层之分,有正式聘用、劳务派遣之分,一般情况是省报集团近万人、地市报社千把人。分流人员安置,需要政府帮助支持。二是社会改革层面,需要在吸收社会资本参与和人才参与方面予以推动。新媒体活力大,很重要的一个原因是价值评价立体、利益分配多元,尤其是员工持股、股权激励等把个人与媒体紧紧绑在一起成为利益共同体。传统媒体在转企改制过程中,可以探索员工持股、股权激励等新机制试点,从而有效引人、留人、用人。加大对新兴媒体内容生产、技术研发、资本运作和经营管理人才的引进力度,制定灵活有效的薪酬制度、绩效考核机制。三是鼓励有条件的省报兼并全国性行业报,既解决省报覆盖半径有限的问题,又能解决行业报举步维艰的问题。

(本调研报告作于2014年,魏劲松对本文也有贡献,原标题为《重视技术 拓展平台 创新机制 多元发展——湖北日报传统新兴媒体融合发展调研报告》)

服务人民好引导
—— 湖州建设县级融媒体中心调研

2018年2月6日,党中央印发《关于加强和改进党的新闻舆论工作的意见》,强调"县域媒体要强化服务功能,整合资源,充分利用互联网,重点发展新媒体,建设综合信息服务平台"。8月21日,习近平总书记在全国宣传思想工作会议上发表重要讲话,强调"要扎实抓好县级融媒体中心建设,更好引导群众、服务群众"。11月14日,中央全面深化改革委员会第五次会议通过《关于加强县级融媒体中心建设的意见》,提出"要深化机构、人事、财政、薪酬等方面改革,调整优化媒体布局,推进融合发展,不断提高县级媒体传播力、引导力、影响力"。

如何落实党中央的决策和习近平总书记的指示精神,结合县域现实整合资源,破解各方面存在的瓶颈问题,蹄疾步稳推进县级融媒体中心建设?11月初,中央党校第1期"习近平新时代中国特色社会主义思想"理论研修班浙江调研组深入湖州市及其下辖的长兴、安吉、德清三县,就县级融媒体中心建设,采用实地考察、座谈会和个别交流等方式,进行专题调研。调研组考察了长兴传媒集团、安吉新闻集团、德清新闻中心,分别与浙江省、湖州市党委宣传部、网信、广电、记协等部门和新闻媒体代表进行了座谈研究,期待庖丁解牛,为全国县级融媒体中心建设提供建设性意见。

通过实地调研和集体研讨,调研组成员一致认为,湖州市在推进县级融媒体中心建设上起步早、工作实、推进快,长兴、安吉、德清三县先行先试,出实招、求实效,取得阶段性成果,在全国县级融媒体中心建设中起到了示范作用。当然,当前推进县级融媒体中心建设也面临不少困难和突出问题,这些问题如果不能及时解决,将严重制约县级媒体健康发展,并在一定程度上迟滞意识形态阵地的巩固、减弱县级党政机关的执政能力(特别是降低引导服务群众的水平)。本调研报告将概述湖州市的做法、总结基本经验和分析全国县级融媒体中心建设的主要问题,对全国下一步县级融媒体中心建设提出若干建议。

一、湖州市县级融媒体中心建设主要做法

党的十八大以来,湖州市立足实际、深化改革,探索建设县级融媒体中心,其下辖的长兴、安吉、德清三县率先改革,探索富有特色和亮点的县级媒体深度融合发展的新路子。

1.加强顶层设计,整合机构平台。树立融合理念,加强顶层设计和路径规划,推动各类媒体资源全面整合,变"分散"为"集中"重构组织,优化资源配置。一是整合新闻机构,构建集中统一的县级融媒体中心。由县委宣传部牵头,对县域范围内的报纸(内部刊物)、广电台、网站、新媒体等新闻机构进行整合,组建融媒体中心(传媒集团),构建集内宣、外宣、网宣,融传统媒体、新兴媒体、社会宣传资源于一体的现代传播体系。长兴县率先组建了传媒集团,跨界整合县域内广播电视台、宣传信息中心、县委报道组、政府门户网站(新闻板块业务)等新闻资源,经过7年的融合实践,集团已由平台的简单相加向系统地深度相融转变,成为全国第一家集广播、电视、报纸、杂志、网站、"两微一端"、数字电视网络公司、大数据公司等于一体的县域全媒体传媒集团,构建了"全县一盘棋"大宣传格局。二是整合传播平台,打造集约高效的媒体格局。坚持系统思维和集约化理念,有效整合手机报、客户端、

微博、微信等新媒体平台,形成拳头品牌,着力构建集中统一的县域新闻资讯、权威发布和舆论引导平台。安吉县新闻集团2014年完成机构整合后,打破不同种类媒体间原有的界限,对传播平台进行整合,按照"电视+广播+报纸+网站+新媒体"的新架构,整合多媒体传播优势,实现平台间的协同配合、相互补充,实现新闻传播影响力最大化。

2. 贯通业务流程,融合信息传播。做精做强新闻主业,推进媒体深度融合,打造区域性主流媒体矩阵。一是实施移动优先战略,打造新媒体矩阵。顺应"终端随人走、信息围人转"的移动化大趋势,集中力量资源,加快构建以"两微一端"为重点的移动新媒体,创新推出以"准、新、微、快"为特点的移动新闻产品。德清县新闻中心重点打造智慧德清app和"德清发布""德清关注""爱德清"3个微信公众号,实行新闻消息先上网再见报、先简报再详报,对重要活动、特色工作做到半小时内在新闻客户端可见、一小时内在微信公众号可看,实现当地新闻即时见。二是推进采编发流程再造,建好用好"中央厨房"。围绕新闻信息"一次采集、多种产品、多媒体传播",打破将报纸、广播、电视、网站、新媒体采编部门分隔开来的藩篱,创新媒体内部体制机制,重构采编发网络、再造采编发流程。长兴传媒集团优化策、采、编、播(发)、评、营六个流程,建设"融媒眼"中央厨房,强化"一次采集、多种产品、多媒体传播、全媒体营销"模式,形成管理扁平化、功能集成化、产品融媒化、经营多元化的新机制。三是注重培养激励,打造全媒体人才队伍。省市县常态化组织开展多种形式的融合发展业务培训,推进薪酬制度改革,创新人才引进、培养和激励机制。安吉县新闻集团设立"天使创业基金""企业年金制""特殊岗位年薪制"等制度,以吸引业务优秀的人才。长兴传媒集团实施"万物生长"学习提升计划,与高校建设共同培训制度,培养全媒体人才;实行"中层以上干部年薪制"等,完善薪酬制度和晋升机制,使人才管理逐步科学化、系统化和规范化。

3. 强化延伸服务,聚合产业功能。用"新闻+"理念引导新闻宣传向公共服务领域拓展,最大限度地聚合和对接政务服务、民生服务和产业发展平台,更好引导群众、服务群众。一是打造"新闻+政务"服务平台。探索整合党政部门信息资源,主动融入和服务中心工作,县域媒体对接党政部门技术平台,代运营乡镇和部门的政务新媒体,为群众提供申报审批、注册办证、办理社保、投诉受理等一站式政务服务,打造"指尖上的政务服务中心"。长兴传媒集团与县国资办共同出资成立公司汇聚产业数据,承建全县亩产效益大数据平台、"河长制"协同平台、基层综合治理平台等,积极参与智慧城市、美丽乡村建设。二是构建"新闻+服务"信息综合体。整合市政服务、交通出行、医疗教育、文化旅游等信息资源,开展线上线下相融合的新闻资讯、学习教育、商务娱乐等综合服务,为群众提供全方位的生活信息服务。安吉县依托新闻集团的网络资源和媒体优势,助力"智慧安吉"建设,全县所有行政村(社区)均完成信息网络和视频监控平台建设,百姓可通过电视机顶盒和手机"爱安吉"客户端,了解村务公开和镇街政务公开信息,享受衣、食、住、行、玩、乐、购等各种便民服务。三是推进"新闻+文创"产业发展。组织开展各类群众性文化、体育、科普、公益活动,开展各类商务、会展、节庆等活动,打通线上线下、提升"造血"功能,丰富群众文化生活、强化为民服务功能。长兴传媒集团不断探索媒体跨界经营,先后创新"媒体+会展""媒体+少儿""媒体+活动""媒体+服务"等盈利模式,2017年为企业、乡镇等量身定做举办各类活动300多场,向省外50多家媒体输出合作模式,促进了产业发展。安吉新闻集团联合全国上百家市县广电台成立了"长城"旅游联盟,探索"媒体+互联网+旅游"产业发展模式,自主研发全国县级台共建共享的"游视界"平台,覆盖15个省173个县(市),至今已有70多个县(市)的旅游、特色产品上线交易。

4. 加大政策扶持,联合各方资源。按照"分级分类扶持"的思路,打政策"组合拳",持续加大对县级融媒体中心建设的政策支持力度,着力形成助力融合发展的保障体系。一是明确政策扶持的方向导向。在体制机制上,明确县级融媒体中心是党委领导的新闻单位,归口宣传部管理,属事业单位性质,但可以实行企业化管理。在改革导向上,明确改革不是甩包袱,而是增活力，鼓励各地在推进融媒体中心建设中增加投入，不减编制员额、不减领导职数、不减原有投入。在资源配置上，做到"三个优先"，即鼓励各地将政府性公共资源优先配置给融媒体中心，做到可公开的政府数据资源优先向融媒体中心开放，各行政部门便民信息服务平台优先由融媒体中心承建，政府性户外广告业务、大型活动策划、文化产品采购等优先由融媒体中心承办。同时，对组建融媒体中心的，在新闻信息服务资质许可和采编人员从业资质认定、职称评定、职务晋升、评优评奖等方面给予优先考虑。在考核激励上，积极推行同岗同酬、绩效优先，既防止因严格参照公务员或事业身份考核管理而束缚了手脚，也不能像一般企业那样片面关注经济效益。二是贯彻落实好党中央和浙江省委已有的扶持政策。加大对媒体融合重点项目建设、全媒体内容产品生产和传播等的财政税收支持力度；鼓励媒体对创业创新优秀团队和个人，实施特殊奖励；坚持"传媒控制资本、资本壮大传媒"，支持媒体单位在坚持采编与经营"两分开"的基础上，创办或控股、参股互联网企业、高科技企业，不断提升媒体的综合竞争力。三是出台符合本地实际的扶持政策。湖州市出台面向市外引进和支持宣传文化领军人才（团队）创新创业的政策，对入选市新闻传播类优秀创新团队的刚性引进的创新团队或以柔性引进人才为核心的创新团队，分别给予为期3年、每年20万元或10万元的创新资助。"智慧美丽乡村"建设博士团队借助湖州市宣传文化优秀创新团队的资金扶持，以柔性引进的方式加盟安吉新闻集团，目前已在"爱安吉"手机app、智慧网驿项目、行业分销体系、村级应急联防体系项目、美丽乡村信息服务平台等项目的研发和运维方面取得突破。

二、湖州县级融媒体中心建设的经验与启示

按照整合机构、融合传播、聚合产业、联合资源的思路，长兴、安吉、德清三县在媒体融合发展上见到成效、取得突破，媒体资源配置得到优化，新闻舆论的传播力、引导力、影响力、公信力有了新提升，经营创收能力持续提

升,县级融媒体中心作为主流舆论阵地、综合服务平台、宣传文化基地、文明建设窗口、基层信息枢纽、群众办事帮手的功能和作用不断彰显,对强化党的领导、巩固基层政权、服务人民群众、引领社会风尚起到越来越显著的作用。成功的经验来自各方面,主要有:

1. 有较好的经营基础。一张广播电视网作底,每年能提供3000至4000多万、占总收入三分之一的经营收入支撑。这是三县区别于浙江半数以上县(市)的特征。近几年推动广播电视有线网和智慧城市通信网新旧两网并行共建,增加了三分之一的收入。安吉、德清等建成了覆盖全县村组的视频监控,整合公安、教育、气象、水利等大数据,将新闻传播、政务信息、民生服务和社会治理等功能集中于这个平台,既为经营增收开源,也为以后延伸服务和产业发展奠定了坚实基础。网络建设采取项目制,委托县级融媒体中心代建,政府通过购买服务的形式分期投入,既减少财政一次性投入的压力、降低政府直接投资和相关机构多头管理的风险,又为融媒体中心提供了持续"造血"功能,推动媒体放大公信力、贴近中心工作和民生需求,做好地方政务、民生服务,创造市场服务新空间。

2. 有强大的改革动力。一方面具有外生动力。上级推动,党委、政府思想统一,主要领导高度重视。外部支持,县域需要媒体引导舆论、稳固宣传阵地,形成基层共识。另一方面存在内生动力。自身推动,媒体负责人有想法有激情。内部提升,县级媒体要联合、整合,传统和新兴媒体要融合,事业产业要发展逐步成为共识。

3. 有明确的发展路径。从新闻媒体来看,新闻加信息加服务成为融合发展的路径共识,近年服务更加具体和深化为政务服务、民生服务,项目化投入和收费功能使经营和盈利模式逐步形成,服务受众由虚变实推动了媒体的创业创新动力。从宣传阵地建设来看,舆论引导能力增强,县级融媒体中心进一步延伸拓展为新闻宣传阵地、精神文明窗口、文化活动园地。从基层社会治理来看,新闻服务平台的吸引力增强,拓展为信息公开平台、民生服务平台、品牌活动平台等,使乡村和部门的积极性大为增强,服务基层、引领群众、共建共享、互惠互利成为共同追求。

4. 有务实的工作机制。从党委、政府的管理来看,县委做顶层设计、宣传部推动整合,共同建立体制,媒体建立机制,新闻工作者务实创新,正在形成良性循环。从新闻媒体的运作来看,打破原有"大锅饭"体制,实行事业单位企业化管理成为常态。对负责人充分信任,进出渠道畅通,授权改革体制,努力追求阵地建设、国资增值和创新发展和谐共振。对工作人员积极鼓励,同工同酬,不论编制出身,以绩效论英雄。传统和新兴媒体融合,形成新的采编流程和发送机制,声屏报网、线上线下各展所长、同频共振,新闻本土化、及时化和报道深度、鲜活度大为提高,传播力、影响力得到提升。

5. 有较强的开明领导。三县让人印象最深的是队伍精神振奋,媒体负责人精神焕发,对目前体制表示赞同,对进一步推进改革有信心,对未来可遇的问题积极研究。三县融媒体中心的主要负责人均是由有多年地方领导经验和长期新闻宣传工作经验的人担任,他们有"四个意识"和创新能力,有运作媒体能力和领导控盘艺术,能比较好地把握意识形态部门、新闻宣传阵地、媒体运营单位三者的关系。运作已有7年的长兴传媒集团的董事长和总编辑有建设融媒体中心的思路和操作能力,他们认为有县委的大力支持,不断深化改革,长期坚持完善体制机制,可走上持续发展之路。安吉新闻集团和德清新闻中心负责人都是由县委宣传部常务副部长和副部长转任,他们认为,县委的信任,确保集团牢固树立党媒姓党的意识,在人员薪酬、重大项目建设、资金运用上有决定权,确保融媒体中心建设的正确方向和改革力度。

6. 有各自的思路特色。三县均强调立足本地、找准定位,更好地服务党委和政府中心工作,满足本地受众信息需求。三县都强调充分利用互联网,重点发展新媒体,但又各有特色:长兴更注重矩阵形成规模优势,德清更注重发挥"双微"优势,安吉更注重发挥客户端优势。三县都强调把广播电视网和智慧城市网资源整合,建设综合服务平台,集信息服务、政府服务、民生服务等于一身,但又各展所长:长兴更加注重人才牵引与活动推动,安吉更加注重服务下沉和技术引领,德清更加注重质量拉动和品牌塑造。三县都强调危机意识,需要探索持续盈利模式,目前长兴更注重融合后产品研发,安吉、德清更注重融合后产业发展。

7. 有一定的品牌提升。媒体影响力扩大,三县广播、电视综合新闻频道视听率在当地位居前五位。新媒体竞争力增强。"安吉发布"政务微信公众号订阅量位居浙江省前五,德清去年新媒体直播超过百场,其中一个抖音作品浏览量突破400万,长兴曾有一个短视频和数个抖音作品浏览量破千万。媒体作品质量提高。长兴每年完成专题片近百部,《小彤热线》等被评为浙江省名专栏,安吉等近年获省级新闻奖的作品数量明显增加,德清2017年有3个作品获浙江省新闻奖一等奖,居浙江省各县首位。媒体公信力提高。三县被中央和省级媒体的报道量明显增加,有力地提升了地方品牌知名度。2017年,德清县新闻中心在央视《新闻联播》中播出24条,位列全省县级台第一。媒体实力提升。三县融媒体中心总资产明显增长、质量优化,均累计增长50%以上。长兴传媒集团2017年总资产达9亿多元。

可以说三县的成功来自上级的指导、县委的决心、政府的支持、宣传部的担当、媒体的创新,来自媒体一心改革,凝心聚力谋改革,团结一致抓发展,实现上下两头受益:县委政府的声音得到更好的传播、老百姓办事生活更加方便。得到了政府、市场、百姓三方叫好:舆论引导功能、宣传教育功能、政府服务功能、市场基础功能充分显现,实现县级媒体融合发展的多方受益。

三、全国县级媒体和融媒体中心存在的问题

我国县级媒体过去走过了从无到有、从少到多的发展之路,20世纪末几乎县县办报、办台。21世纪初以来,国家对县级媒体采取有序调控、治散治滥、规范管理的政策,全国2800多个县(市、区)报纸现在保留公开刊号的只有50家,每县基本只保留一个广播频率和一个电视频道。近年,随着互联网、

大数据、移动传播等新技术的深度影响,社会治理、政府服务、人们交往方式发生了历史性变革,对党的领导、政府管理、舆论引导也提出了新的挑战。媒体融合成为必然趋势,移动化、智能化、分众化传播对意识形态话语权和领导权形成重大冲击。自媒体的兴起使传统媒体面临巨大挑战,县级媒体成为媒体建设最薄弱的一环。

1. 试以三县为例剖析目前全国县级媒体存在的问题。一是总体竞争能力偏弱。三县改革前均有宣传信息中心(原报社)和广播电视台,同时设有县委报道组、政府门户网、当地发布等若干单位,存在单体较小、总量偏小、机制不活、人才匮乏、竞争力不强的具体问题。三县作为东部发达地区的中等县,媒体存在先天不足的问题,报纸没有刊号但继续违规运营,有一定盈利能力,但是前途迷茫;广播台有一套频率,电视台有一套频道,收听率、收视率下滑,虽然违规运营增加频率和频道,但是经营举步维艰。二是媒体同质竞争严重。三县媒体同质化严重,内耗竞争加剧,资源浪费严重,宣传口径和重要信息发布不统一。同时面临内部省里欲收有线电视网的压力和外部商业媒体市场竞争的压力,资源面临稀释。三是宣传呆板影响较小。县报一般县领导唱主角,县台基本上是书记县长台。领导新闻多,群众新闻少;政务新闻多,民生新闻少;会议新闻多,服务新闻少;干部看得多,百姓看得少;传播力不足,影响力不大,发布不及时,公信力不强,受众分化稀释,宣传功能式微。四是人力财力投入较少。县级媒体平台小,记者证管控严;新闻资源少,专才留不了;地方投入少,财政主要为应急广播和编制内人员工资资金资助;人员少,待遇低;技术基础弱,升级换代跟不上。五是思想观念较旧。前几年中央和省级媒体已经在试水融合发展转型,但是县级媒体仍然沿用陈旧的采编观念和落后的工作手段,发展动力不足。面对技术迭代升级加速、经营形势重大变化、传播生态深远变局、媒体形态更新,县级宣传阵地面临艰难困局。

2. 试以三县为例剖析目前全国县级融媒体中心建设存在的问题。三家县级融媒体中心改革前行,发展方向基本一致,模式各有千秋,取得了一定成绩,但只是阶段性成果,存在一定风险。未来需要进一步探索,继续破解一些问题,也需要强化一些特征。目前主要问题有:一是体制不清晰。三县融媒体中心目前采取事业化单位、企业化管理、市场化待遇的形式,这种体制授权来自县委,不是来自中央顶层设计,地方党委和县级媒体普遍存在方向感不明,存在走一步看一步的打算,需要进一步明确方向、树立导向、厘清边界、明晰责任、聚合力量,才能长期持续发展。二是机制不确定。三县对融媒体中心实行区别于其他机关和国企的考核机制,对负责人实行保留机关出口,对骨干保留事业进口,双向通道、留有余地。对中层和基层实行单一的机制诱导,同岗同酬、绩效优先、差异化分配。如何确保发挥这种考核机制的激励作用,激励媒体负责人放手干事创业,把宣传阵地守好、把新兴阵地建设好,实现社会效益和经济效益的协调发展,需要探索文化国资单位的有效考核机制。三是投入不稳定。目前三县财政支持主要有两种形式,一是上级专项扶持,二是项目扶持。实践证明,对于有广播电视专网的地区,合并其他部门建网需求,实行网络升级、功能集成,既节约了财政资金,又满足了各方需要。若要兼顾长期扶持和短期支持、广电网络和其他网络共享共建,解决财政性一次性投入不能太大和媒体长期性投入不足、媒体近期生存和后续发展、公益事业和竞争产业的矛盾,则需要做出更多制度性安排。四是薪酬难聚才。三县在薪酬体系上实行自收自支的事业单位、灵活多样的企业化分配方式,采取年度考核制、项目考核制、栏目考核制、作品考核制等多种方法鼓励创新创业。长兴对负责人的激励更高,安吉、德清对骨干的激励更好。负责人收入和员工收入处于中等水平,对优秀骨干人才吸引力不强。五是技术有瓶颈。目前我国报纸多用方正系统,广播电视多用贝斯系统,报刊和广电两套系统的"中央厨房"采编系统彼此不兼容,全国目前没有一套真正解决问题的共用技术,媒体作为使用方各自为政,难有议价权。

3. 全国县级媒体和融媒体中心建设的情况和问题。一是县级媒体面临新形势,无论从湖州三县县级媒体历史和融媒体中心建设基本特点来看,还是从全国县级媒体建设的面上情况来看,县级媒体发展普遍困难。县级媒体既存在外部环境欠佳的问题——原有报纸作为内部印刷物赠阅,广告收入难以为继,各省推进有线电视网合并工程、县级电视台失去收费渠道,生存主要靠财政供养,也存在内部环境诸多问题——自身发展动力不足,发展能力不强。随着新技术促进人们获取信息的渠道多元化,报纸发行量下滑,阵地难守,广播电视台功能单一,受众分流。

为了提高县级媒体的舆论引导能力,全国各县从21世纪初开始了新媒体的建设。据近期调查,93.90%的县拥有至少一种新媒体平台,60%的县级媒体拥有三种及三种以上的新媒体平台,45.10%的县在第三方平台开设了官方账号,县级微信平台覆盖率为87.54%,县级客户端覆盖率为30.96%。全国有24.08%的县实现了"两微一端一号"。尽管做出许多努力,县级新媒体由于体制机制未理顺,经营、投入等建设方面存在短板,尚未形成较强的传播力、影响力,县级媒体舆论引导作用式微,宣传服务作用衰减,为民服务作用减少,舆论阵地难以巩固。县级媒体成为舆论引导最大的薄弱点,也成为宣传阵地最弱的基础处。

二是县级融媒体中心建设面临新问题。由于各县经济、社会发展状况等存在较大差异,各地党委、政府重视程度不一,融媒体建设水平也各有不同,既有平台类型多元、资金来源单一、整合方式不一、融合层次较低的基本特点,也存在内容建设不足、消费渠道有限、经营方式单一、管理比较分散的根本问题。在县级融媒体中心建设中存在领导思想不到位、互联网思维不足,县级媒体各自为政、难以协调统筹,内容生产简单"相加",体制机制没有有效融合,新媒体领军人才和有驾驭融合发展思路的领导人才不足,财政缺乏长期投入、后续运营乏力等问题。

在新的形势下,如何巩固意识形态阵地、确保基层政权稳定,如何守住宣传工作阵地、拓展新闻服务新阵地,让县级媒体生存下来并有所发展?媒体融合发展推动着党委宣传部门思考和地方党委、政府决策,推动着新闻工作者思考和研究发展之道。浙江省湖州市、台州市及乐清、义乌等地不同经济条件、媒体基础、融合模式的实践表明,媒体转型升级势在必行,融媒体中心建设很有必要。只有从体制机制上作大的突破，在融合发展上作新的改革，在服务群众、引领群众上下大的功夫，才能破除障碍、破解危机。只有坚持管建同步、管建并举，深化机构、人事、财政、薪酬等方面改革，激发人民改革热情，才能真正促进融合发展，提高媒体竞争力。在亟须追赶发展的现阶段，如何考量媒体的充分竞争性和文化的个人创造性，在机制上多给予激励？如何在尊重市场导向和新闻传播的一般规律的基础上，让收视率、阅读量等体现传播力的数据成为重要依据，引导力、影响力成为体现竞争力、公信力的重要来源？坚持正确的政治方向、舆论导向、价值取向应成为媒体推动融合发展、履行社会责任的定盘星和压舱石，巩固意识形态、夯实政权基础、践行服务宗旨应成为党政考量融媒体中心建设、促进新闻事业发展的出发点和落脚点。

四、推进全国县级融媒体中心建设的建议

如何从基层做起，改变新闻舆论引导的困局？建设融媒体中心，强化互联网思维，加强舆论引导，提高媒体的传播力、影响力、引导力，提高党和政府的公信力，是我们工作的基点。如何从媒体做起，改变基层政权治理的不足？从宣传阵地建设入手，强化受众思维、用户思维，更好地服务人民群众，建设党的话语高地和精神文明园地，促进智能化、信息化、精细化管理，推动社会治理现代化，巩固党执政为民、治国理政的基础，是我们追求的高点。实践证明，县级融媒体中心建设是破解当前县级媒体困难的根本之策，也是纾解基层宣传阵地薄弱困境的重要之举，更是巩固基层政权和社会主义意识形态阵地的关键一招。党委加强领导、政府税费扶持、项目产业加持、自身改革创新，体制内增能力、机制激荡活力，干部内生动力、外解压力，才能真正做大做强，步入持续发展、良性发展之路。全国各地建设县级融媒体中心，需要进一步提高认识、明确方向，作为建设宣传阵地、造福民生福祉、推动人民民主、巩固基层政权的重要工作来抓；需要立足本地、找准本位，突出

县级特点，彰显地方特色，做好做活县级宣传，建设有传播力、影响力、引导力的主流媒体；需要紧贴大局、服务基层，延伸政府服务、民生服务，成为凝聚党心民心、密切联系群众的桥梁纽带；需要坚持改革方向，在理念、体制等方面创新，在投入、薪酬等重要环节上制定有效政策，真正成为激发活力、团结人才、增强向心力的新兴媒体。同时也需要区分各地情况和发展阶段，采取有效措施规避问题，发挥中央和地方的积极性，促进县级媒体的务实发展，促进县级政权有效治理。

1. 提高站位，明确定位。实践证明，县级融媒体中心建设既能解决多头投入浪费资源、多头治理监管失序的体制问题，又能解决县级媒体竞争力明显不足、阵地容易丢失的现实困境。只有跳出单一媒体发展的问题，认真研究融合发展，才能解决媒体长期发展的问题。只有跳出媒体舆论引导的问题，认真研究传统和新兴阵地同频共振、提高思想引领的领导权、主导权、话语权，才能解决宣传阵地巩固的问题。只有跳出宣传阵地巩固的问题，认真研究互联网、智能技术、大数据等现代化新技术背景下，从媒体传播延伸到政府服务、民生服务和社会服务一体运作平台，才能进一步把资讯的舆论引导功能、服务的政策导向功能、便民的实际利益功能、消费升级的市场服务功能整合到一起，才能进一步提高党的执政能力、巩固基层政权，推动社会治理能力和治理体系现代化。应引领地方党委充分认识到，融媒体中心建设，既有媒体传播功能的融合，也有媒体服务功能的融合，更有政府、市场、群众服务的功能联合，以"融"促"合"是破解当前县级媒体困难、基层宣传阵地薄弱困境、基层政权和党的执政地位面临挑战的"一石三鸟"妙招。从而提高认识、明确方向，把这一工作不是当作一件简单的工作而是当作一件复杂的工作，不是当作一个方面的工作而是当作一项全面的工作，不是当作一个碎片的方面而是当作整体的工程。这一工作不仅是宣传部门的事，而且是党委、政府治县理政的重要工作，是全面深化改革的重要任务。

2. 立足本地，找准本位。县级融媒体中心必须突出县级特点，突出地方特色。一般而言，新闻的快捷性、服务的接近性、利益的具体性是县级融媒体优于其他区域性媒体的重要特征。县级建设融媒体中心必须围绕中心、服务大局，紧贴县委、政府工作主向、民生服务主责、人民主体，才能发挥百姓身边媒体的先天优势，参与地方活动、展示群众形象、体现服务作用的接地优势。媒体融合要坚持导向为先、内容为本、受众为根、创新为魂、技术为要，在内容、渠道、平台、经营、管理改革上有新的突破。通过做好融合传播，振兴新闻主业；通过突出当地特色，吸引受众用户；通过延伸理论宣传，巩固意识形态阵地；通过尊重百姓主角，占领社会主义文化高地；通过活动展示形象，建设精神文明园地。

3. 紧贴时代，延伸服务。县级融媒体中心必须适应用户区域化、受众分众化、服务精细化的要求，与智慧城市、气象、环保等基础网络设施建设接轨，实现更广层面更大范围的融合效应，解决地方财力有限、投入分散的问题，通过小投入、长投入和功能内嵌或对接，实现效能倍增的效应。多网并行、多快好省、互相融合、利益耦合、功能重合将牵引政府的有效投入、持续投入，多种服务、多样功能、多频共振、多次回报将使县级媒体服务更广泛、更有竞争力。

4. 深化改革，创新体制。坚持正确的政治方向，在党的领导下做好顶层设计，加强党委的领导和宣传部的指导，统筹各项宣传文化和国有资产资源实施改革。明确县级融媒体中心是党委领导的新闻单位，属于事业单位性质，鼓励创新符合新兴媒体发展规律和现代传媒企业要求的体制。充分尊重意识形态部门的政治属性、事业单位的社会属性，统筹兼顾法人单位的责任属性、市场主体的功能属性、经济主体的趋利属性，沿着加强、增投、放活的方向推进改革。加强融媒体中心平台和传播网络建设，增加财政支持、税费返还、项目扶持，巩固阵地建设，放活内部管理，激发员工创新和技术创新活力，培育形态多样、手段先进、有竞争力的新型县级主流媒体，建设产权清晰、权责明确、管理科学、有竞争力的现代传媒企业。

5. 明确导向，激活机制。坚持正确的价值取向，明确改革方向是增活力而不是甩包袱，增投资而不是减投资，强基层而不是缩空间，强化服务而不是弱化服务。明确改革目标是强化县媒体而不是弱化县媒体,扩大覆盖占领新兴阵地而不是放弃传统阵地,强化党媒姓党和深化改革意识,增强引导群众、服务群众的能力。明确改革重点是搞活机制,团结更多更广泛的人,焕发创新创造激情,激励优秀而不是鼓励平庸,激励活力而不是增加压力,增加员工收入而不是减少员工收入。对媒体负责人,在政策层面上考量媒体的充分竞争性,在机制上多给予激励,而不能简单地以一个党政领导干部的要求来对待。现阶段对负责人采取国企差异化考核,结合宣传服务阵地拓展和精神文明阵地建设、社会效益和经济效益进行绩效管理。对媒体工作者,考量文化的个体创造性,在机制上多给予激励,而不能简单地以一般性工作来对待。

6. 精准施策,积极扶持。坚持正确的投资导向,应采取多予、少取、放活的方针支持县级融媒体中心建设。财政增投入而不是减投入,增长期投入而不是减短期投入,对于媒体缴纳税费部分应按宣传文化税费政策优惠或返还。增投形式采取分类管理,对于公益部分财政继续直接支持,对于市场部分税费政策扶持,对于基础平台和网络建设鼓励采用项目代建的形式,促进融媒体中心通过自身服务提高"造血"功能和长久发展的动力。鼓励各地将政府性公共资源优先配置,将政府部门数据平台和便民信息服务平台、政府性大型活动策划、文化产品采购、地标品牌等优先由融媒体中心承建或承办,鼓励县乡和部门可公开的政府数据资源向县级融媒体中心开放,提高党媒对于人民群众的黏性和贴近性。

7. 加强领导,分类指导。省市党委宣传部要加强对县级融媒体中心建设的政策支持和业务指导,县级党委要加强具体领导和总体统筹。由于各地资源禀赋、基础条件不同,充分尊重各县采取符合实际的建设模式,不能"一刀切",不必同步走。对于欠发达地区,允许等、允许看,采取符合其发展阶段和传播能力的媒体发展模式。经济和媒体基础薄弱的县,适当突出移动优先,发展致力于县级"新闻+服务"的新兴媒体。对于发达地区的县(市),不再新增报刊台,适当增加广播频率、电视频道,鼓励迭代升级,建立融合多种功能的融媒体中心。

8. 创新技术，促进融合。县级媒体要面向未来，把握两网加互联网的三网融合趋势，打通后台链接，实现电视、PC、手机终端三屏"内容互通、数据共用、信息共享、服务共通"，达到网络覆盖、舆论引导、服务需求三同步。同时要着眼现在，解决报纸、广电和新媒体三界融合的技术瓶颈。鼓励媒体和相关单位加强研发报纸、广电和新媒体共融共通的采编系统，研发共用基础技术，推进融媒体技术自主创新能力。

9. 加强法治，规范管理。加强媒体法治建设，守住安全底线，确保制播系统安全和内容安全。积极推动改革，促进新闻事业和产业发展，确保社会效益和经济效益相得益彰。县级宣传部门和上级主管部门按照有关法律和规定严格管理融媒体中心，媒体监管机构应依规为县级融媒体中心人员核发记者证。加强对媒体内容等知识产权的保护，维护媒体和新闻工作者的合法权益。

10. 建设队伍，提升能力。县级融媒体中心的人才配置、人员安置、人事安排应统筹全局，着眼长远持续发展。按照政治过硬、本领高强、求实创新、能打胜仗的要求，选好负责人、配好班子。既要考虑结构来源，又要考虑专业能力，培养政治坚定、业务精湛、引领时代、作风优良、党和人民信赖的媒体领军人物，多培养有专长的复合型人才、全媒体的多面手。县级融媒体中心应注重自身挖潜，充分发挥原报刊、广电记者语言文字、编辑制作等方面的比较优势，共同提高融媒体的产品质量。

11. 鼓励联合，共同发展。加强横向合作、纵向联动。为了满足人民日益增长的信息服务需求，县级融媒体中心应尽可能地变单打独斗为抱团取暖，变自娱自乐为联合共享，与上级新闻媒体和全国商业媒体互通有无、打通平台、贯通渠道，实现信息资源共享、传播联通。强化乡镇联动、区域服务联动，增强服务黏性，提高对内依存度和对外美誉度，为地方发展服务。

12. 实事求是，力戒形式。一是防止整合不融合，将原有机构翻牌挂牌，为完成进度而完成任务。二是防止简单相加不相融，一并了之，一合了事，机构合，人心不合，平台合，机制不合。三是防止简单落实政策。防止不考虑实际情况，"一刀切""一锅煮"，一种模式一种办法简单套用。四是防止不求实效，"表面高大上、实际用不上"。重视硬投入，忽视软投入；重视合机构，忽视改机制；重视换人事，忽视换思想；重视做厨房，忽视改程序；重视换概念，忽视改理念；重视搞整合，忽视真融合。上述种种倾向和做法，都是违背党的实事求是路线的，也是违背建设县级融媒体中心初衷的，需要努力防范和坚决杜绝。

（本文为中央党校第1期"习近平新时代中国特色社会主义思想"理论研修班二支部2018年赴浙江调研报告，原标题为《建设县级融媒体中心，更好地引导服务群众》。课题组组长：殷陆君，课题组成员：范俊峰、刘俊彦、郑水泉、王志强、洪开开、李振军，执笔人：殷陆君、李振军。《传媒》《中国报业》等转载。）

附录一:实力和收入发展度

三县融媒体中心2017年主要收入结构(单位:万元)

县名	项目及收入			
	广播电视网	文化创意产业	信息产业	广告
长兴	4000	3100	10000	3800
安吉	3000	4000	11000	1500
德清	3000	3000	6000	4000

三县融媒体中心近年收入比较(单位:亿元)

县名	年份及收入						
	2011年	2012年	2013年	2014年	2015年	2016年	2017年
长兴	1.36	1.47	1.59	1.87	1.94	2.08	2.09
安吉				1.22	1.51	1.83	1.95
德清				1	1.2	1.2	1.6

三县融媒体中心2017年资产、收入及负债情况

县名	收入及负债情况				
	总资产	总收入	负债	负债率	办公场所
长兴	9亿元	2.09亿元	3.3亿元	36.7%	单独办公,贷款自建
安吉	5亿元	1.95亿元	1.5亿元	30.0%	单独办公,政补0.7亿元,自筹1亿元
德清	7亿元	1.7亿元	0.5亿	7.1%	单独办公,政府拨付

2018年和2017年长兴县融媒体中心前三季度收入结构

年份	项目及收入				
	政府拨款	广告	网络公司	共计收入	累增
2018年	1220万元	3803万元	9423万元	14446万元	5.95%
2017年	1109万元	3620万元	8906万元	13635万元	—

附录二：财政扶持发展关联度

三县融媒体中心2017年政府购买服务和补助情况

县名	服务和补助情况		
	政府购买服务	占总收入比	财政补助
长兴	5000万元	24%	840万元
安吉	5000万元	25%	500万元
德清	4500万元	28%	420万元

附录三：人员收入和激励关联度

三县融媒体中心2017年人员收入结构（单位：万元）

县名	收入结构		
	上层领导收入	中层人员收入	普通员工收入
长兴	15—20	10—15	8—12
安吉	15—18	12—16	8—11
德清	15—18	14—15	10—12

三县融媒体中心 2017 年人员结构、工资、离退休人员及支出

县名	人员结构和工资、离退休人员支出						
	行政级别	行政编	事业编	聘用	工资总额	离退休	支出
长兴	正科	5 人	100 人	336 人	7380 万	98 人	200 万
安吉	正科	0 人	139 人	279 人	8000 万	93 人	300 万
德清	正科	7 人	114 人	250 人	6000 万	97 人	194 万

附录四：新媒体和用户发展度

三县融媒体中心 2018 年媒体矩阵

县名	媒体矩阵					
	报纸	电视频道	广播频道	网站	移动客户端	微信公众号
长兴	1 家	3 个	2 个	2 个	1 个	10 个
安吉	1 家	2 个	1 个	2 个	1 个	2 个
德清	1 家	4 个	1 个	1 个	1 个	4 个

三县融媒体中心 2018 年新媒体活力

县名	移动客户端		微博公众号		微信公众号	
	下载量	活跃度	粉丝数	阅读量	粉丝数	阅读量
长兴	—	—	18.8 万	1 万	15 万	1.5 万
安吉	21 万	36%	39 万	1.5 万	18 万	1.5 万
德清	6 万	33%	15 万	1 万	2 万	1 万

三县融媒体中心 2018 年代管乡镇、部门新媒体数量及收入

县名	代管乡镇、部门新媒体数量及收入				
	乡镇	代管新媒体	占比	收入	部门
长兴	18 个	11 个	61%	120 万元	14 个
安吉	15 个	15 个	100%	200 万元	3 个
德清	12 个	6 个	50%	50 万元	12 个

附录五：传统媒体用户依存度

三县 2018 年有线网络用户比较

县名	有线网络用户		
	数字电视在线用户	在线数字电视终端	宽带在线用户
长兴	15.4 万户	34 万个	3.6 万户
安吉	13 万户	21.6 万个	3.6 万户
德清	12 万户	20 万个	3.6 万户

三县 2018 年传统媒体用户比较

县名	传统媒体用户				
	报纸	杂志	电视频道	广播频道	网站
长兴	0.8 万	无	15 万	10 万	1 万
安吉	1.8 万	0.6 万	13 万	10 万	0.8 万
德清	1.4 万	无	10 万	10 万	1 万

后 记

学习于我,最初是为了谋生。跳出农门,唯有读书;适应工作,唯有学习。后来,学习成为一种爱好兴趣,一种生活习惯,一种人生追求。

我学故我乐。语言帮人沟通,数学教人严谨,诗歌助人畅想,地理让人开阔,科学普及知识,哲学提升智慧,文学引发共情,历史启迪人生。学习使我认识自己,理解他人;认识社会,尊重伦理;认识自然,懂得敬畏。

我思故我进。行行出状元,处处有门道。新闻趁早、记者赶稿、策划刚好、编辑辛劳,平时会看、关键会干,白班能吃苦、晚班才出活,消息马上急就章、评论出手一阵香。新闻有学,好新闻是好汤文火熬出来的,好标题是智慧灵感迸发的产物。

我践故我成。好功夫是刀尖上磨炼出来的,好把式更是在赛场上练就的。问渠那得清如许?为有源头活水来。做得明白,才能说得明白。有实践的淬炼,才有真把式;有生活的真知,才有心灵的舒适;有熟练的技艺,才有平日的从容。

我悟故我通。世事洞明皆学问,人情练达即文章。知识一通百通,科学八方纵横。知识全在应用,能力多靠领悟。相信:天生

后记

我材必有用。知道：人人都有才，个个可成才。明白：机遇眷顾每一个有准备的人，危机考验每一个想挑战的人。

人生如此，工作也如此。好好学习，天天向上；不误农时，不违常识；做好自己，干好本职；孜孜修养，日日平和；练好本事，养好身体；有机会别错过，没机会不难过，平常日子天天过。

做记者时，我经常想，如何不耽于易碎新闻、应景文章？怀着写经得起时间河流冲刷的文章的初心，对练坐冷板凳的功夫、磨融会贯通的悟性，大有益处。坐机关时，我经常问自己，如何使思维不钝化，不陷入机械劳动？常写些体悟、自省、哲思笔记，把学习、写作当作激发创新性思维的营养液，对培养深思熟虑的行为习惯、把握系统平衡、动态平衡的能力素质，大有益处。

当然，自加压力，并不容易。学习有时是辛苦的，思考有时是痛苦的，实践有时是艰难的，体悟有时是伤感的。但是一旦想明白，做明白，说明白，人就会遇大事有静气，遇难事有定力。即使曾经艰难困苦，亦虽苦犹甜。即使减少了休息时间，乐也远大于忧。因为看得更远而充满自信，看得更清而得体从容。因为心态平和，就会养成温和性格。不患失去，因此常常得到。

这本文集是意外的收获，也是情理之中的得到。平时有学习的习惯，有思考的心得，有实践的磨砺，因此一旦想收集、整理，就会有逻辑的引导，就会有坚持的自觉，编辑的过程也愉悦多了。

本书主要收取近8年来对党的创新理论和习总书记重要讲话精神的学思践悟文章，同时少量选取25年前、15年前、10年前三个阶段的新闻、散文、杂文代表作，旨在勾勒30年来的学习之路、求索之路……

感谢一路上老师和同学、领导和同事等各方面的指导帮助，感谢绍阳、刘昆、少华、晓青等仁兄的亲切鼓励。感谢家人的支持，让我享受夜晚的宁静和周末的闲暇，投入到学习、思考、回顾、整理中。审视和梳理旧文脉络，还原当时心情，回味曾经的感动，找寻思想的轨迹，获得智慧的源泉脉流。

感谢宁波出版社慧眼，感谢尤佳敏老师的精心编辑、金字斋的用心设计，特别感谢书法家袁志坚先生题写书名、金石家容铁先生治印封底，让本书增色生辉。

难忘和感激开富先生一直以来的教诲，所有的经历都不会白费，所有的劳累都不会白受。这些文章因为真情而仍有温度，因为真实而备感亲切，因为在理而仍让人尊重。

尊重常识、遵循规律，才能走得稳；热爱科学、学习知识，才能走得快；涵养性情、心有他人，才能走得好；不忘初心、牢记使命，才能走得更远。

2020年注定是不同寻常的一年。这一个春天注定也是不同寻常的春天。世界正面临百年未有之大变局，时代给我们提出很多新问题、新任务，需要我们用实事求是、科学求真、创新求实的精神，去学思践悟，将其转变为能力、转化为素质。

一切向前走，都不能忘记走过的路。不管我们走得多远，也不能忘记走过的过去，不能忘记为什么出发。

殷陆君

2020年5月3日